Siegfried Reusch (Hrsg.)

Der Zauber des Denkens

Siegfried Reusch (Hrsg.)

Der Zauber des Denkens

Gespräche über Philosophie

Die Deutsche Nationalbibliothek verzeichnet diese Publikation
in der Deutschen Nationalbibliografie;
detaillierte bibliografische Daten sind im Internet über
http://dnb.d-nb.de abrufbar.

Der Lambert Schneider Verlag ist ein Imprint der WBG
(Wissenschaftliche Buchgesellschaft), Darmstadt.

Die Herausgabe des Werkes wurde durch die Vereinsmitglieder
der WBG ermöglicht.
Lektorat: Tina Koch
Layout, Satz und Prepress: schreiberVIS, Seeheim
Einbandgestaltung: Finken & Bumiller, Stuttgart
Gedruckt auf säurefreiem und alterungsbeständigem Papier
Printed in Germany

Besuchen Sie uns im Internet: www.lambertschneider.de

ISBN 978-3-650-25164-0

Elektronisch sind folgende Ausgaben erhältlich:
eBook (PDF): 978-3-650-72991-0
eBook (epub): 978-3-650-72992-7

Inhaltsverzeichnis

Siegfried Reusch

Dem Denken wohnt ein Zauber inne

Philosophie ist die Kunst, alles zu bezweifeln, ohne am Leben selbst zu verzweifeln. Denn der Sturz ins Bewusstsein hat den Menschen eher verunsichert, als dass er ihm durch das Auffinden letzter Gewissheiten Halt und Sinn im und durch das Denken vermittelt hätte. Mit den Entdeckungen Galileo Galileis der Sicherheit verlustig gegangen, im Mittelpunkt der Welt zu stehen, muss der Mensch seit Sigmund Freuds Entdeckung der Macht des Unbewussten auch noch mit dem Faktum leben, nicht Herr im eigenen Haus zu sein. Trotz der Errungenschaften der modernen Naturwissenschaften steht er sich selbst nach wie vor als offene Frage gegenüber. Nicht von ungefähr heißt es am Ende von Ludwig Wittgensteins *Tractatus Logico Philosophicus*: „Wir fühlen, dass selbst wenn alle *möglichen* wissenschaftlichen Fragen beantwortet sind, unsere Lebensprobleme noch gar nicht berührt sind." Die sogenannten vier großen Fragen Immanuel Kants – „Was kann ich wissen?", „Was kann ich hoffen?", „Was soll ich tun?" und „Was ist der Mensch?" – harren nach wie vor einer Antwort.

So überrascht es nicht, dass der Romantiker Friedrich Freiherr von Hardenberg, bekannter unter seinem Pseudonym Novalis, Philosophie als „Heimweh nach dem Ganzen" charakterisiert. *Der Zauber des Denkens* liegt allerdings weniger in der Hoffnung auf Erlösung von der Sehnsucht nach eindeutigen Wahrheiten begründet – sei es durch das Auffinden der *einen* Welterklärung, sei es durch die letztgültige Einsicht, eine solche nie finden zu können –, als vielmehr darin, dass viele Weltsichten nebeneinander bestehen und sich mitunter auch ergänzen können. Anders ausgedrückt: *Der Zauber des Denkens* ist dessen welterschließendes kommunikatives Potenzial.

Ungefragt und unversehens in die Welt geworfen, ist der Mensch immer schon auf den Anderen verwiesen, kann er sich seiner selbst und seiner Weltbezüge nur vermittels der tätigen Auseinandersetzung mit dem Anderen vergewissern. Er ist *zoon politicon*, ein in Gemeinschaft lebendes Tier, wie Aristoteles es ausdrückt, nicht weil er in Gemeinschaften lebt, wie dies auch viele Tiere tun, sondern weil er sich beständig mit anderen über sich, sein Denken und seine Interpretation von Welt auseinandersetzt. Mithin ist menschliches Sein immer ein „Mit-Sein". Der Mensch ist nicht da ganz Mensch, wo er spielt, wie Friedrich Schiller in seinen Briefen *Über die ästhetische Erziehung des Menschen* betont, sondern vor allem da, wo er kommuniziert. Den Menschen ist es versagt, sich *nicht* danach zu fragen, was all das bedeutet, was sie mit ihren Sinnen wahrnehmen, was sie sehen, schmecken, riechen, hören, fühlen, kurz, all das, was ihnen begegnet und widerfährt. Um all dies zur Sprache und somit in einen lebbaren Zusammenhang zu bringen, sind wir gezwungen, uns denkend, sprechend und seit der Erfindung der Schrift auch schreibend und lesend mit dem Gegenüber auseinanderzusetzen. Das heißt, menschliches Leben vollzieht sich immer im Raum kommunikativer Bedeutsamkeit. Vor allem im offenen Gespräch entsteht ein Raum des Zwischen, in dem Ich und Du in der Weise der Vernunft zueinander ins Verhältnis treten können, um sich eine mit anderen teilbare Wirklichkeit aufzubauen.

Das philosophische Gespräch, sei es mit einem Gegenüber, sei es durch welches Medium auch immer vermittelt, ist nicht „poiesis", das heißt nicht auf das Herstellen zielendes, regelgeleitetes Handeln, sondern „praxis" im ursprünglichen Wortsinn: Es ist die gemeinsame tätige Aneignung von Welt, der aufschließende Umgang, die Interpretation des je eigenen Weltverhältnisses, das immer auch durch den Leib und den Anderen bestimmt ist. Nicht zuletzt Hannah Arendt hat in diesem Zusammenhang auf die Gleichberechtigung und gegenseitige Verwiesenheit von theoretischer (vita contemplativa) und tätiger Lebensform (vita activa) hingewiesen. Denn bewähren kann sich das Denken nur im Tun – und das miteinander Sprechen ist die vornehmste, gewinnbringendste und letztlich auch menschlichste Form des Tuns. Entsprechend ist die philosophische Auseinandersetzung keine Reaktion auf den Verlust lebensweltlicher Selbstverständlichkeiten – kein Krisensymptom –, sondern urspünglichste und ureigenste Form des Menschseins: Als Menschen sind wir immer schon im Gespräch.

Die Einsicht, im Philosophieren keine letztgültigen Wahrheiten generieren zu können, degradiert die Philosophie jedoch keineswegs zur Unterhaltung oder zur bloßen Irritationswissenschaft. Im Gegenteil! Sind Wahrheit und Ideologie doch untrennbare siamesische Zwillinge. Zur Ideologie wird Denken immer dort, wo vermeintliche denkerische und/oder naturwissenschaftliche Selbstverständlichkeiten nicht mehr in Frage gestellt werden dürfen, wo ein offenes Gespräch nicht mehr möglich ist. So kann man zum Beispiel entgegen der berechtigten und wohlbegründeten Überzeugung von Jürgen Mittelstraß nicht nur mit Recht bezweifeln, dass „die Hasen vor der Tür auch ohne uns herumlaufen", sondern muss es sogar beständig bezweifeln! Denn da, wo totale Übereinstimmung der Meinungen besteht, herrscht nur mehr Stillstand. Die moderne Spannung zwischen Sollen und Sein lässt sich nur durch das Gespräch ertragen – auflösen lässt sie sich nicht.

Mit Bedacht wurden für den vorliegenden Band nicht nur Interviews mit Berufsphilosophen geführt, sondern auch mit Menschen, deren Denken sich nicht nur aus der wissenschaftlichen Auseinandersetzung mit der Philosophie speist. Wenn Philosophie ihre Zeit in Gedanken erfasst, wie Georg Wilhelm Friedrich Hegel lehrt, dann sind die hier abgedruckten Gespräche philosophische Zeitzeugnisse im besten Sinne des Wortes: Zeugnisse der denkenden Auseinandersetzung mit sich, dem Anderen und der Welt.

KAPITEL 1

Wozu Philosophie?

Peter Sloterdijk
Philosophie als Zivilisationspädagogik

Jürgen Mittelstraß
Wer will bezweifeln, dass die Hasen vor der Tür auch ohne uns herumlaufen?

Alexander Dill
Philosophie oder die Liebe zu einer nicht vorhandenen Frau

PETER SLOTERDIJK

Philosophie als Zivilisationspädagogik

Herr Sloterdijk, Sie zählen zu den wenigen Philosophen, die auch einer breiteren Öffentlichkeit bekannt sind. Worauf führen Sie Ihren Erfolg zurück?

Um die Wahrheit zu sagen, ich glaube an den Erfolg oder seinen Anschein nur widerwillig oder, wenn Sie wollen, gar nicht. Die kulturelle Konstellation ist nicht mehr so, dass eine literarische oder eine philosophische Stimme, die unverkennbar hochkulturell gefärbt ist, in der heutigen Medien- und Kulturlandschaft wirklich erfolgreich sein kann. Im heutigen Milieu hat das Auseinanderdriften der populärkulturellen und hochkulturellen Felder ein solches Maß an Entfremdung zwischen den Bereichen hervorgerufen, dass es Grenzgänger kaum noch geben kann. Ja, dass überhaupt noch eine Art Verkehr stattfindet, ist schon das Erstaunliche, und das liefert wohl die Begründung für das, was Sie meinen Erfolg nennen. Aber sehen wir die Dinge aus der Nähe an: Wenn man von einem philosophischen Buch knapp 40 000 Exemplare verkauft, wie es zum Beispiel bei meinem vorletzten Buch *Zorn und Zeit* der Fall war, ist es zwar nach den Kriterien des Metiers ein ziemlich gutes Ergebnis. Aber in den Kategorien der Massenkultur gesprochen ist so eine Zahl nur die Umschreibung für Nicht-Inexistenz. Das ist der Punkt.

Mein Freund Boris Groys hat mir mal eine Geschichte von einem seiner russischen Bekannten erzählt, der nach einem ersten Besuch in New York entsetzt und begeistert zurückkam. Was er dort erlebt hatte war der Kulturschock, der einem Gebildeten alten Schlages in einer echten Marktgesellschaft bevorsteht. In Moskau, so der Russe, wäre ein Intellektueller, der es sich in einer Konversation hätte anmerken lassen, dass er zum Beispiel den Namen von Albert Camus noch nicht gehört habe, für immer blamiert gewesen. Ganz anders in New York – wenn dort jemand Camus nicht kennt, dann heißt es einfach: Camus hat es nicht geschafft.

Diese Geschichte macht klar, worum es heute geht. Aus unserer Sphäre kann es heute absolut niemand mehr schaffen. Zumindest nicht in dem Sinne, wie es vor 50 Jahren noch einige Autoren vorgemacht hatten. Damals allerdings war die Auskristallisierung der Massenkultur noch nicht so weit vorangeschritten. Figuren wie der eben genannte Camus, aber mehr noch Jean-Paul Sartre, waren richtige Global Players. Kurzum, ich zögere, meine gelegentlichen grenzgängerischen Evasionen auf die andere Seite mit Erfolgen zu verwechseln.

Was bedeutet Ihnen als Schriftsteller das Etikett Philosophie? Wofür steht der Begriff Philosophie eigentlich?

Philosophie ist von außen gesehen eine relativ klar definierte Angelegenheit. Es ist einfach das, was Philosophen tun. Und Philosophen sind die Leute, die in den philosophischen Fakultäten situiert sind. Das ist die Minimaldefinition von Philosophie, die sich aus der pragmatischen Sicht ergibt. Sie ist begreiflicherweise völlig selbstbezüglich und tautologisch. Daneben gibt es gottlob noch immer den berühmten „Weltbegriff" der Philosophie, hinter dem übrigens – und das hat Immanuel Kant nicht erwähnt – ein noch anspruchsvollerer Überbegriff steht, der ethische Begriff der Philosophie. Nach dem ist Philosophie als Lebensform zu verstehen, gleichsam als eine Ordensregel. Der Philosoph ist – etwa bei den Kynikern – derjenige, der seinen zweiten Mantel verkauft und beschließt, in Zukunft ohne Kopfstütze zu schlafen. Ein Philosoph ist aus antiker Sicht jemand, der sein Leben nach den Regeln des Kosmos einrichtet. Er ist ein Mönch der Vernunft, und seine Weisheit zeigt sich darin, dass er sich selbst als eine lokale Funktion des Universums versteht. Dies ist gewiss nicht mehr sehr aktuell, an die Stelle dieses integralen Konzepts philosophischen Lebens ist ein moderner Weltbegriff getreten, bei dem es um so etwas wie eine universale Beratungskompetenz geht. Daher genießt die neuere Philosophie ein Interventionsprivileg hinsichtlich aller existenziellen und politischen Fragen. Während ansonsten Dilettantismus in Fragen der Erkenntnis zu Recht verboten ist, wird er bei den Philosophen geradezu gefordert, nämlich als Bereitschaft, in alles hineinzureden – was eigentlich auch heißt: in alle Dinge etwas hineinzulesen. Philosophie ist so gesehen eine hybride Lesepraxis. Wenn man Klassiker liest und solche Lektüren kreuzt, bleibt man Klassizist: Hierbei ist das Lektüreverhalten auf das Wechselspiel zwischen Primär- und Sekundärliteratur begrenzt. Oder aber man wird Modernist und liest interdisziplinär, dabei entstehen Hybridlektüren und gewagtere Kreuzungen. Das ist so ungefähr die Definition meiner Arbeit.

Wie würden Sie Ihr Werk in der philosophischen Landschaft verorten und wie stehen Sie zur akademischen Philosophie?

Ich will mich fürs Erste nicht so sehr in einer Landschaft, sondern zuerst in einer Zeitlinie verorten; landschaftliche Bezüge kommen erst später dazu. Wenn ich die Frage beantworten soll, wo ich herkomme, dann würde ich zuerst auf den deutschen Spätidealismus hinweisen, auf diese ganze Geschichte, die Karl Löwith in seinem Klassiker *Von Hegel zu Nietzsche* erzählt hat. Das war meine erste Prägung, mein Familiensystem, ich habe diese ganze Literatur quasi mit der Muttermilch aufgesogen. Das liegt zum Teil daran, dass an unserem Münchner Gymnasium ein Mathematiker unterrichtet hat, der zugleich Philosoph war und der mit uns Schülern in einer Arbeitsgruppe die *Kritik der reinen Vernunft* gelesen hat – damals war ich fünfzehn, sechzehn. Der stärkste äußere Impuls kam damals aber von der theologischen Seite her, von einem protestantischen Religionslehrer, der nicht über den lieben Jesus redete, sondern über Nietzsche, Kierkegaard und Jaspers. Die These, dass Gott tot sei, war ja im Verhältnis zu der, dass er lebe, wirklich viel interessanter, und ein Geistlicher, der etwas auf sich hielt, diskutierte mit den Jungen damals lieber über das Testament des toten Gottes als über das Alte und das Neue. Ohnehin gab es nach dem Krieg für positive Glaubensbekenntnisse wenig Anhaltspunkte.

Was die landschaftliche Zuordnung angeht, wäre bei mir der Zug nach Frankreich zu erwähnen. Wobei übrigens der eben erwähnte Löwith der einzige Vertreter der deutschen Philosophie war, der begriffen hatte, dass Paul Valéry ein Philosoph eigenen Rechts war. Bei ihm standen der Philosoph und der Schriftsteller in völliger Gleichberechtigung nebeneinander, der eine dementierte den anderen nicht. Diese Zweisprachigkeit aus Literatur und Philosophie war für mich von früh an eine Selbstverständlichkeit. Dennoch, seit ich publiziere, stehe ich ständig vor dieser für mich völlig sinnlosen Frage, wie ich mich gegenüber der akademischen Philosophie verhalte. Das scheint mir vor allem deswegen absurd, weil ja der Typus, dem ich mich zurechne, gerade in Deutschland sehr gut etabliert war. Wir hatten im 19. Jahrhundert Arthur Schopenhauer, wir hatten Friedrich Nietzsche und Karl Marx, und seit die Übersetzungen aus dem Dänischen vorlagen, auch Sören Kierkegaard. Das waren alles keine Professoren, sondern Autoren, die den Weltbegriff der Philosophie anreicherten. Wir haben dann im 20. Jahrhundert auf französischer Seite mit Valéry, Camus, Sartre, Foucault und so weiter eine Reihe von Philosophen erlebt, die allesamt zugleich eminente Schriftsteller gewesen sind. Das ist alles Autorenphilosophie, die dem Weltbegriff von Philosophie neue Aspekte hinzufügte. Vor diesem Hintergrund verstehe ich die Frage nach meinem Verhältnis zur akademischen Philosophie überhaupt nicht, weil die Frage ja voraussetzt, dass der literaturnahe Typus delegitimiert sei und wir das Monopol des Professoralen akzeptieren sollten. Wieso eigentlich?

Auf der anderen Seite würde ich auf meinem Feld nie eine reine Literatur verteidigen, die nicht über das Handwerkszeug des Fachs verfügt. Die Rezeptionsverweigerung, die in der deutschen akademischen Szene meiner Arbeit gegenüber hier und dort zu beobachten war, betrifft ja üblicherweise nicht das Handwerk, sondern den literarischen Mehrwert, der bei mir hinzukommt, und auf den sich einzulassen für den Homo academicus ein existenzielles Risiko beinhaltet. Ich selbst bin von guter Schulphilosophie begeistert, aber sie muss, denke ich, ihr Gegenlager in einer vitalen Zeitphilosophie haben, das heißt in einer Autorenphilosophie, die die intellektuelle Evolution mit vorantreibt. Ansonsten bereitet gerade der Akademismus den Untergang der Philosophie vor. Akademismus, das soll man nicht vergessen, kann eine Form von Dekadenz sein.

___ Sind Philosophen die Ärzte der Kultur, wie Nietzsche schreibt?

Das ist zu hoch gegriffen. Kulturen brauchen keine Ärzte, weil Kulturen als Ganzes nicht krank sein können, zumindest nicht im Sinn der Inneren Medizin. Aber sie weisen Haltungsfehler auf, die nach Korrektur verlangen. Die großen Orthopäden der jüngeren Philosophie – ich denke zum Beispiel an Husserl oder Heidegger oder Hermann Schmitz – arbeiten sich an den Fehlhaltungen der europäischen Rationalitätskultur ab. Und solch ein Fehlhaltungstheoretiker war in gewisser Weise auch Nietzsche, sofern er die durch das Christentum eingeführte moralische Verkrümmung des westlichen Menschen therapieren wollte.

Heidegger selbst wies im Übrigen alle Symptome einer typischen Philosophenkrankheit auf, nämlich zu glauben, die Bewegung des Weltgeistes vollziehe sich durch seine schreibende Hand beziehungsweise durch seinen akademischen Vortrag. Immerhin: Er war auch einer von denen, die vorgeführt haben, dass Philosophie, wenn sie bei der Sache ist, immer von einer anderen Kanzel als dem akademischen Lehrstuhl aus spricht.

___ Wie würden Sie das Verhältnis der Philosophie zur Wissenschaft bestimmen?

Diese Frage führt uns auf ein weites Feld. Philosophie ist selbst keine Wissenschaft. Sie ist so etwas wie eine Moderatorin oder Partnerin der Wissenschaft, in historischer Sicht auch eine Matrix der Wissenschaften – doch nicht diese selbst.

Sie ist, wenn Sie so wollen, sogar in ihrer wissenschaftstheoretischen Ausprägung, bestenfalls so etwas wie ein Wissenschaftsrat. Aber sie kann und soll keine Wissenschaft sein, weil sie eine ganz andere Funktion ausübt. Ich erinnere noch einmal an die Tradition der Philosophie als Modus vivendi, in der es immer einen klaren Primat der Lebensberatung gab. In der Antike wurde wissenschaftliche Betätigung immer nur so weit betrieben, wie sie nötig war, um die Therapie der Seele voranzubringen.

__ Bleibt da noch Raum für überzeitliche Wahrheiten?

Ja, selbstverständlich, wenn man Wahrheit als Eigenschaft von Sätzen versteht. Sätze sind überzeitlich wahr, weil und insofern es so etwas wie unverwüstliche Sätze gibt, die noch länger da sein werden, als Atommüll in Endlagern strahlen kann. Die wahren Sätze strahlen immer, die euklidischen Gesetze oder die Winkelsumme im Dreieck, die braucht man nicht in einem alten Salzbergwerk aufzubewahren, sie strahlen auf eine Weise, die mit unserem Dasein im alltäglichen Biotop bis zum Beweis des Gegenteils kompatibel zu sein scheint. Dasselbe gilt auch für historische Sätze. Nach allem, was wir wissen, wurde Cäsar an den Iden des März ermordet, und eine richtige Beschreibung dieses Vorgangs – egal wieviel daran von den Redakteuren stammt – bleibt für den Rest der Zeiten wahr. Es ist nicht so, dass wir eines Tages erklären müssten: Im Lichte neuerer Erkenntnisse oder durch eine Veränderung der Perspektive verändert sich das, was damals passiert ist, von Grund auf – und Caesar wurde an den Kalenden des Januar ermordet. Keine Sorge, die Interpretationen verändern sich, aber es gibt eine relativ entrückte Dimension. Ich bin, wie Sie sehen, kein Anhänger des radikalen Konstruktivismus, der davon ausgeht, dass es keine objektive Wirklichkeit gibt, dass alles nur durch meine grammatischen Entscheidungen und unsere kollektiven Verabredungen konstruiert wird. Ich neige eher zu einer konventionell realistischen Ontologie. Andererseits meine ich, wir wissen vielleicht noch gar nicht, wie viele Ontologien es geben muss. Es könnte zehn verschiedene Ontologien für jeweils verschiedene Dimensionen geben – eine für Zahlen, eine für geometrische Figuren, eine für Sachverhalte, eine für einzelne Ereignisse, eine für Ereignisströme, eine für Maschinen, eine für Personen, eine für Kunstwerke, eine für Götter, eine für Tiere und so weiter.

Edmund Husserl war bestrebt, Philosophie als strenge Wissenschaft zu etablieren.
__ War dies eine Fehlentwicklung in der Philosophiegeschichte?

Nein. Husserl schneidet aus dem Feld der Philosophie nur einen bestimmten Ausschnitt heraus. Dabei kommt es, zugleich mit einer Bereicherung an Präzision, zu einer fantastischen Verarmung des Gegenstandsbereichs der Philosophie. Es entsteht so etwas wie ein In-vitro-Denken, bei dem der Anspruch auf Verwissenschaftlichung gewiss ein Stück weit vorangetrieben werden konnte. Insofern war das kein Irrweg, aber diese Art des Philosophierens taugt nicht dazu, alle philosophischen Stile zu monopolisieren. Wir kommen von Husserl aus nur mit größter Mühe zu einer Sozialphilosophie, und die Welt der geschichtlichen Dinge hat Husserl, wie er selber einmal bemerkte, einfach vergessen.

In Ihren Werken spielt der Begriff der Gestalt eine große Rolle. Sie interessieren ___ *sich für Gestaltentwicklungen, Formen und Transformationen.*

Das ist richtig. Ich hätte die *Sphären* nicht geschrieben, wenn ich geglaubt hätte, dass die Alternative, vor welche die traditionelle Philosophie uns hinsichtlich geistiger Objekte stellt, eine überzeugende wäre. Es gibt neben den Ideen, den Zahlen und den Begriffen eben noch etwas anderes – und das sind die Formen im Sinn von Gestalten. Der Formbegriff hat zwar in der Philosophie eine große Rolle gespielt, aber die Formen als solche kamen dennoch zumeist gar nicht vor. Man hat sich auf den Formbegriff berufen, um begriffliche Verallgemeinerungen zu propagieren. Die Form als Form hingegen hat die Philosophen kaum interessiert. Ich könnte Ihnen kaum einen Philosophen der Neuzeit nennen, der zu den platonischen Körpern (die „regulären" Vielecke wie zum Beispiel Würfel, Tetraeder, Dodekaeder und so weiter) etwas Belangvolles zu sagen wusste. Außer Leibniz und ein paar Denkern, die an ihn angeknüpft haben, wie Dietrich Mahnke, war da praktisch niemand, der in den letzten 200 Jahren zu Kugeln etwas Sinnvolles beigesteuert hätte. Die Scholastik kennt die Lehre von der Zahl und die Lehre vom Begriff. Aber diese Alternative ist alles andere als vollständig. Dass sich zwischen der Zahl und dem Begriff der Zwischenbereich der Formen auftut, das ist die starke These, der ich nachgehe. Unter den Rezensenten meines Sphärenprojekts traten Leute auf, die dumm genug waren, das Wort Kugel nur eine Metapher zu nennen. Doch wenn ich den Ausdruck in den *Sphären* metaphorisch gebrauchte, dann habe ich das gekennzeichnet. Aber fürs Erste sind Kugeln keine Metaphern, sondern Formen.

___ *Woher rührt diese Formvergessenheit in der Philosophie?*

Die noch ärger ist als die berühmte Seinsvergessenheit – die übrigens von Heidegger stark überschätzt wurde. Ich meine, dieser Defekt hat mit dem Begriffsglauben der Philosophen zu tun, auch damit, dass die moderne Erkenntnistheorie fatale Konsequenzen nach sich gezogen hat, weil sie die synthetischen Urteile a priori in den Verstand gelegt hat; wohingegen Formen die Information enthalten, dass die Synthesis nicht erst im Verstand passiert. Das heißt, die wirkliche Form ist eine empfangene Form, die nicht von mir kommt. Ich denke zur Kugel ja nicht die Kugelgestalt im Verstand hinzu, sondern finde sie als eine formale Eigenschaft des Objekts vor. Das kann als nicht ideales oder als ideales Objekt auftreten, aber es hat in jedem Fall die gegebene Form, wenn es sie eben hat. Durch den Transzendentalismus haben wir den ganzen Bereich des Morphologischen, den Bereich der Formen und der Formentstehung, hinweg eskamotiert. Es gibt zwar immer wieder Versuche, die Form, die Gestalt auch vom Ding her zu denken, aber als bloßer Kantianer könnte ich dazu keine drei vernünftigen Sätze sagen. Genau dieses Problem greift die Sphärenthematik des zweiten Bands der Sphärentrilogie auf, in dem der Begriff der Kugel überwiegend nicht metaphorisch verwendet wird.

In diesem Zusammenhang fällt der Begriff der demokratischen Esoterik. Was hat es damit auf sich?

Der Begriff „demokratisch" ist hier natürlich nicht politisch zu verstehen, sondern wissenschaftstheoretisch. Demokratisch ist eine Theorie dann, wenn sie so etwas wie Waffengleichheit der diskursiven Bedingungen unterstellt. Esoterik hingegen ist die Rede von Verborgenem, also von Dingen, die entweder kontraintuitiv sind oder schwierige Zugangsvoraussetzungen haben. Wenn man etwa eine genetische Theorie der Paarbeziehung entwickeln will, wie ich es in *Sphären I* versuche, kommt man an einen Punkt, wo es wirklich ein wenig abgründig wird. So etwa, wenn man sich fragt: Hat der Fötus eine Beziehung zu seinem mütterlichen Milieu? Vermutlich ja. Nur, wie sieht es dann mit dem kognitiven Zugang zu solchen verborgenen Verhältnissen aus? Hieran ist nichts öffentlich und evident. Ich kann mich ja nicht mit dem Kollegen Habermas am Eingang zum Mutterleib verabreden. Aus dieser Verlegenheit ergab sich die am stärksten literarisierte Stelle im ersten Band der Sphärentrilogie: das ominöse Mutterleibskapitel, in dem ich Sprachformen verwende, die ein radikal intuitives Verständnis evozieren. Da will ich etwas sagen, was man in der ersten Person sinnvollerweise nicht sagen kann, vielleicht auch gar nicht sagen soll, weil es ja eine unwahrscheinliche Indiskretion impliziert. Ich habe an der kritischen Stelle, wo es am indiskretesten wird, Fotografien von einer indischen Yoni-Höhle eingefügt, die eine große Vulva zeigen, und überlasse es dem Leser, sich Rituale vorzustellen, bei denen Initianten dort hindurch geschickt werden. In Fellinis Casanova-Film gibt es eine ebenso anzügliche Stelle, wo die Große Muna auftaucht, eine betretbare weibliche Öffnung, als Jahrmarktsattraktion. Mir ging es in *Sphären I* darum, solche Figuren für die philosophische Untersuchung zu erschließen.

Selbst wenn man, wie ich es tue, eine zweipolige Subjekttheorie vorschlägt, stellt sich die Frage, ab wann ein Subjekt für sich und seinen Anderen vorhanden ist. Für Fichte ist das Problem fürs Erste einfach zu lösen, weil bei ihm das Subjekt von dem Moment an da ist, wo es sich setzt. Darum sagt er ja sehr schön, Eltern sollten als den eigentlichen Geburtstag ihres Kindes den Tag feiern, an dem es zum ersten Mal „ich" sagt – das ist das sprachliche Vorspiel zur Selbstsetzung. Kurzum, ich denke, der Ausdruck Esoterik wird hier nicht unzulässig verwendet. Mit der obskuren Mystik der Bahnhofsbuchhandlungen hat das alles nicht das Geringste zu tun.

In Ihrem Roman Der Zauberbaum *wird einem angehenden Arzt geraten, sich mit der Gebärmutter als einem zu wenig erforschten Organ auseinanderzusetzen, und dann, 20 Jahre später, gibt es ein entsprechendes Kapitel in Ihrer Sphärentrilogie.*

Das hat bisher, scheint mir, niemand außer Ihnen bemerkt. Jedenfalls ist der Zusammenhang gut gesehen: Da hat sich eine Motivwanderung vollzogen. Einen Zwischenschritt findet man vielleicht in einem entsprechenden Kapitel in der *Kritik der zynischen Vernunft*, wo vom Zynismus der Mediziner die Rede ist. Der alte Herr, der im Roman diese makabren Sachen sagt und der an das Glas klopft, in dem eine Gebärmutter in einer durchsichtigen Lösung schwebt – das ist so ein Zyniker alten Schlags. Im Übrigen versuche ich in der *Kritik*, den ärztlichen Zynismus als Inkognito eines Humanismus zu schildern. Tatsächlich wandern mehrere Motive dieser Art durch meine Bücher hindurch. Das ist wohl ein Reflex der Tatsache, dass ich zu dieser unglückseligen Generation gehöre, die nach 1968 an den neuen Menschen geglaubt hat, der mit tiefenpsychologischen Mitteln befreit werden sollte. So wie man heute, allerdings nur satirisch, behauptet: „In jedem Iraker steckt ein Amerikaner, der heraus will", so haben wir damals, ganz ernsthaft, gesagt: „In jedem Bürger steckt ein Kind, das heraus will". Das Kind als Garant eines Neuanfangs.

___ *War das nicht eine romantische Vorstellung?*

1968 war der letzte Seufzer der politischen Romantik. Ich bin damals durch den Schleudersitz der Zynismusanalyse aus diesem System ausgestiegen. Die nächsten Schritte waren meine Reise nach Indien und dann die Phänomenologie heideggerschen Stils.

___ *Welche Bedeutung hatte Ihr Indienaufenthalt für Ihr Denken?*

Sie müssen wissen, dass ich anfangs sehr stark von der Phänomenologie husserlschen Typs geprägt war, weil ich als Schüler von Bernhard Waldenfels in München in diese Denkschule initiiert wurde. Erst nach Indien habe ich angefangen, Heidegger zu lesen, weil ich damals nach einer europäischen Theorie suchte, die mir helfen sollte, die Erfahrung des östlichen Denkens zu integrieren. Nach meiner Rückkehr aus Indien habe ich verstanden, was Heideggers Intervention bedeutete – nicht weniger als den längst fälligen Versuch, sich aus dem 2500-jährigen Reich der europäischen Metaphysik herauszuwinden. Und da ich in Indien eine ganz andere Form von Denken kennengelernt hatte, hatte ich eine ungefähre Vorstellung, wie diese Herausdrehung geschehen könnte.

Heute fahren wir aber nicht mehr einseitig nach Indien, die Inder kommen jetzt auch als Agenten der Globalisierung zu uns. Das scheint die Rache des Orients zu sein, und es hat lange gedauert, bis ich verstand, dass sie eigentlich schon damals begonnen hatte. Wir Okzidentalen hatten unseren Orient als Kinderstube des Weltgeistes in Beschlag genommen und unsere eigenen Anfänge dorthin projiziert. Aber dass es eines Tages eine indische Replik geben musste, war uns nicht klar. Inder sind große Realisten. Wenn sie sich fragen: Was haben wir, was wir exportieren könnten? Dann lautet ihre Antwort ganz nüchtern: Wir haben kein Erdöl, wir haben keine Kohle, wir haben nichts, womit man dem Westen imponieren kann – außer mit Religion und Rechenkapazitäten. Probieren wir's fürs Erste mit der Religion. Bhagwan Shree Rajneesh alias Osho war sicher der genialste Erfinder einer Exportreligion und zugleich ein großer Aufklärer in Religionsdingen. Alles, was er tat, lief auf die Maxime hinaus: Die effektvollste Form, den Fetisch Religion zu ruinieren, ist, selber eine zu gründen.

In Ihrem Buch Die Kritik der zynischen Vernunft *kritisieren Sie das westliche Ich-Denken, das Jacques Lacan als „die Geisteskrankheit des Westens" bezeichnete.*

Ich bin nicht sicher, ob ich das heute noch in derselben Weise sagen würde. Ich höre in dieser Art von Ich-Kritik, die von Augustinus bis Lacan reicht, doch immer wieder nur das katholische Gemeckere gegen den sündhaften Stolz des Menschen heraus, und mir scheint das kein fruchtbarer Ansatz mehr zu sein. Es ist die gute alte Anti-Egoismus-Propaganda, die zu allen klerikokratischen Systemen (Priesterherrschaften) gehört. Klerikokratie beruht darauf, dass man die Menschen als Egoisten diagnostiziert und vorgibt, ihnen bei der Überwindung dieser tödlichen Krankheit zu helfen. Das Ego ist aber nicht die Krankheit des Westens, es ist die Krankheit von Menschen in klerikokratischen Systemen. Die Psychoanalyse französischen Typs war hoffentlich die vorerst aktuellste Zuspitzung dieser Tradition. Lacans Psychoanalyse verkörperte in gewisser Weise den Versuch, die Psychoanalyse von ihren jüdischen Tönungen abzulösen und sie in katholische Resonanzen zu übersetzen. Der gemeinsame Nenner hier wie dort ist der Patrozentrismus, eine inzwischen sozialgeschichtlich und psychohistorisch überholte Figur, die das Judentum, das katholische Christentum und die Wiener und Pariser Psychoanalyse gemeinsam hatten und die sie gemeinsam restaurieren möchten. Der junge Lacan stand bekanntlich der Action Française nahe, und der Mensch, dem er sich zeitlebens am nächsten fühlte, war sein Bruder, ein Trappistenmönch. Er kam aus einem rechtsradikalen Umfeld, in dem an einem Katholizismus ohne Gott, einem atheistisch-katholischen Law-and-Order-Syndrom gebastelt wurde: Gott ist tot, aber die Ordnungsstrukturen, die er geschaffen hat, die lassen wir uns nicht nehmen – aus ihnen wird eines Tages das vielzitierte Symbolische. Kurzum, der Hinweis auf das Ich als Krankheit des Westens führt uns nicht weiter. Man bleibt damit in dieser 2000-jährigen Klerikokratie gefangen, in der man den Menschen als Sünder oder Neurotiker a priori behandelt.

Wie steht es um das Verhältnis der Philosophie zum Zeitgeist? Geht es in der Philosophie nicht ganz im hegelschen Sinne darum, ihre eigene Zeit auf den Begriff zu bringen?

Ich würde jedenfalls nicht sagen, dass es eine immer gleichbleibende Aufgabe der Philosophie gibt, sie muss sich ihre Aufgaben in jeder Generation von neuem suchen. Was die Philosophie als Lebensform angeht, so betrifft sie seit jeher nur die Einzelnen und hat folglich keine andere Mission als die, die Individuen in ihr Optimum zu bringen. Nach der politischen Seite hin ist ihre beratende Funktion virulenter denn je. Was mir vorschwebt, ist ein Forum für Philosophie als zivilisatorisches Pädagogicum. Sie muss die Rolle einer Moderatorin im Übergang zur Weltkultur spielen lernen, ausgehend von der Einsicht, dass es keinen Zusammenstoß der Zivilisationen gibt, sondern den Zusammenstoß der lokalen Kulturen mit dem Zivilisationsprozess.

Welche Bedeutung hat das Scheitern für die Philosophie? Ist die Philosophie nur die Kunst des gekonnten Scheiterns?

So weit sollte man doch nicht gehen. Immerhin, es gab in Deutschland seit dem 19. Jahrhundert tatsächlich eine philosophisch betreute Kunst des Scheiterns. Das hat damit zu tun, dass die Deutschen den Existenzialismus lange vor den Franzosen entwickelt hatten, während die Franzosen ihn erst unter der deutschen Okkupation kopierten. Die Unterschiede sind erheblich: Die Deutschen waren seit jeher Trotz-Existenzialisten mit anthropologischen Interessen, die Franzosen hingegen wurden Widerstands-Existenzialisten mit politischem Fokus. Die Franzosen haben von unserem Existenzialismus, nach welchem am Anfang die Behinderung war, nur das Moment des politischen Widerstands herausgefiltert, ohne zu merken, dass hinter dem Konzept „résistance“ das viel breiter angelegte heroische „Trotzdem“ stand. Darüber habe ich einen größeren Aufsatz geschrieben, dessen Thema mich mit sehr anregenden Umkehrungen gewohnter Fragestellungen vertraut gemacht hat. Ich habe einen seltsamen Autor aus den 20er, 30er Jahren ausgegraben, einen Nietzscheaner namens Hans Würtz, den Vordenker der deutschen staatlichen Krüppelpädagogik und Pionier einer neuen Disziplin, die man geradewegs die Krüppelanthropologie nannte. Bei ihm kann man sehen, was aus Nietzsches Denken wird, wenn man es in einem Behindertenheim zu Berlin jeden Tag auf die Probe stellt. Hier wurde erst klar, was das Theorem vom Leben als Wille bedeuten kann. In Deutschland gab es nach dem Ersten Weltkrieg 2,7 Millionen Kriegskrüppel, Einarmer, Einbeiner, Kopfverletzte, eine Enzyklopädie unvorstellbarer Dramen. Behinderung war damals das Epochenthema – und wenn Freud seinerzeit vom Menschen als Prothesengott sprach, griff er das Bonmot aus dem Zeitgeist auf. Auch Würtz hat damals Morgenluft gewittert und geglaubt, der Krüppel sei der neue Mensch, ja vom Krüppel her müsse man die ganze Menschheitsfrage neu denken. Er blätterte in den Archiven und fand heraus, dass alle interessanten Menschen aller Zeiten Krüppel waren: Cäsar, Paulus, Michelangelo, Ignatius von Loyola, Lord Byron, Nietzsche, das ganze Who is who der Weltkultur. Würtz wurde 1933 eliminiert, weil er in seinem Hauptwerk *Zerbrecht die Ketten* von 1932 die schlechte Idee gehabt hatte, Joseph Goebbels zweimal zu erwähnen – einmal in der Nationenliste und einmal in der Funktionen- oder Berufsspartenliste. Mit dieser Art von wissenschaftlicher Objektivität konnte Goebbels nicht viel anfangen. Mir fiel es bei der Lektüre dieses verschollenen Werks wie Schuppen von den Augen: Alle wesentlichen Autoren der philosophischen Anthropologie haben damals angefangen, den Behinderten als Paradigma des Menschen darzustellen, Louis Bolk, Arnold Gehlen, Helmuth Plessner, selbst Sigmund Freud, wie gesehen. Und hat nicht auch die zeitgenössische Biologie diese Lesart bestätigt? Der Mensch ist von Natur aus eine Missgeburt, weil er eine chronische Frühgeburt darstellt. Nur Krüppel werden überleben.

Solche biologischen Fragen spielten auch in Ihrer sogenannten Elmauer Rede __ eine Rolle.

Darüber brauchen wir nicht lange reden. Mein 2009 erschienenes Buch trägt den Titel *Du mußt dein Leben ändern. Über Anthropotechnik*. Darin werden die Fragen, die mich in der Menschenpark-Rede beschäftigt haben, auf indirekte Weise noch einmal aufgerollt. Diesmal aber gehe ich der Frage, wie der Mensch den Menschen erzeugt, viel radikaler auf den Grund. Die Antwort wird heißen: Er erzeugt sich im Wesentlichen durch Übungen, durch Askesen, durch Training und durch akrobatische Überspannungen. In diesem Buch wird nur sehr wenig von Gentechnik die Rede sein, umso mehr von Meditation, von religiös codierten Übungsexzessen, von Kapitalismus als Anthropotechnik und von der Disziplin großer Künstler.

Der Zeitgeist gibt den Philosophen im Augenblick sehr viele ermutigende Signale. In Frankreich gibt es in jeder Stadt philosophische Cafés. In Italien blühen in einer Reihe von Städten, in Udine, in Modena, in Neapel, in Rom und so weiter große Philosophiefestivals auf, manchmal mit Zehntausenden von Besuchern. Da kann man erleben, wie mehrere tausend Menschen auf einem Platz unter freiem Himmel sitzen und einem Vortragenden zuhören. Für jeden Philosophen ist das eine Erfahrung, die er machen sollte. Wenn man in einem kleinen Hörsaal voller Kollegen spricht, hat man das Recht, sie bis zum Umfallen zu langweilen. Aber vor zwei- oder dreitausend Menschen – da fragt man sich unwillkürlich: Ist meine Rede es wert, dass so viele Leute eine Stunde in der glühenden Sonne sitzen? Ganz offensichtlich wollen die Leute zurück zur Philosophie. Sie wollen etwas hören, was ihnen zu denken gibt. Die Akademiker ihrerseits müssten nur besser auf das hören, was ihnen von dieser Seite zugerufen wird. Damit fallen viele Scheinkonflikte an der Front zwischen Philosophie und Rhetorik beiseite, auch solche, die gelegentlich im Umfeld meiner Arbeit auftraten.

JÜRGEN MITTELSTRASS

Wer will bezweifeln, dass die Hasen vor der Tür auch ohne uns herumlaufen?

— *Bei einer Straßenumfrage haben wir Passanten gefragt, was sie unter Wahrheit verstehen. Was antwortet uns der Wissenschaftstheoretiker Jürgen Mittelstraß ganz spontan auf diese Frage?*

Wahrheit ist der Wunsch aller Philosophen. Das heißt, Wahrheit ist das, was in einem theoretischen Zusammenhang in dem Sinne wahr ist, dass es ein Stück Wirklichkeit angemessen wiedergibt. Zugleich ist es etwas, das sich im Dialog, gegenüber Einsprüchen und konstruktiver Kritik bewährt.

— *Folglich existiert für Sie so etwas wie eine Wirklichkeit. Vertreten Sie eine Korrespondenztheorie der Wahrheit, derzufolge Wahrheit ein Maß für die Übereinstimmung des Denkens mit der Wirklichkeit ist?*

Nein. Ich will nicht bezweifeln, dass es eine Wirklichkeit gibt, aber der Begriff der Wirklichkeit im Zusammenhang mit Wahrheitstheorien hat seine besonderen Schwierigkeiten. Allzu leicht ergibt sich im Sinne einer solchen Korrespondenztheorie der Wahrheit die Vorstellung, es gäbe auf der einen Seite so etwas wie die Wirklichkeit, auf der anderen Seite unsere Welt der Worte. Wahrheit in der Welt der Worte wäre dann die spiegelbildliche Abbildung der Wirklichkeit. So einfach ist es eben nicht. Wir müssten dann einen direkten, nichtsprachlichen Zugang zu dieser Wirklichkeit haben. Und einen derartigen Zugang haben wir nicht, weil wir immer schon von Wirklichkeit als einer gegliederten, unterschiedenen, damit auch sprachlich gegliederten und sprachlich unterschiedenen Wirklichkeit sprechen.

— *Ist Wahrheit demnach etwas Relatives?*

Nein, das ist damit nicht gesagt. Relativ vielleicht nur insofern, als es „die" Wirklichkeit als „die" Instanz, die über wahr und falsch entscheidet, nicht gibt. Die Behauptung, dass die Wahrheit relativ sei, ist eine Behauptung, die sehr viel weiter geht, sie besagt, dass sich Geltungsansprüche – Wahrheitsansprüche sind Geltungsansprüche – nie einlösen lassen. Das meine ich nicht. Innerhalb eines bestimmten theoretischen Rahmens ist Wahrheit nicht relativ.

__ Sind Sie Konstruktivist?

Ich komme aus einer Schule, die als „Erlanger Schule“ bezeichnet wurde und die sich als Konstruktivismus bezeichnet. In der Tat verstehe ich mich als Konstruktivist – aber nicht im Sinne des sogenannten radikalen Konstruktivismus, der die Wirklichkeit in reine Konstruktionen auflöst und dabei biologistisch argumentiert. Wir konstruieren immer schon in einer bestimmten Wirklichkeit und in eine bestimmte Wirklichkeit hinein. Ohne eine solche Wirklichkeit, die immer eine praxisbezogene, handlungsbezogene ist, machen alle diese Konstruktionen keinen Sinn. Das bedeutet, dass sich der radikale Konstruktivismus gewissermaßen an den eigenen Haaren aus dem Sumpf zu ziehen sucht.

__ Was genau verstehen Sie unter „konstruieren“?

Sagen wir es einmal so: Der Konstruktivismus geht davon aus, dass wir unsere Unterscheidungen, damit auch unsere Theorien, nicht an einer wie auch immer gearteten Wirklichkeit ablesen können. Die Wirklichkeit sagt nicht von sich aus, wie sie ist. Unser Bild der Wirklichkeit ist immer ein solches, in das unsere gliedernden und unterscheidenden Aktivitäten Eingang gefunden haben. Insofern bewegen wir uns in einer teils unabhängig von uns existierenden, teils durch unsere Unterscheidungen und Begrifflichkeiten gegliederten Welt. Wer will bezweifeln, dass die Hasen vor der Tür auch ohne uns herumlaufen? Doch fein säuberlich zu unterscheiden „Hier ist die Welt, wie sie ist!“ und „Hier ist die Welt, wie wir sie gegliedert haben!“ geht nicht. Das ist in der Tat ein konstruktivistisches Credo.

Schließt dieses Credo aus, dass wir der „Wirklichkeit“ zumindest partiell „näher“ __ kommen können?

Dieses Bild würde ich nicht verwenden. Hinter ihm steht immer noch die Vorstellung, es gäbe eine „Welt wie sie ist“ und wir könnten in einem beharrlichen Versuch uns dieser Wirklichkeit immer weiter nähern. Das ist eine Vorstellung, die merkwürdigerweise von Popper vertreten wurde, obwohl er eigentlich eine Philosophie vertritt, die diese Vorstellung von Wirklichkeit oder Wahrheit nicht mehr zulässt. Gleichwohl spricht er von einer allmählichen Annäherung oder doch dem Versuch einer Annäherung an die Wahrheit. So würde man im Konstruktivismus nicht sprechen und so möchte auch ich nicht reden. An dieser Stelle möchte ich vorschlagen, von mehr oder weniger angemessenen und unangemessenen Unterscheidungen zu sprechen. Denn darüber kann kein Zweifel bestehen, dass unsere Unterscheidungen einmal, wie wir so schön sagen, sitzen und einmal nicht, dass sie sich in diesem Falle als unzweckmäßig erweisen, nicht nur weil wir auf diese Weise, wie wir sagen, ein Stück Wirklichkeit nur unzureichend erkennen, sondern auch, weil wir mit unseren eigenen Orientierungen nicht mehr zu Rande kommen. Einen Prozess, der – möglicherweise auch kontinuierlichen – Verbesserung von Unterscheidungen gibt es, aber diesen Prozess sollte man nicht belasten mit der zusätzlichen Annahme, dass dieser ein Prozess der allmählichen Annäherung an die Wahrheit ist. Damit formuliert man Ansprüche, die einzulösen ohne Rekurs auf eine Wirklichkeit, wie sie an sich ist, unmöglich ist.

Andererseits kann, wie Sie sagten, keiner daran zweifeln, dass draußen die Hasen auch ohne uns herumspringen. Gibt es möglicherweise eine nichtwissenschaftliche und eine wissenschaftliche Wirklichkeit?

Ja. Nur dass das keine Wirklichkeiten sind, die irgendwo fix und fertig dastehen. Wir gehen nicht von der einen in die andere, sondern in unserem eigenen Tun, auch in unserem kooperativen Tun, erzeugen wir diese Wirklichkeiten. Wenn Sie die Universität betreten, um dort zu studieren oder zu lehren, bewegen Sie sich zweifellos in einer anderen Wirklichkeit als wenn Sie nach Hause gehen, in die Arme Ihrer Familie zurückkehren, abends am Stammtisch sitzen oder auf den Sportplatz gehen. Das sind unterschiedliche Wirklichkeiten, aber doch solche, die durch unser Tun ständig miteinander verbunden werden – durch dieses Tun werden sie eigentlich erst erzeugt. Die Vorstellung des Konstruktivismus ist die, dass auch die Wissenschaft, unser theoretisches Sprechen eine Art unseres lebensweltlichen Sprechens ist. Es ist eines der Programme des Konstruktivismus, die sprachliche Praxis so zu reorganisieren, dass bestimmte Schwierigkeiten, die dann auch als sprachliche Schwierigkeiten erkennbar sind, nicht mehr auftreten; das heißt, dass jene so gar nicht verständliche Trennung der „Welt der Wissenschaftler" und der Welt, in der wir alle leben, auch wenn wir nicht Wissenschaftler sind, wieder aufgehoben wird.

Eine andere Frage ist die, ob man sich Lebensweltformen vorstellen kann, die diese Verlängerung in die Wissenschaft, in die Welt der Theorien nicht finden oder nicht finden können. Lebensweltformen also, die die europäische Rationalität und Wissenschaft nicht zulassen. Allerdings liegt es mir näher, nicht der Frage nachzugehen, wie die Welt denn auch noch hätte aussehen können, wenn der europäische Geist nicht tätig geworden wäre, sondern mit einer Welt fertig zu werden, in der der europäische Geist tätig ist.

Wäre „Interpretation der Wirklichkeit" für das, was Sie unter Konstruktivismus verstehen, eine angemessene Umschreibung?

In der Tendenz ja. Andererseits ist mir die Theorie der Interpretation oder wie immer man eine entsprechende Richtung bezeichnen möchte, etwas pointiert formuliert, zu hermeneutisch, soll heißen, noch zu sehr an der Vorstellung orientiert, dass es Dinge, wie sie sind oder wie wir sie sehen, zu verstehen gilt. Für mich suggerieren die Begriffe der Interpretation und des Verstehens einen Zusammenhang, der für die Geisteswissenschaften konstitutiv ist, aber schon für andere wissenschaftliche Bereiche eigentümlich zu kurz greift.

Sie haben von Rationalität gesprochen. Heißt das Begründung von irgendwelchen Aussagen mittels rationaler Verfahren?

Es ist natürlich schwer, in wenigen Worten jetzt so etwas wie Rationalität definieren zu wollen. Man wird mehr oder weniger einschlägige Merkmale benennen wollen, und so möchte ich das auch tun. Ich will als rational oder als eine rationale Position eine solche bezeichnen, die Geltungsansprüche formuliert und deren Einlösung nicht nach außen abgibt. Die Bemühung um Rationalität bedeutet, sehr genau zu unterscheiden, seine Behauptungen sehr genau zu wägen, jederzeit bereit zu sein, die mit diesen Behauptungen formulierten Geltungsansprüche einzulösen, all dies nicht abzugeben an Instanzen, die entweder vorgeben, dies zu leisten, oder von denen man erwartet, dass sie dies leisten. Gegensatz wäre also eine mythische oder fundamentalistische Welt, in der uns entsprechende Bemühungen von überweltlichen Mächten abgenommen werden. Hier vertrete ich die Idee der europäischen Aufklärung.

Die Frage nach der Rationalität ist auch eine Frage nach der Begründung. Wann __ ist eine wissenschaftliche Begründung wirklich begründet?

Es ist ein Unterschied, ob Sie einen mathematischen Satz begründen oder beweisen, oder ob Sie eine gesellschaftstheoretische Hypothese begründen. Man wird in einem allgemeinen Sinne sagen können, dass wir von „Begründung" und „begründet" genau dann sprechen, wenn die offensichtlichen Geltungsansprüche eingelöst sind und keine Alternative aufgetreten ist, die auf eine andere Weise das leistet, was Theorien oder Sätze, die als begründet gelten, leisten. Eine Begründung ist in diesem Sinne auch nie definitiv abgeschlossen im Sinne von letztbegründet. Dies wäre von vornherein dogmatisch. Ich selbst halte nur einen Begründungsanspruch für vertretbar, in dem Exklusivität nicht mitbehauptet wird, Exklusivität in dem Sinne, dass es zu einer gegebenen Begründung keine Alternativen gäbe. Allerdings – und das ist etwas, was immer hinzugefügt werden muss –, das, was dann konkurrierend auftritt, muss mindestens ebenso gut begründet sein und sich als begründet ausweisen können wie der Versuch, gegen den es sich wendet. Mit dem bloßen Hinweis, es gibt ja keine absoluten oder Letztbegründungen, wäre jede Begründung gleich gut – und das ist keine Alternative.

__ Gibt es demnach auch keine absoluten Normen?

Wenn wir von absoluten Begründungen sprechen, dann meinen wir, ein Sachverhalt sei ein für allemal in einer bestimmten Weise erklärt, der entsprechende Satz oder die entsprechende Theorie begründet, und dazu gäbe es keine Alternativen. Das ist problematisch. Die Rede von absoluten Normen liegt noch einmal auf einer anderen Ebene, allein schon, weil die Rede von Begründungen bei Normen ihre besonderen Schwierigkeiten hat. Aber selbst da, meine ich, sollte man nicht so zimperlich sein. Es ist die Frage, was man als eine absolute Norm bezeichnet. Wenn man den kategorischen Imperativ oder die Menschenrechte als absolute Normen bezeichnet, dann hätte ich nichts gegen den Begriff der absoluten Norm.

Die Bezeichnung „absolute Norm" wird nur dann problematisch, wenn damit Inhaltliches gemeint ist. Solange wir es mit formalen Normen zu tun haben, und das ist ja beim kategorischen Imperativ der Fall, bringt uns auch die Bezeichnung „absolut" in keine Schwierigkeiten.

Aber den Europäern wird doch vorgeworfen, dass gerade in den „Menschenrechten" Werte schon implizit enthalten sind.

Das ist wahr. Insofern habe ich auch ein wenig gezögert, als ich dieses zweite Beispiel nannte. Es kommt sehr darauf an, was man mit Menschenrechten alles meint. Wenn das bis in den pädagogisch-schulischen Bereich geht, etwa im Sinne von Recht auf Bildung, Recht auf Erziehung, nein. Wenn Sie die Rede von Menschenrechten aber zunächst einmal einschränken, etwa auf den Begriff der autonomen Person, dann meine ich, sind auch solche Einsprüche leicht zu ertragen.

Dies ist natürlich abhängig vom Menschenbild.

Naja, aber sehen Sie, wollen wir wieder ein Menschenbild zur Diskussion stellen, das es dem Einzelnen überlässt, sich in der Alternative von Herr und Knecht zu orientieren? Ich möchte das nicht empfehlen.

Letztlich gelangt man immer wieder bei ethischen Glaubenssätzen an, die wiederum einer Begründung bedürfen.

Sie haben Philosophie einmal als „Theorie der Begründung" bezeichnet. Erschöpft sich Philosophie in der Aufgabe der Rechtfertigung von Zwecken und Zielen – oder wird „in Form von Wissenschaftstheorie Wissenschaft philosophisch und Philosophie wissenschaftlich"?

Das war damals der Konstruktivismus auf die Spitze getrieben. Ich erinnere mich sehr wohl an diese Formulierung. Da habe ich, was ich gerne auch heute noch tue, bewusst pointiert formuliert. Mittlerweile glaube ich – vielleicht ist das jetzt mein höheres Alter, das mich dazu führt –, dass sich die Philosophie in solchen Definitionen und näheren Bestimmungen nicht erschöpft. So würde ich es denn auch heute wahrscheinlich nicht mehr sagen. Allerdings: An einem möchte ich gerne festhalten – und das besagt ja auch das Zitat, das Sie eben anführten: Ich sähe es gerne, wenn die akademische Philosophie an der Universität wieder näher an die Probleme auch der anderen Disziplinen herangerückt würde und wenn die anderen Disziplinen, die bisher sozusagen einen gepflegten Positivismus ausgebildet haben, wieder philosophischer würden. Denn ihre weitgehende Wirkungslosigkeit hat die Philosophie zum Teil selbst zu vertreten, insofern sie sich in eigentümlicher Vornehmheit aus dem Alltag der Wissenschaften und der wissenschaftlichen Auseinandersetzung – nicht immer, aber häufig – herausgezogen hat. Die Philosophie muss sich wieder stärker involvieren lassen oder sich stärker einmischen in das Alltagsgeschäft der Universität, der Wissenschaft, ja, und auch der Gesellschaft.

Ist es denn nicht gerade das Gegenteil von Einmischung, wenn Sie in einer Diskussion auf die Frage, ob wir es nicht nach Goethe so halten sollten, dass wir das Erforschliche erforschen und – aus ethischen Gründen – das Unerforschliche unerforscht lassen sollten, antworteten, dass, wer nicht das Unerforschliche zumindest probiere, beim Erforschlichen Durchschnitt bleibe?

Lassen Sie mich weiter ausholen und sagen: Wenn wir denn schon so genau wüssten, wo die Grenze zwischen dem Erforschbaren und dem Unerforschbaren läge, dann wären wir an dieser Stelle sehr viel klüger. Aber genau das wissen wir ja nicht. Und jede Entscheidung oder jede Behauptung, man wüsste das schon, jeder Versuch, eine solche Grenze definitiv zu ziehen, ist – mindestens dies! – dogmatisch. Das heißt, wir haben, ob wir das nun begrüßen oder nicht, nicht die Möglichkeit, viele unserer Probleme dadurch loszuwerden, dass wir sagen: Hier ist das Erforschbare, und hier haben wir sozusagen freie Wahl, dort ist das Nichterforschbare, und da gehen wir nicht hin, das steht auch nicht zur Disposition und da halten wir uns raus. So ist die Welt nicht. Schon gar nicht so dualistisch. Das eigentliche Problem liegt eben genau darin, immer wieder aufs Neue eine solche Linie zu ziehen – warum nicht? Es wird sich dabei auch herausstellen, dass es sich da um keine festen Linien handelt und dass es die Forschung selber ist, die alle gezogenen Linien immer wieder übersteigt.

Das heißt, provokant auf einen Nenner gebracht: Die Forscher, zum Beispiel die Gentechniker, forschen und zeigen dadurch die Problematik des Ganzen auf, ohne jegliche Kontrolle?

Nein, das wollte ich damit nicht gesagt haben. Meine Vorstellung ist eher die, dass wir uns sehr wohl, und vielleicht sehr viel stärker, als das früher der Fall war, in unserem Forschen und Tun, für das wir mit Recht Freiheit reklamieren, immer wieder die Frage stellen, ob, unter anderem aus schlicht forschungssystematischen Gesichtspunkten, das, was wir da tun – noch einmal: Wissenschaft ist Tun! –, nicht Grenzen ganz anderer Art überschreitet, nämlich ethische Grenzen. Das heißt konkret gesprochen, ob zum Beispiel Forschung an Embryonen, insbesondere dann, wenn diese auch noch eigens zu Forschungszwecken hergestellt werden, nun aus anderen als wissenschaftssystematischen Gründen vielleicht doch verboten sein sollte, weil wir nämlich Grenzen verletzen, die keine Forschungsgrenzen sind, sondern ethische Grenzen.

Aber wer definiert diese ethischen Grenzen?

Wenn wir so etwas hätten wie eine allgemeingültige Ethik oder eine göttliche Ethik, dann wäre diese Frage einfach zu beantworten. Wir haben sie nicht. Ethik ist auch kein Lehrbuchwissen, das wir irgendwo in einem entsprechenden Buch nachschlagen könnten.

Die Welt wäre sicherlich einfacher, wenn sich auch in unserem Tun, auch in unserem wissenschaftlichen Tun, irgendwelche Gesetzmäßigkeiten einfach durchsetzten, keine normativen Spielräume mehr gegeben wären. Aber was wäre das für eine komische Welt? In dieser Welt müsste sich ja der Mensch als ein verantwortungsvolles, rationales Wesen selber verabschieden. Also lieber diese Kontingenz, lieber diese Spielräume, lieber die Möglichkeit zu scheitern und sich zu irren, als in einer Welt zu leben, in der Naturgesetzmäßigkeiten auch die Welt unseres Tuns bestimmen.

Wir müssen uns auch in ethischen Dingen immer wieder aufs Neue des begründeten Charakters unserer ethischen Beurteilungen vergewissern. Auch die Ethik ist in diesem Sinne nichts Statisches, auch wenn das häufig, zumal in eher traditionellen oder konservativen Kreisen, so formuliert wird. Vielleicht müssen wir den erforderlichen ethischen Sachverstand, zu dem auch, aber keineswegs allein, der philosophische Sachverstand gehört, mehr üben.

Haben Sie konkrete Vorstellungen, in welchem institutionellen Rahmen so etwas — zum Beispiel in der Universität geschehen könnte?

Nun ja, keine sehr ausgearbeiteten Vorstellungen. Aber doch die, dass wir wahrscheinlich gut daran täten, im Prozess des Lehrens, Lernens und Forschens – also an einer Universität, wo wir den wissenschaftlichen Nachwuchs ausbilden – diese Dinge zu berücksichtigen. Wenn wir weiterhin so ausbilden, wie das früher einmal der Fall war, dass nämlich solche Fragestellungen im Zuge der Ausbildung überhaupt nicht auftreten, dann müssen wir uns auch nicht wundern, wenn wir auf diese Weise Wissenschaftler erzeugen, die später schlicht unfähig sind, in ethisch relevanten Situationen auch nur halbwegs rational zu agieren. Meine erste Empfehlung wäre deshalb, in die Ausbildung an den Universitäten, dort wo diese Ausbildung selbst forschungsbezogen ist, solche Fragestellungen stärker einzubeziehen. Wenn es uns nicht gelingt, Wissenschaftler so auszubilden, dass diese von vorneherein ein Gefühl dafür, ein Bewusstsein davon haben, dass ihr Tun auch eine ethisch relevante Seite hat, dann werden wir das auch durch irgendwelche Institutionen, die wir nachträglich erfinden, nicht kompensieren können. Womit ich nicht sagen will, dass solche Institutionen, die wir gewissermaßen nachträglich erfinden, keinen Sinn haben, wie etwa Ethikkommissionen in der Medizin. Die scheinen ja ganz gut zu funktionieren, und die werden mittlerweile auch akzeptiert. Sie will ich auch gar nicht brotlos machen; aber wir sollten die Ausbildung des wissenschaftlichen Subjekts nicht nur in Richtung Forschung, sondern auch in Richtung Ethik verbessern.

— Ethik oder Philosophie als Pflichtfächer?

Wie man das studienmäßig organisiert, ist eine andere Frage. Ich bin im Übrigen der Meinung, dass die Art und Weise, wie wir unsere Studiengänge in der Regel hermetisch abgeschlossen gegenüber anderen Studiengängen organisieren, der falsche Weg ist. Wir müssen das Studium – auch in engeren zeitlichen Grenzen, das muss mit solchen Bemühungen nicht kollidieren – wieder so organisieren, dass Formen der Interdisziplinarität oder Transdisziplinarität zu den selbstverständlichen Elementen eines Studiums gehören.

Meinen Sie mit Ihrer Kritik an der „unendlichen Beliebigkeit der Fächeraufspaltung", dass der interdisziplinäre Austausch gehemmt ist, oder meinen Sie, dass es zu viele wirklich neue Studienfächer gibt?

Beides, beides. Ich glaube zunächst einmal, dass irgendetwas im Wissenschaftssystem falsch gelaufen ist, insofern wir eine wohl unvermeidliche Spezialisierung in der Forschung sofort institutionalisiert haben. Interdisziplinarität ist da häufig nur der verzweifelte und in der Regel vergebliche Versuch, im Nachhinein wieder zusammenzuführen, was die wundersame Vermehrung der Disziplinaritäten und Fachlichkeiten trennt. Ich denke, dass in diesem Punkt die Reform sehr viel radikaler ansetzen muss. Wir müssen die institutionelle Zerlegung der Wissenschaft wieder auflösen. Wir müssen, mit anderen Worten, größere Fachbereiche bilden, in denen zum Beispiel der Chemiker wieder mit dem Physiker, mit dem Biologen und so weiter wirklich zusammenarbeitet und auch zusammen ausbildet. Wir haben im Grunde das Gegenteil getan. Wir haben alles getan, um nur jede vernünftige Interdisziplinarität und Transdisziplinarität in Studium und Lehre zu verhindern.

Kann ein Chemiker wirklich noch hochqualifizierte Forschung betreiben, wenn er gleichzeitig mit Biologen und Physikern zusammenarbeitet und auch noch ethische Aspekte berücksichtigt?

Wir müssen hier zwischen dem Forschungskontext im engeren und dem Ausbildungskontext im weiteren Sinne unterscheiden. Es ist wohl so, dass große wissenschaftliche Leistungen zunehmend ein hohes Maß an Spezialisierung voraussetzen. Nur, verlangen sollte man, dass in Ausbildungs- und Lehrzusammenhängen derjenige, der vielleicht in Forschungszusammenhängen längst ein einsamer Spezialist geworden ist, mehr zusammenbringt als seine Spezialitäten. Das Dilemma kriegen wir dadurch, dass wir die Lehre über die Forschung definieren und so den forschenden Spezialisten zum lehrenden Spezialisten machen. Meine Vorstellung ist immer noch die, dass ein anständiger Hochschullehrer, der in der Forschung Spezialist ist, in der Lehre sein Fach in möglichst großer Breite vertreten kann – was auch ethische Fragestellungen einschließt. Nur, solche Persönlichkeiten, Hochschullehrerpersönlichkeiten, tja, die wachsen auch nicht wie die Blumen auf dem Felde.

In der heutigen „Massenuniversität" sehen selbst viele Studierende das Studium ausschließlich als Berufsausbildung. Wie sollen in diesem Klima noch derartige Fragen behandelt werden? Würden Sie, auch unter diesem Aspekt, einen berufsqualifizierenden Abschluss nach circa sechs Semestern befürworten?

Wenn das mit zwei Dingen nicht verbunden ist, bin ich dafür. Wenn es erstens nicht damit verbunden ist, dass wir so etwas wie Kurzstudiengänge in der Universität wiedererfinden; Kurzstudiengänge in der Form, dass all das, was bisher in ein zehn- oder zwölfsemestriges Studium gepackt ist, nun in einem sechssemestrigen untergebracht werden soll. Alle Versuche dieser Art sind fehlgeschlagen. Und wenn zweitens auch nicht gemeint ist, dass man jetzt die Universitätsausbildung insgesamt zerlegt in einen stark verschulten und stark entwissenschaftlichten Teil, der etwa bis zum vierten oder sechsten Semester führt, und in einen im engeren Sinne wissenschaftlichen Teil. Dann zerlegt man nicht nur das Studium, sondern dann zerlegt man die Universität. Universität findet dann eigentlich nur noch nach dem sechsten Semester statt. Das zweite droht ja jetzt, wie Sie wissen, und da bin ich vehement dagegen. Das wird die Universität zerstören und auch die Ausbildung, die wir eigentlich an Universitäten suchen und erwarten, nämlich die wissenschaftliche Ausbildung. Es war die Stärke der deutschen Universität, diese Zerlegung gerade nicht zu haben.

Wenn Sie aber meinen, dass es möglich sein muss, nach einem sechssemestrigen Studium, immerhin nach drei Jahren, ich unterstelle mal, intensiven Studiums, mit einem Zertifikat, das genau dieses belegt, die Universität zu verlassen, dann finde ich das vernünftig.

Das richtige Maß zu finden zwischen einem völlig verschulten Unterricht einerseits und einem illusionären wissenschaftlichen Unterricht andererseits – gut, das wird das Kunststück sein. Es kann nicht Zweck der Universitätsveranstaltung sein, dass jemand, der die Universität betritt, sich einfach nur in die nächste Klasse versetzt fühlt, einfach seine Schule weiter treibt. Ich wittere hinter solchen Überlegungen, wie sie im Moment insbesondere in den administrativen und bürokratischen Köpfen stattfinden, mehr als nur die Absicht, das Studium studierbarer zu machen. Ich bin voller Argwohn, wenn ich die momentanen Tendenzen verfolge.

In diesem Zusammenhang fällt auch sehr gerne und sehr kontrovers das Stichwort „Elite".

Das Missliche in diesem Zusammenhang ist, dass das Wort „Elite" so belastet ist. Aber ich habe keine Berührungsängste. Ich provoziere auch gerne und benutze deswegen gelegentlich selbst das Wort „Elite". Ich bin davon überzeugt, dass unser Wissenschaftssystem genauso wie unser sportliches System – da akzeptieren wir es ja! – die Hochleistung braucht. Wir brauchen so etwas wie eine wissenschaftliche Elite, aber wir brauchen sie nicht überall. Auch der Postbote, sofern er überhaupt noch läuft, muss die 100 Meter nicht in elf Sekunden laufen. Das kann auch ein bisschen langsamer gehen. Und so ist es auch in Bereichen, für die die Universität wissenschaftlich ausbildet.

Ich bin auch kein Vertreter von Elitehochschulen. Ich warne eher vor einem System, das auf diesem Begriff aufgebaut ist, wie das amerikanische, das französische und in Grenzen das englische System. Ich bin aber sehr wohl ein Vertreter derjenigen, die meinen, dass wir alles tun müssen, um wissenschaftliche Hochleistung zu ermöglichen. Überall dort, wo wir institutionelle oder andere Hindernisse sehen, müssen wir sie zu diesem Zweck aus dem Weg räumen.

Gibt es grundsätzliche, hochleistungshemmende Elemente in unserem Hochschulsystem?

Nein. Ich glaube, dass sich die Qualität, der Leistungswille auch unter den gegebenen Verhältnissen durchsetzen kann. Und das ist auch gut so. Worauf man achten muss, ist nur, dass nicht doch strukturelle Bedingungen auftreten, zum Beispiel überfüllte Seminare oder fehlende Geräte, die tatsächlich die Entfaltung der Höchstleistung behindern. Eine Universität oder eine Gesellschaft, die darüber klagt, dass ihre Studenten zu lange studieren, aber nicht in der Lage ist, ein Studium so zu organisieren, dass es auch wirklich in einer angemessenen Zeit studiert werden kann, die macht eben ganz woanders Fehler.

Sie waren Mitglied der Strukturkommissionen von Sachsen und Berlin. In den neuen Bundesländern hatten Sie während der Evaluation des Wissenschaftsbetriebes in der DDR die Möglichkeit, an einer Neustrukturierung teilzunehmen. Wie sind da Ihre Erfahrungen? Wurden die Wissenschaftler zum bloßen Rädchen __ in der Politik, oder konnten Sie wirklich gestalten?

Zunächst einmal: Ich war immer der Meinung, dass zu einem vollen Hochschullehrerleben neben Lehre, Forschung und Ausbildung des wissenschaftlichen Nachwuchses auch die wissenschaftliche Selbstverwaltung beziehungsweise die Wissenschaftspolitik gehört. Ich habe diese vielleicht in der Vergangenheit etwas zu exzessiv wahrgenommen. Dennoch fühle ich mich durch den schlichten Umstand, dass ich jetzt auch in solchen Bereichen tätig war, nicht von meinem eigentlichen Beruf entfremdet. Das hat auch etwas mit der Autonomie der Institution Universität zu tun, die muss man bauen, nicht beschwören.

Meine Erfahrungen in den genannten Kommissionen sind sehr gemischt. Die gute Nachricht zuerst: Ich fand, es war schon eine erstaunliche Leistung, die unser System, auch das wissenschaftliche System, in wirklich ganz kurzer Zeit vollbracht hat – in nicht mal zwei Jahren, wenn Sie die Arbeit des Wissenschaftsrates betrachten –, nämlich ein System soweit zu evaluieren und soweit zu rekonstruieren, dass dieses System ohne wirklich gravierende Brüche – ich spreche jetzt nicht von Personen – praktisch eine völlige Veränderung erfahren hat. Ob diese Veränderung in allen Teilen vernünftig war, und ob uns da genug eingefallen ist, das ist die andere Frage. Und das ist vielleicht die schlechte Nachricht. Denn im Endeffekt ist diese Veränderung dann doch so erfolgt, dass wir schlicht das uns gewohnte, also im Westen gewohnte, Universitäts- oder Wissenschaftssystem insgesamt mehr oder weniger radikal auch in den Neuen Ländern durchgesetzt haben. Wirklich Neues ist uns dabei nicht eingefallen, und das hatte natürlich auch wieder seine Gründe. Diese lagen weniger darin, dass es zu wenig institutionelle Fantasie gab. Die gab es. Sondern daran, dass das Ganze nicht nur unter einem ungeheuren Zeitdruck erfolgte, sondern auch unter einem ungeheuren finanzpolitischen Druck. Bestimmte Finanzierungsmöglichkeiten bestanden nur, wenn man sehr schnell in einer bestimmten Weise veränderte. Viel Spielraum für Experimente, neue Formen, die in unserem Finanzierungssystem von Wissenschaftlern und Universitäten nicht üblich waren, gab es nicht. Und insofern ist erklärbar – und in diesem Fall auch den Beteiligten nicht vorwerfbar –, dass dabei nicht große Neuerungen herausgekommen sind. Immerhin – ein bisschen mehr, als man tatsächlich zustandegebracht hat, hätte man vielleicht zustandebringen können. Die Kommissionen, die nach dem Wissenschaftsrat tätig waren – das waren die Hochschulstrukturkommissionen der Länder, in denen ich in Sachsen und in Berlin mitgewirkt habe –, hatten noch einmal die Chance, intern auf Länderebene die Dinge etwas anders anzupacken. Sie haben sie auch in der Form genutzt, dass eine ganze Reihe von Vorschlägen gemacht wurde – auch institutionelle Vorschläge –, die es verdient hätten, als wirklich neue und Reformelemente betrachtet zu werden. Dass diese nicht oder jedenfalls zu größeren Teilen nicht realisiert wurden – nun gut, das lag nicht in der Hand dieser Kommissionen. In dem Augenblick, als wir eine Chance gehabt hätten, dass zum Beispiel in Berlin ein paar Dinge anders hätten realisiert werden können, kam der finanzielle Einbruch. Das war kein böser Wille, auch nicht auf Seiten der Politik oder der Verwaltung. Jede Reform kostet Geld, Reformen zum Nulltarif gibt es nicht.

Wie stehen Sie zu dem Vorwurf, dass die Professoren der alten Bundesrepublik lediglich ihre Privatdozenten in den Neuen Ländern entsorgt hätten?

Ha! Also so pauschal gilt das nicht; aber es gibt natürlich Bereiche, in denen das der Fall war.

Welche Rolle spielten bei Personalfragen ideologische Kriterien im Gegensatz zu fachlichen? Es gibt ja durchaus auch marxistische Professoren in Westdeutschland.

Ja ja, das waren auch ein paar Dinge, die mich wahnsinnig geärgert haben. Also, zunächst einmal glaube ich sagen zu können, jedenfalls für den Bereich des Wissenschaftsrats, dass ideologische Dinge keine Rolle gespielt haben. Gleichwohl haben auch Ideologien in diesem ganzen Prozess gegriffen. Etwa die, dass man sich einfach nicht vorstellen konnte, dass es auch Teile der Philosophie der DDR unter Qualitäts- und anderen Gesichtspunkten wohl verdient hätten, in das gemeinsame System aufgenommen zu werden. Der antimarxistische Besen hat da kräftig gekehrt – und das ist schlimm gewesen. Allerdings waren das vor allem die Neuen Länder selbst, die da gekehrt haben, das darf man nicht vergessen. Diese Form der Reinigung setzte überhaupt erst ein, als das Evaluationsgeschäft, sofern es vom Wissenschaftsrat betrieben wurde, beendet war. Und da waren es eben in den Neuen Ländern sehr häufig gerade die Wendehälse, die mit Feuer und Schwert durch die Universitäten gegangen sind, nicht die Westler. Die Westler haben sehr früh bemerkt, dass oft auch sehr gemischte Verhältnisse herrschten. Die Vorstellung, es ist alles im Argen, das Niveau ist im Keller, die Ideologie ist entsetzlich, war häufig unbegründet; wer in dieser Weise, mit dieser Vorstellung rübergegangen ist, wurde schnell eines Besseren belehrt. Nein nein, es waren, wenn man so sagen will, die eigenen Leute, die hier und dort am grässlichsten gewütet haben. Und das ist ein Kapitel der Vereinigung, das erst noch richtig geschrieben werden muss.

ALEXANDER DILL

Philosophie oder die Liebe zu einer nicht vorhandenen Frau

Wir haben uns hier in Teisendorf getroffen, um über das zu reden, was Philosophie ist. Drei Studenten und ein Philosoph der Praxis; das macht doch schon sehr den Eindruck des platonischen Dialogs. Dill als Sokrates? Ist Ihre Philosophie die des Sokrates?

Hoffentlich nicht! Ich bin erstens der Überzeugung, dass Sokrates als Verderber der Jugend zu Recht hingerichtet wurde, und weiterhin bin ich davon überzeugt, dass der sogenannte sokratische Dialog nicht im entferntesten ein Dialog ist. Außer ein paar Universitätsdozenten sagt niemand, dass es sich hier um echte Dialoge handelt. Jedes Boris-Becker-Interview ist dialogischer als ein sokratischer Dialog. Wenn unser Dialog hier so werden sollte, dann kann ich mich gleich in den Universitäten begraben.

Welche Kriterien muss ein echter Dialog erfüllen? Wollen Sie Sokrates noch überbieten?

Höchstens in der paradoxen Intervention, die Sokrates und insbesondere Aristoteles mit seinem Satz des ausgeschlossenen Dritten verhindern. In der Tat kann eine paradoxe Intervention als Überbietung genauso heilsam sein wie eine Verhinderung des kleinlichen Argumentierens – intelligenter ist sie sicher. Dialog ist für mich Unberechenbarkeit, Unvorhersehbarkeit, Spontaneität, Provokation, Widerspruch, Paradoxie.

Inwieweit geht es im dillschen Dialog noch um Wahrheit? Ist Philosophie für Sie Habermas oder Diskursethik plus Polemik?

Um Wahrheit geht es nur in einer einzigen Form – in ihrer Infragestellung! Ansonsten ist Wahrheit uninteressant. Dabei ist zu berücksichtigen, dass sich die Wahrheit inzwischen als „Gültigkeit“ und „Plausibilität“ verkleidet, weshalb ich befürchte, dass Herr Habermas und Herr Apel an ihrer Infragestellung in dieser Verkleidung nicht interessiert sind. Deshalb führen sie auch keine Dialoge im Geist der vorhin beschriebenen Risiken. Man muss den Mut haben, im Dialog Wahrheit verlieren zu können.

Heißt das nun wiederum nicht, die Wahrheit um einer besseren Wahrheit willen in Frage zu stellen?

Wahrheit ist immer schlecht, es gibt keine gute Wahrheit. Wahrheit ist etwas Totes, etwas Statisches und Gewalttätiges, Gemeines und Hinterhältiges.

Aber erheben diese Aussagen ihrerseits nicht auch wieder einen Wahrheitsanspruch?

Natürlich, aber für mich sind Widersprüche kein Problem; zu einem echten Dialog gehören Paradoxien. Man muss den Mut haben, den unseligen Satz des ausgeschlossenen Dritten über Bord zu werfen. Der Widerspruch ist keine Wahrheit, denn er ist ja immer die Wahrheit und zugleich ihr Gegenteil. In der Paradoxie dagegen löst sich der Widerspruch auf.

Wie stellen Sie sich dann zu dem sokratischen Satz: „Ich weiß, dass ich nichts weiß?"

Eine Lüge, eine ganz freche Lüge! Sie tut in einem nihilistischen Zeitalter, in dem jeder stolz darauf ist, nichts zu wissen, nichts zu sein, nur zu suchen, nur zu fragen und verstehen zu wollen, allen gut und niemandem weh.

Es gibt keinen herrschaftsfreien Dialog oder Diskurs. Es geht immer darum, wer gewinnt. Was ich sage, sage ich immer aus Eigeninteresse und nicht für die Leute, weil ich es für richtig halte. Ich will Recht haben, und ich will gewinnen. Es gibt immer einen Gewinner im Dialog – im Falle des bewusst Paradoxen ausnahmsweise zwei.

Wie kann denn ein solcher Dialog noch konstruktiv sein? Ist er nicht vielmehr sinnlos?

Dialog soll nicht konstruktiv sein. Das, was sich konstruktiv nennt, ist die Verhärtung von männlichen Denk- und Machtstrukturen. Es ist die Folge einer männlichen Lebensangst, deren Resultat sogenannte Erkenntnis ist. Welchen Wert soll denn zum Beispiel die Richtigkeit haben? Richtigkeit ist doch nur eine Funktion der Entscheidung von Macht. Computer zum Beispiel können nur rechnen, weil sie sich permanent zwischen null und eins entscheiden.

Kommen wir noch einmal auf Sokrates zurück. Was war denn das Verbrechen des Sokrates?

Sokrates verübte verschiedene Verbrechen. Ein Verbrechen war sicher das, in der Jugend die Illusion zu wecken, dass man durch rein kognitive Anstrengung und deren Regelmechanismen Macht gewinnen und das ersetzen könne, was damals schon Politik genannt wurde. Also eine kybernetische Utopie des Philosophenstaats.

Aber war sein Problem nicht eher das, dass er zu erfolgreich war?

Nein – aber es gibt ja von Woody Allen eine schöne Version des Todes des Sokrates. Dort ist es so, dass ihn seine Schüler in den Tod treiben. Sokrates sagt, dass er eigentlich gar keine Lust habe jetzt zu sterben, und darüber hinaus sei er in Sparta zum Essen verabredet, worauf seine Schüler ihn darauf hinweisen, dass es doch schließlich um die Wahrheit ginge, derentwillen man den Tod auf sich nehmen müsse. Sokrates sagt daraufhin, dass er es so absolut nicht gemeint hätte. Die Wahrheit – das zeigt dieser Dialog von Woody Allen – ist nur ein Mythos oder eine Ideologie jenes doppelten Missverständnisses, das man Philosophie nennt. Es handelt sich um ein philologisches und um ein soziologisches Missverständnis.

Bisher wurde Philosophie immer mit „Liebe zur Weisheit beziehungsweise Wahrheit" übersetzt. Allerdings hatte *sophia* bei den Vorsokratikern vielmehr die Bedeutung eines Abwesenden oder, sagen wir genauer, einer Abwesenden. *Sophia* hat mit Weisheit oder Wahrheit im Prinzip überhaupt nichts zu tun. Das soziologische Missverständnis besteht darin, zu glauben, dass die Philosophen schlauer seien. Denn heute wissen wir, dass es keine Berechtigung dafür gibt, dass sich einige unter dem Titel des Philosophen als besonders schlau betrachten dürfen. Das hat natürlich mit dem Tod des Sokrates zu tun, da die Griechen vielleicht auch schon dieser Meinung waren. Die Philosophie hat dieses Missverständnis nur institutionalisiert.

Aber kann man es denn nicht auch so betrachten, dass der Philosoph derjenige ist, der nicht im Besitz der Wahrheit ist, sondern derjenige, der sich beständig __ darum bemüht, diese zu erreichen?

Aber das ist ja gerade das Schlimme. Subjektiv strebt doch jeder nach Wahrheit beziehungsweise glaubt jeder, das Richtige zu tun. Ist es überhaupt sinnvoll, nach Wahrheit zu streben? Was haben wir denn damit gewonnen? Philosophie ist die Liebe zu einer nicht vorhandenen Frau namens Sophia. Bevor wir die Sophia durch „Wahrheit" oder gar „Weisheit" ersetzen, sollten wir uns darüber wundern, dass bisher nur Männer diesen Titel für sich in Anspruch genommen haben. Frauen behelfen sich mit den Diotimas aus der Philosophiegeschichte und führen nur einen männlichen Diskurs fort. Sie philosophieren ausdrücklich nicht als Frauen, sondern als „Menschen" oder „Subjekte", aus Rollen heraus, die ihrerseits vollständig von der männlichen Philosophie vorgegeben wurden. Sprich: Es gibt bisher keine weibliche Philosophie. Und wenn es sie gäbe, bestünde sie in der Auflösung der Philosophie, die nichts weiter ist als eine im besten Fall selbstreflexive Tätigkeit des Mannes. Sie ist eine in Frage zu stellende Anmaßung, solange sie sich allgemein gibt. Sie ist aber auch eine große Chance, denn in keiner Wissenschaft erfahren wir mehr über den Mann, sein Denken, seine unterdrückten Gefühle und seine Ängste.

__ Warum fehlt dem Philosophen die Frau? Wofür steht die Frau?

Für das Abwesende, für das Fremde, dem „Mann" nicht näher kommen kann. Das Andere ist aus anthropologischer Sicht für den Mann die Frau. Gott ist nur ein alternatives Anderes für den Fall, dass keine Frau vorhanden ist. Die Philosophie, die ja die abwesende Frau sucht, ist eine resignative Reaktion auf diese Abwesenheit: Vielleicht ist ja die Frau unauffindbar. Die Konsequenz heißt dann

Homosexualität. Deshalb ist die männerbündische, homosexuelle Philosophie mit Sicherheit die selbstreferenziellste und ehrlichste, zugleich aber die verdorbenste, weil sie mit dem Ausschluss der Frau das Gelingen der Polis verhindert.

Wie kann ein Suchender, ein Student, das Abwesende – die Frau – finden? Was würden Sie jemandem empfehlen, der die Philosophie sucht?

Wer Philosophie sucht, sollte die Sophia suchen, nicht die Weisheit oder die Wahrheit. Noch besser ist es natürlich, direkt die Frau zu suchen. Sie, diese Andere, ist eine metaphysische Sache.

Auf wissenschaftlichem Wege kann er sie ganz bestimmt nicht finden. Der Platoniker wird sagen: „Ich will sie ja gar nicht finden"; wir nennen das dann „platonische" Liebe. Aber selbst der Weg zur Weisheit führt nur über die Frau. Vielleicht ist die Weisheit ein Weib, schreibt Friedrich Nietzsche, das Gründe hat, sich nicht sehen zu lassen. Ein guter Grund wäre der Auftritt eines „Philosophen".

Wenn ein Mann eine Frau gefunden hat, erübrigt sich die Suche nach der Sophia. Philosophie ist sozusagen eine Junggesellentätigkeit, die in der Universität als ewige Tertia institutionalisiert wird. In einer bestimmten Lebensphase kann es sehr hilfreich sein, sich mit der akademischen philosophischen Tradition zu beschäftigen. Ich kann jedoch immer nur hoffen, dass diese Phase vorübergeht. Man bleibt ja auch nicht sein ganzes Leben in der C-Jugend oder in der Rockband. Wer sein Leben lang nur in der Philosophie bleibt, ist gestört, wobei man in diesem Zusammenhang immer von der Störung der Beziehung von Mann und Frau sprechen sollte, sonst verfehlt man den Kern des Problems.

Ist Philosophie eine Therapie?

Wenn man damit meint, dass man sein Leben als Mann bewusst begleitet, dann kann sie eine Therapie sein.

Sie sprechen die Philosophie des Anderen an. Wie stehen Sie zur Philosophie von Emmanuel Levinas oder Martin Buber?

Das „Dialogische Prinzip" ist einer von vielen männlichen Versuchen, das Andere zu abstrahieren. In der Theologie wird das Andere dann zu Gott. Diese Abstraktionen resultieren aus einer Angst der Männer vor der Frau.

Das Andere kann aber auch das „Denken des Außen" sein, wie Michel Foucault es propagierte, im Grunde Astronautentum. In der Philosophie gab es zuerst die schwule Philosophie der Antike, dann kam der asexuelle, skurrile Hauslehrer wie René Descartes oder Immanuel Kant, bis dann endlich Nietzsche am Ende dieses Prozesses, den man Philosophiegeschichte nennt, sich nichts sehnlicher wünschte, als die Frau Lou Salome zu bekommen. Er bekam sie nicht. Aus dieser Enttäuschung heraus rekapituliert er die gesamte Philosophiegeschichte. Es reicht also völlig aus, Nietzsche zu kennen, um die gesamte Philosophiegeschichte zu kennen. Nietzsche hat die Philosophie als historischen Prozess abgeschlossen. Seine eigentliche Leistung besteht in der Aufhebung der Differenz zwischen Philosoph und Welt – sie besteht in der Umarmung eines Pferdes in Turin. Danach, so geht die offizielle Philosophiegeschichte, wurde er verrückt. Doch eigentlich passierte nichts anderes, als dass er von seiner männlichen Astronautenreise, die Philosophie hieß, in die Arme von Frauen zurückkehrte, die ihn die nächsten Jahre pflegten.

War es nicht vielmehr die Syphilis, die ihn in die Arme seiner Mutter und seiner Schwester zwang?

Wenn es wirklich Syphilis war, dann bliebe zu hoffen, dass er sie bei seiner vielleicht einzigen körperlichen Begegnung mit einer Frau bekam. Meines Erachtens blieb ihm das aber leider verwehrt. Wohl deshalb nahm er schließlich mit einem Pferd wenigstens irgendein anderes Lebewesen in den Arm. Wichtig ist dieser symbolische Akt, mit einem Tier zu verschmelzen, was für einen Philosophen das Schrecklichste wäre. Auf der Ebene eines Tieres zu landen, wo er doch so schlau sein wollte, und dann in die entmündigte Hilfsbedürftigkeit zurückzukehren, ist eine Konsequenz der Radikalität seines Denkens.

Die Umarmung des Pferdes ist für die Philosophie symbolisch vergleichbar mit der Kreuzigung Christi. Die Philosophie sollte einen Kult daraus entwickeln, Pferde zu umarmen.

Hat Philosophie auch eine überindividuelle Bedeutung? Steckt in der Philosophie auch eine verändernde Potenz?

Diese Illusion stimmt zum Glück nicht. Odo Marquard hat einmal gesagt: „Es kommt nicht darauf an, die Welt zu verändern, sondern sie zu verschonen“. Selbst in der DDR war der Einfluss der Philosophie so gering, dass sie gesellschaftlich keinen Schaden anrichten konnte.

Nehmen Sie zum Beispiel Sir Karl Popper. Es gab zwei wesentliche Leute, die sich auf ihn berufen haben, Alfred Herrhausen und Helmut Schmidt, aber das hatte auf ihre Politik nicht den geringsten Einfluss. Sie unterschieden sich in ihrem Handeln nicht von anderen, wie zum Beispiel Helmut Kohl oder Edzard Reuter. Das philosophische Gedankengut wurde immer nur als Rechtfertigung für ohnehin durchgeführte Politik herangezogen, wie zum Beispiel Karl Marx in der DDR oder Carl Schmitt von den Nazis. Politik wird von den Machthabern meist philosophisch begründet.

Dass Philosophie eine Auswirkung haben sollte, war ursprünglich die Idee meiner Philosophischen Praxis. Tatsächlich aber bekam eher die Auswirkung dieser Praxis eine Philosophie.

Wie sehen Sie denn dann die Philosophie der Aufklärung, die ja oft als Paradebeispiel der Wirkmächtigkeit von Philosophie angeführt wird?

Ich würde sie interpretieren in der Analogie zur Entwicklung der Atomkraft. Das heißt, man wollte eine Energiequelle finden, die die Bedürfnisse der Menschen befriedigt, aber man hat das Problem der Entsorgung vergessen. Genauso war es in der Aufklärung. Man hat Kräfte freigesetzt, Denkmobilität, das Wahlrecht, und ist nachher mit dem entstandenen Potenzial nicht mehr fertig geworden. Diese Überschüsse erleben wir heute zum Beispiel in Gestalt des Überkonsums, der Naturzerstörung und des Fundamentalismus. Man müsste alternative Energien entwickeln. Diese alternative Energie besteht in der Liebe zwischen Mann und Frau. Die Eigenart der weiblichen Philosophie ist, dass sie keine Diskurse will, dass sie immer bei der Infragestellung stehen bleibt. Wenn ich nicht zwanzig Jahre die Gefühlskälte und Gemeinheit der vermeintlichen Aufklärung in Berlin am eigenen Leib erfahren hätte, würde ich heute diese These nicht vertreten. Die Fragen nach der Wahrheit oder nach der Philosophie sind nur überlagerte, hinter denen sich immer nur die Frage nach der Beziehung von Mann und Frau verbirgt. Die eigentliche Aufgabe von Philosophie müsste es sein, die fundamentale Geschlechterfrage zu thematisieren, also über die Chance von Liebe und Begegnung, von Vereinigung und Zeugung aufzuklären. Es erstaunt mich, dass gerade die sich selbst für aufgeklärt haltende Gegenwartsphilosophie diese Frage ausklammert, obwohl hier doch die unmittelbarste und persönlichste Wirkung läge.

___ *Denken Sie, dass die Vernunft im Leben eines Menschen eine Rolle spielt?*

Ich befürchte das oft. Immer, wenn mir Gewalt angetan wird, stelle ich fest, dass das jemand ist, der vernünftig ist. Die Menschen, die Gewalt an anderen Menschen ausüben, sind vernünftige Menschen. Vernunft ist, wenn Menschen für alles, was sie tun, rationale Begründungen finden, mit denen sie es rechtfertigen. Die Folge der Aufklärung war, dass die Sprache immer auch zur Begründung von Gewalt dienen konnte. Man muss ja bedenken, dass wir heute nur noch Kriege zur Erhaltung des Friedens und nicht mehr zur Eroberung führen. Das sind die Folgen der Aufklärung – letztlich wurde die Vernunft erst durch die Aufklärung diskreditiert, so dass meine über- und zwangsaufgeklärte Generation immer mehr Freude daran gewinnt, die Entwertung der Begriffe ironisch vorzuführen.

___ *Kann die akademische Philosophie nicht eine beratende Funktion einnehmen?*

Wer in der Lage wäre, Wirtschaftsführern, Arbeitslosen oder Politikern einen vernünftigen Rat – und jetzt benutze ich einmal den Sinn des Wortes – zu geben, hätte sich nicht so lange an der Universität aufhalten dürfen. Ethikkommissionen sind etwas Lächerliches. Ich war selbst in solchen und habe dann durch Fachvorträge über die Arbeitszeitverkürzung bei VW überrascht. Ich habe auch einen Begriff für die akademischen Berater gefunden: Ethisches Sandmännchen.

___ *Denken Sie nicht, dass es so etwas gibt wie ethische Probleme?*

Ethische Probleme? Gibt es nicht. Die Ethik ist ein riesiges Missverständnis, denn subjektiv strebt doch jeder nach Wahrheit, beziehungsweise glaubt zumindest jeder, das Richtige zu denken und zu tun. Zeigt das nicht die Sinnlosigkeit der Ethik?

__ *Ob jemand hilfsbereit ist oder ein KZ betreibt, in jeweils subjektiv bester Absicht, würde also objektiv auf der gleichen Stufe stehen?*

Wir sind in Deutschland, also ist die KZ-Frage erlaubt. Ich antworte also: Ja, wer bester Absicht ist, steht objektiv auf gleicher Stufe. Die Frage ist, welche Konsequenz ich daraus ziehe. Sicher ist die Anerkenntnis des subjektiven Rechthabens eine Folge der Aufklärung. Wenn ich aber jemanden überzeugen soll, nämlich das, was ich für richtiger und politisch korrekter halte, sollte ich das nicht „Ethik" nennen, sondern „Rhetorik". Ich überzeuge nämlich nicht dadurch, dass ich mich selbst für besser und reflektierter halte, sondern durch meine rhetorischen Fähigkeiten. Es handelt sich um eine Machtkonkurrenz: Will ich meine Inhalte durchsetzen, brauche ich vor allem Rhetorik.

__ *Heißt das, Hitler hätte recht gehabt, wenn er den Krieg gewonnen hätte?*

Ganz genau. Es gibt immer einen Gewinner im Wettstreit. Recht setzt letztlich, wer gewinnt. Genau das macht ja das Unternehmen „Ethik" so aussichtslos. Traurig ist nur, dass es 1933 nicht mehr so begabte Rhetoriker gab – dann hätte Hitler bei 5 % rumgekrebst. Sechzig Jahre nach der Wahl Hitlers zum Reichskanzler ethisch über ihn Recht zu sprechen, ist sicher leichter, als ihn von 1923 bis 1945 rhetorisch zu überbieten.

__ *Haben Sie einen konkreten Vorschlag, wie man Ihre Vorstellung von Philosophie in die Tat umsetzen könnte?*

Ja, eine Denkpause für die akademische Philosophie, in der die Institute ersatzlos aufgelöst werden. Wir, die wir unter dem komischen Attribut „Philosoph" angetreten sind, können uns dann überlegen, wie wir das auf andere Art fortführen. Es könnte eine Offenheit entstehen, in der Fragen diskutiert würden wie: Wer bin ich? Was soll ich tun? Was darf ich hoffen? Zugegeben, diese Fragen kennen wir schon – aber eben nur als Philosophiegeschichte. Und was hat Philosophie mit dem Mann-Sein zu tun? Was wollen inzwischen die Frauen von der Philosophie? Oder gar von uns? Die Verwaltung von Texten sollte aber nicht mehr die einzig förderungsfähige Form von Liebe zur Sophia sein. Die analytischen Philosophen könnten sich um Lyrikstipendien bewerben, der Rest geht in die Geschichte und Germanistik.

__ *In der DDR hat man die philosophischen Institute abgewickelt, aber dort ist ja offensichtlich auch nichts Neues entstanden.*

Ja, aber was ist denn da passiert? Man hat die Institute aufgelöst und dann die westdeutschen Privatdozenten der Endlagerung zugeführt. Im Land Brandenburg hat man ein Schulfach „Lebensgestaltung-Ethik-Religion" eingeführt, für das ich philosophischer Berater war. Die Lehrer waren sehr motiviert, aber ihre Weiterbildner waren derart ethisch infiziert, dass die Lebensgestaltung und lustigerweise auch die Religion auf der Strecke blieben. Und die Schüler natürlich auch.

___ *Was sollen die Studenten Ihrer Meinung nach tun?*

Sie sollen freie Arbeitsgruppen bilden und autonome Institute gründen. Sie sollen die Auflösung der Institute betreiben. Studenten müssen sich ständig fragen, warum sie denn Philosophie studieren, auf die Scheine scheißen, guten Wein trinken und nach ihrer Traumfrau (oder meinetwegen ihrem Traummann) suchen.

KAPITEL 2

Ich, der Andere und die Kultur

KLAUS MARIA BRANDAUER

Ich, das sind wir alle!

Herr Brandauer, Sie sind der profilierteste deutschsprachige Charakterdarsteller und verkörpern immer wieder Rollen, bei denen die Frage nach dem Ich und der Identität im Vordergrund steht. Erarbeiten Sie sich Ihre Rollen durch Identifikation mit der Persönlichkeit, die Sie darstellen, oder dadurch, dass Sie sich von dieser abgrenzen?

Für mich gibt es keine Abgrenzung von etwas. Ich habe mir die Aufgabe gestellt, mich mit dem, was ich über eine Figur lese, was ich von ihr weiß oder erzählt bekomme, zu identifizieren. Es gibt kaum eine Persönlichkeit, von der ich nicht sagen würde: Das könnte auch ich sein. Selbst wenn diese Figur Dinge macht, die ich nie machen würde, ist es dennoch meine Aufgabe, so tief in mir zu suchen, auch in allen Niederungen meines Charakters, bis ich sagen kann: Na ja, unter gewissen Umständen könnte ich auch so handeln wie die betreffende Figur. Ich bin zutiefst davon überzeugt, dass alle, die gelebt haben, die jetzt leben und leben werden, meine Brüder und Schwestern sind. Das Erstaunliche ist, dass die meisten Menschen immer hoffen, dass sie mit Mutter Teresa verwandt sind. Ich weiß aber, dass ich auch mit Nero, Stalin und mit Hitler verwandt bin. Und nur dadurch bin ich in der Lage, meinen Beruf tatsächlich auszuüben.

Welchem Einfluss unterliegt das eigene Ich, wenn man sich so sehr in eine andere Persönlichkeit versetzt, wie Sie es in Ihren Rollen tun?

Zunächst bin ich ich. Meine berufliche Tätigkeit ist, das meine ich gar nicht despektierlich, ein Abfallprodukt meines Lebens, meines Hierseins zwischen dem ersten und dem letzten Atemzug. Aber das Ich ist natürlich keine Konstante. Wie eine Pflanze, wie ein Baum, wie eine Blume wächst es ständig weiter, bis es eines Tages verwelkt. Es ist jedoch ein Unterschied, ob ich von einem wunderbaren, herrlichen, frischen Wasser getränkt werde oder ob plötzlich eine Kloake in den Unterboden fließt.

Ich bin manchmal so glücklich, dass ich es fast nicht aushalten kann. Ich bin aber auch froh, dass ich manchmal traurig bin, todtraurig. Der Zustand in beiden Extremen ist derselbe, es ist etwas, das mich ausmacht, das mich eigentlich vorantreibt, das mich wirklich leben lässt. Wenn man eine chinesische Vase zerschlägt und ihre Teile wieder zusammensetzt, sieht man eine Unzahl von Sprüngen. Diese Vase ist um vieles schöner, weil Erfahrungen, Sünden, Glückszustände mit eingeflossen sind.

Ist es auch möglich, das eigene Ich zu verlieren?

Ich will keinem Autor zu nahe treten, auch Shakespeare nicht, aber die Themen, die sie sich wählen, sind interessanterweise alle nur die Variation der Variation. Faust oder Gilgamesch, Peer Gynt oder Manfred – immer sind es dieselben Themenkreise. In den Figuren kann ich mich nicht verlieren, weil alle Figuren Menschen sind wie ich. Wenn ich „ich" sage, dann beschäftige ich mich ausschließlich mit der Umwelt. Wenn man vom Ich spricht, dann denkt man: ich und die andern; genauer: wir und darunter auch ich. Was soll ich denn als Hamlet, wenn keiner mit mir spielt? Ich kann einen Soloabend machen, aber auch da brauche ich Zuschauer. Ich brauche auf alles, was ich mache, eine Reaktion.

Gibt es eine Verbindung zwischen allen Menschen, ein gemeinsames „Ich", an dem alle teilhaben, einen innerweltlichen Geist, sozusagen einen Weltgeist?

Wir sind Weltfleisch. Wir sind sehr nahe beieinander und uns sehr ähnlich. Nicht nur, weil die meisten Menschen zwei Ohren, zwei Augen und eine Nase haben.

Wer hat nicht Hunger, wer möchte nicht gern geliebt werden, es warm haben, einen Freund, eine Frau, einen Mann haben – das ist doch überall auf der Welt gleich. Ich sehe keine großen Unterschiede. Wir sind uns unendlich nah und zugleich unendlich fern. Das Wichtigste ist, dass wir die Nähe haben, uns voneinander zu entfernen. Auch die größte Nähe wird irgendwann langweilig; das ist unsere Gnade und unser Fluch. Wir brauchen den Süd- und den Nordpol – das Spannungsfeld zwischen den Polen. Wir müssen uns die Unterschiede suchen, damit wir etwas zu reden haben, sonst wären wir stumm geblieben: Nähe – Feuerl machen – schön warm – aus.

Ich möchte aber nicht dahingehend missverstanden werden, dass es heißt: Der glaubt nur an die Existenz, an das Leben, den Körper. Nein: Ich bin für die Gemeinschaft, ich bin dafür, dass wir füreinander einstehen. Und wenn es für mich eine Triebfeder für meinen Beruf gibt, dann ist es nicht die, den Hamlet zu spielen oder den Don Carlos, sondern der Wunsch einzustehen für jene, die nicht die Mehrheit haben auf unserer Welt.

— C. G. Jung betrachtet die Menschen als Inseln, die zwar durch Wasser getrennt, aber unter der Wasseroberfläche doch verbunden sind. Ist die Schauspielerei für Sie ein Versuch, den Wasserspiegel abzusenken?

Nein, das nicht, aber ich habe schwimmen gelernt. Ich bin sehr für Abstand und für Abgrenzungen, aber nicht für die, die einen entzweien, sondern für solche, die mir die Möglichkeit lassen, mich so darzustellen, wie ich bin, anders als der andere – damit wir in verschiedenen Formen aufeinander zugehen können. Solidarität mit den anderen meint nicht Gleichschaltung, sondern im Gegenteil: Wir müssen wissen, dass wir aus einer schönen Suppe kommen und wieder in eine schöne Suppe zurückkehren – aber wir dürfen nicht vergessen, dass wir uns in dieser Gemeinsamkeit ganz, ganz unterschiedlich darstellen dürfen.

Ich bin übrigens nicht für Missverständnisse, sondern ich bin geradezu für die *Vertiefung* von Missverständnissen. Missverständnisse sind eine wunderbare Möglichkeit, ununterbrochen zu reden.

— Suchen Sie ein Maximum an Lebensintensität?

Ja, aber nicht in dem Sinne, dass ich den ersten Preis gewinnen oder der Beste sein will. Intensität verstehe ich derart, dass ich alles, was ich zur Verfügung habe, mobilisiere, um den Zustand, in dem ich bin, optimal auszukosten. Das Lustprinzip ist nichts Verwerfliches. Wir sollten lernen, uns etwas Gutes zu tun, damit wir den anderen sagen können, wie sie sich etwas Gutes tun können. Wenn ich das dem anderen nicht mitteilen kann, weil ich es nicht selber an mir ausprobiert habe, dann kommen wir nie zur Gemeinschaft.

— Kann man vielleicht sagen: Ich, das sind die anderen?

Nicht: Ich, das sind die anderen, sondern: wir, darunter auch ich. Die Betrachtung von „wir und ich“ funktioniert bis zu dem Punkt, an dem mir kein anderer mehr helfen kann, niemand. Dort bin ich allein, und nur dort, aber ganz, ganz klein, bin ich ich – das ist mein Gewissen. Man kann es nicht selbst bestimmen, sondern es bestimmt einen. Man kann danach handeln oder nicht. Man muss gut hören können...

___ *Wie weit darf der Künstler als Künstler gehen, inwieweit darf er sich politisch engagieren und inwieweit ist die Kunst autonom?*

Die Kunst kann überhaupt nicht autonom sein. Kunst ist eine soziale Tätigkeit, ein Sozialhelferberuf. Durch die Beschäftigung mit künstlerischen Dingen versuchen wir, unsere Lebensqualität und dadurch die Lebensqualität der anderen zu verbessern. L'art pour l'art, also eine Kunst nur um der Kunst willen, kann sehr schöne Dinge hervorbringen, aber wenn es der Gemeinschaft nichts gibt, ist Kunst keine Kunst. Kunst ist absolute Solidarität mit allen Menschen. Wenn die Kunst so unverständlich wird, dass große Teile der Gesellschaft vom Konsum der Kunst ausgeschlossen werden, ist es keine Kunst. Dann ist es halt Kunstgewerbe. Wir müssen uns verständlich machen und dürfen niemanden ausschließen. Der Hamlet-Monolog *Sein oder Nichtsein* ist auch für einen ungebildeten Menschen jederzeit verständlich. *Sein oder Nichtsein* schließt niemanden aus – vom gebildeten Universitätsprofessor bis zum einfachen Landarbeiter – das ist Kunst.

___ *Warum wollten Sie Schauspieler werden?*

Ich weiß es nicht. Wenn ich mal keine Zähne mehr habe – oder die dritten –, werde ich beginnen, darüber nachzudenken, warum es so gekommen ist. In meinem kleinen steirischen Heimatort Altaussee gab es in meiner Jugendzeit weder ein Kino noch Fernsehen – von Theater keine Rede. Aber ich habe seit ich denken kann, den Wunsch gehabt, so etwas zu machen. Wahrscheinlich kam dies durch die Sommergäste, die in meinem großelterlichen Haus wohnten. Das waren ganz interessante Leute, durch die mir klar wurde, dass unser Kirchturm nicht das Ende der Welt ist, sondern dass es darüber hinaus etwas gibt: Wien, München, Berlin, auch New York und Amsterdam. Da habe ich mir gesagt: „Was ihr mehr wisst als ich, das möchte ich auch gern wissen." Da hätte man natürlich auch Pilot werden können, aber bei mir war es aus unerfindlichen Gründen so, dass ich gerne etwas lesen und dies dann weiter erzählen wollte. Und ich bin gern bekannt, sehr gern.

___ *Haben Sie eine Lebensphilosophie?*

Eine Lebensphilosophie habe ich nicht bewusst parat. Aber ich habe eine tiefe Verwurzelung mit Altaussee – mit der erstgehörten Sprache, den Lauten, den Tönen, der Musik, mit der erstgeschauten Landschaft. Obwohl der Begriff „Heimat" ziemlich verhunzt worden ist, sage ich, dass ich eine Heimat habe, die mich geprägt hat, die mich ausmacht. Ich bin in einer Idylle aufgewachsen. Ich habe weder etwas vom Krieg mitgekriegt, noch von der Nachkriegszeit. Ich bin aus keinem reichen Haus, aber uns ist es gut gegangen, wir hatten eine Tante in

Amerika, die uns immer große Pakete geschickt hat, die Sonne schien, ich war Ski fahren ... Schöner kann ich es mir eigentlich nicht vorstellen. Auf dem Land hatte man das Gefühl, dass einem alles gehört: der Dachstein und der Loser und der See und die Wälder und die Bäche. Ich hatte einen rrriiieeesigen Besitz. Mittlerweile habe ich viele Städte kennen gelernt, aber gerade deshalb gefällt mir Altaussee noch viel besser. Wenn ich in die Stadt fahre oder zum Flughafen nach Salzburg oder nach Wien, dann trinke ich an unserem Stammtisch noch ein kleines Bier und mein Freund der Oberförster sagt dann zu mir: „Foahrst du wieder in die Stadt, die Leut‘ foppen?“

__ Warum bezahlen die Leute dafür, dass sie „gefoppt“ werden? Spielen die Schauspieler nicht letztlich große Gefühle auf der Bühne vor, die man außerhalb des Theaters nicht mehr ausleben kann?

Schauspielerei und Schauspiel sind Begriffe, die ich für meine Tätigkeit ungern verwende und auch falsch finde. Wir sind alle in spielerischer Form tätig, wir spielen immer, und wer‘s weiß, ist klug ... Wir spielen in unserem Leben viele Rollen, durch viele Alter hindurch. Jetzt sage ich fast schon einen Text von Shakespeare: Die ganze Welt ist Bühne. Als Bild stimmt das; aber sie ist natürlich keine Bühne, sondern Uraufführung. Der Unterschied zwischen dem Theater und unserem Leben ist, dass jeder Atemzug eine Uraufführung darstellt, unwiederholbar.

Ich weiß allerdings, dass der überwiegende Teil aller, die am Theater spielen, tatsächlich spielt. Aber das, was die Sache ausmacht, ist nicht, dass sie spielen, sondern dass sie für zwei, drei Stunden das sind, was sie zu spielen vorgeben. Es ist schon viel, nur ein paar Sekunden oder Minuten innerhalb dieser drei Stunden etwas zu sein. Das sind mystische Momente. Ich werde für diese Ansicht gerne belächelt. Jene, die das für einen technischen Vorgang halten, wissen nicht wovon ich spreche: Ich spreche von den Momenten des Lebens – und die Stunden auf der Bühne sind ja auch Leben –, in denen man das Gefühl hat, dass die Zeit stehen geblieben ist. Es ist etwas passiert, das man mit dem Verstand alleine nicht fassen kann. Die drei Stunden am Theater mit allen Anwesenden sind eine Suche nach Wahrheit, und die Wahrheit ist natürlich nur im Augenblick wahr. Wir können nicht zurückgehen.

__ Gibt es genauso viele Wahrheiten, wie es Augenblicke gibt?

Ja, natürlich.

__ Ist Wahrheit nur als Gefühl fassbar?

Nein, es muss mehr sein als das Gefühl. In dem Moment, in dem man so etwas sagt, denkt man ja auch. Sie müssen alle diese Dinge mobilisieren. Der Glaube versetzt Berge, daran glaube ich, und wenn das nicht so wäre, dann würde es mir weniger Spaß machen auf der Welt. So wie in Lourdes plötzlich einer sagt: Ich war vorher gelähmt, jetzt bin ich gesund. 2000 Menschen hatten alle einen Gedanken: Ich will gesund werden; und einer hat es geschafft. Aber der verdankt es nicht nur sich und vielleicht dem Regisseur, unser aller Regisseur, sondern auch denen, die mit dabei sind, die diese Spannung mittragen. Ich empfinde solche „Wunder" nicht als etwas Absonderliches, sondern als einen ganz realen Bestandteil unseres Lebens – nur den müssen wir suchen, den müssen wir wollen, den müssen wir uns vorstellen können, daran müssen wir glauben, und ich glaube daran.

Wo liegt der Bereich, in dem der Schauspieler sich jenseits des Textes und jenseits der Vorstellungen des Regisseurs ausdrücken kann? Was ist die Leistung des Schauspielers?

Wenn Sie zum Beispiel als Oberst Redl die Pistole für den befohlenen Selbstmord in die Hand nehmen, können Sie folgendes machen: Sie legen die Pistole hierher ... schön. Sie ziehen eine Zigarette aus dem Etui, schauen vor sich hin, rauchen ein bisschen, schießen sich ins Gesicht – tot. Sie können aber auch elf Minuten – wie in dem Film Oberst Redl – sich anscheißen, speien, kotzen, Angst haben ... Ich musste selber beinahe kotzen, es war schrecklich. Kurz: die Identität mit dem, was wir haben, Leben, ist darstellbar, ist zeigbar. Und jetzt kann ich Ihnen sagen, wie lange ich mich auf diese Szene vorbereitet habe: gar nicht. Oder ich sage die Wahrheit: 58 Jahre, das ist meine Probe, das ist meine Probezeit.

Das Leben ...

Alles andere kann ich nicht.

Was ich jetzt beschrieben habe, hat mit Perfektion nichts zu tun, sondern mit Gnade. Wichtig ist die Erlösung von etwas, das in meinem Bewusstsein steht.

Ich bin immer besser als der Shakespeare. Weil ich heute lebe, weiß ich mehr als er; auch wenn ich ihm sonst das Wasser nicht reichen kann. Stellen Sie sich mal vor, was der alles nicht wusste. Um so erstaunlicher ist es, dass er etwas weiß, was wir auch heute wissen, und etwas nicht weiß, was wir auch heute nicht wissen, und er etwas sucht, was wir heute immer noch suchen. Es gibt zwei Gebiete, die keinen Fortschritt kennen: die Kunst und die Liebe. In allen Wissenschaften gibt es Innovationen – aber kennen Sie etwas Neues in der Liebe? Kennen Sie etwas Neues in der Kunst?

Sie haben einmal gesagt, dass man die existentiellen Tiefen des Lebens erlebt haben muss, um sie auch spielen zu können. Wenn Sie sagen, dass Sie sich ihr gesamtes Leben auf den Tod von Oberst Redl vorbereitet haben, dann heißt das doch auch, dass man bestimmte Rollen in einem gewissen Alter noch nicht spielen kann, weil man die entsprechenden Erfahrungen noch nicht gemacht hat.

Erlebt haben bedeutet nicht, etwas wirklich erlebt zu haben. Ich bin natürlich auch im Alter von 20 Jahren am Münchner Staatstheater als Romeo gestorben.

Obwohl ich damals den Tod eines Menschen noch nicht erlebt hatte, war das ziemlich aufregend. Um zu erleben, genügt Vorstellungskraft. Entscheidend ist die Höhe der Empfindungen.

__ *Kann Schauspiel so etwas wie eine Therapie sein?*

Ich betrachte meine ganze berufliche Tätigkeit seit vielen, vielen Jahren als eine Selbsttherapie und habe damit meine lieben Nöte – denn in kaum einer Rolle wurde ich nicht erschossen, ermordet oder habe mich selber umgebracht. Ich habe ein kleines Geschichtsproblem mit meiner Selbsttherapie: Ich überlebe die Tode.

__ *Gewinnt das Leben an Bedeutung oder an Intensität, wenn man sich den Tod bewusst macht?*

Das Verdrängen der entscheidenden Phase unseres Lebens macht krank. Das Sich-ins-Gesicht-Schauen ist das, was unser Leben ausmacht. Und der entscheidende bewusste Moment ist der Tod – es sei denn, er überrascht einen. Die Geburt ist nicht bewusst. Sie bleibt in unserem ganzen Leben ein Trauma. Leben ist ein Vorspiel, um im entscheidenden Moment loszulassen. Tod ist loslassen.

__ *Welche Spuren hat der Tod Ihrer Frau bei Ihnen hinterlassen?*

Ich habe nach dem Tod meiner Frau fünf Jahre nicht gespielt. Ich bin mit meinem Steirer Daimler Puch nach Sarajevo gefahren, in Kriegsgebiete. Um mich herum sind die Granaten geflogen, und ich habe Medikamente, auch Morphium, robbend in Lazarette gebracht. Als ich dann da war, habe ich sofort mit dem Oberarzt einen Schnaps getrunken, wir haben Gitarre gespielt und gesungen. Plötzlich hörte ich niemanden mehr schreien. „Das war ich!", habe ich mir kurz eingeredet. Natürlich war es das Morphium, das ich gebracht hatte.

__ *Maxim Biller antwortete auf die Frage, wie man wissen könne, was gut und was böse sei, ganz spontan: Jeder spürt, was gut und was schlecht ist. Man handelt vielleicht nicht danach, aber man spürt es.*

Ja, absolut. Und weil Sie das wissen, sind Sie verantwortlich. Ein gesunder Mensch im Vollbesitz seiner körperlichen und geistigen Kräfte ist verantwortlich – jeder auf seine Weise. Der eine hat noch kein schlechtes Gewissen, der andere schon – das ist auch in Ordnung, die Unterschiede sind enorm. Aber im Prinzip weiß jeder, was gut und was schlecht ist, und jeder wird verantwortlich sein vor sich. Vor dem lieben Gott braucht keiner Angst haben, der ist nicht kleinlich, der liebt uns alle.

__ *Aber manchmal fehlt die Kraft, das was man fühlt, auch umzusetzen.*

Wenn Sie es erkennen, ist es schon fein. Denn wenn Sie erkennen, dass Sie etwas Falsches getan haben, geht es Ihnen eh schlecht. Was haben Sie denn davon, wenn Sie etwas machen, das Sie eigentlich nicht machen wollen? Sie haben ein schlechtes Gewissen und das tut weh.

Ein Zwiespalt wie in dem Film Mephisto, in dem Sie die Rolle des Nazimitläufers Gründgens spielen?

Ich lege Wert darauf, dass es nicht Gründgens ist, sondern die Kunstfigur Höfgen. Die Verbrechen im Dritten Reich sind nicht von einem abstrakten Staat begangen worden – es waren von allen mitgetragene oder geduldete Morde. Nur: Der erste Satz zu diesem Thema heißt: Ich weiß nicht, was ich damals getan hätte und ich lege meine Hand für mich nicht ins Feuer. Wer diesen Satz nicht sagt, hat für mein Gefühl zu diesem Thema nichts zu sagen.

Ich kann mich auch schwer für Filme begeistern, die heute gegen Hitler gedreht werden; das ist doch nicht mutig. Ich hätte gern damals solche Filme gesehen. Außerdem hat mich Hitler als Figur nie wirklich interessiert… Mich interessieren die, die ihm freiwillig gefolgt, die ihm vielleicht wider ihre Intelligenz verfallen sind, die ihm diese unglaubliche Möglichkeit gegeben haben.

Ich glaube, dass die Menschen mit unterschiedlichen Möglichkeiten und Instrumenten ausgestattet sind, und dass sie diese nützen können, wenn man ihnen den Weg zeigt. In Bereitschaft sein ist alles. Im Schauspiel wie auch im Leben ist nicht das Agieren das Wichtigste, sondern das Reagieren.

Und da bin ich bei einem tristen Kapitel: Es gibt zu wenige Unterrichtsstunden in der Schule oder an der Universität im Unterrichtsfach „Reden wir über das Leben“. Wir lassen die jungen Menschen mehr und mehr alleine. Man braucht eine Anleitung zum Leben.

Im Schauspiel vermischen sich Fantasie und Realität. Gilt dies auch für das „normale“ Leben?

Vorstellung und Wirklichkeit – das gehört auf jeden Fall zusammen. Manchmal ist der Traum wirklicher als die Wirklichkeit und die Wirklichkeit ist ein Traum, der Traum ein Leben, das Leben ein Traum.

Beim Träumen habe ich keine Koppelung an die Wirklichkeit, die natürlich auch wirklich ist. Wir müssen schon unseren Mann stehen. Ich möchte gerne erzählen, hören, machen, tun, lesen. Ich bin für Träume mit beiden Beinen auf dem Boden. Als Philosophen wissen Sie, dass die eigentliche Frage lautet: Wie ist die Vermischung, was nehmen wir mit?

Wenn man Ihre Kollegen in Talkshows hört, schalten die Leute ab, weil sie sehr verblasen reden. Die Philosophie hat ein dermaßen schlechtes Image, weil die Vertreter der Philosophie so einen Stuss zusammenreden, dass man es nicht für möglich hält. Philosophie muss ganz einfach ausgedrückt werden – dann finden wir alles, und dann merkt auch jeder: Philosophie ist die Unterhaltung über das Leben.

Aleida und Jan Assmann

Ohne Gedächtnis gibt es keine Kultur

Frau Assmann, Herr Assmann, Sie haben mit Ihren Arbeiten die kulturwissenschaftliche Gedächtnisforschung entscheidend geprägt. Wie sind Sie auf das Thema Gedächtnis gestoßen und was verstehen Sie unter einem kulturellen Gedächtnis?

Jan Assmann: Das Gedächtnis wurde ja zunächst psychologisch erforscht. Daneben gab es die physiologische Gedächtnisforschung, die zum Beispiel anhand von Hirnverletzungen untersucht, in welcher Hirnregion das Gedächtnis seinen Sitz hat. Maurice Halbwachs wiederum wählte einen soziologischen Zugang zum Thema des Gedächtnisses, indem er der Frage nachging, in welchem Maße das Erinnerungsvermögen sozial bedingt ist. Unser Zugang ist ein kulturwissenschaftlicher. Wir untersuchen das Gedächtnis nicht als ein individuelles Vermögen, sondern als eine soziale Praxis und kulturelle Formung.

Aleida Assmann: Da es in der Natur der Disziplinen liegt, dass die bearbeitete Fragestellung den jeweiligen Methoden angepasst wird, öffnet jede Disziplin ein anderes Fenster auf den Sachverhalt Gedächtnis. Besonders deutlich zeigt sich das bei den Neurowissenschaften, die nur die Mechanismen des Gehirns betrachten und nicht nach dem Individuum fragen, das Träger der organischen Substanz ist. Sie fragen vielleicht noch nach dem Alter des Menschen, aber ansonsten gibt es nur die Einteilung in gesund und krank. Nach biografischen Ereignissen oder der Gesellschaft, in der die Menschen leben, wird nicht gefragt. Für die Psychologen hingegen sind die gesellschaftlichen Beziehungen der Individuen schon wichtig und die Psychoanalyse berücksichtigt den biografischen Kontext. Die sozialen Parameter dagegen interessieren die Soziologen und Politologen, die wiederum andere Dinge vernachlässigen. Es gibt also notgedrungen eine massive Betriebsblindheit der verschiedenen, mit der Frage nach dem Gedächtnis befassten Disziplinen. Auch wir blenden mit unserem kulturwissenschaftlichen Zugang natürlich vieles aus.

Jan Assmann: In den 70er Jahren haben wir den Arbeitskreis „Archäologie der literarischen Kommunikation" gegründet. Damals hatte die Theorie Hochkonjunktur – deswegen klingt der Titel auch so geschwollen. Als Archäologe und Ägyptologe stehe ich aber dem Konkreten sehr viel näher. Wir wollten die grassierende, sehr abstrakte „Theorie der literarischen Kommunikation", die danach fragt, was einen Text zu einem literarischen Text macht, um die geschichtliche Dimension, das heißt um die konkreten Befunde, ergänzen. Zunächst interessierte uns das Verhältnis von Mündlichkeit und Schriftlichkeit. Wir wollten dabei loskommen von der negativen Charakterisierung der schriftlosen Welt – weshalb wir den Begriff der „Gedächtniskultur" vorzogen.

Aleida Assmann: Kultur ohne Gedächtnis funktioniert nicht. Alle Kulturen, auch die, die keine Schrift kennen, müssen einen Mechanismus entwickeln, um das für sie relevante Wissen reproduzieren zu können. Kulturen haben immer eine diachronische, das heißt eine auf zeitliche Dauer ausgerichtete Dimension.

Das Medium der Schrift wurde von Anfang an als Feind und Zerstörer des Gedächtnisses verstanden. Diese These geht auf Platon zurück, der am Ende des *Phaidros*-Dialogs behauptet, dass die das Gedächtnis stützende Funktion der Schrift in Wirklichkeit das Gedächtnis zerstört. Seine These erklärt, warum die westlichen Kulturen sehr stark auf das Medium der Schrift zurückgreifen, um Innovation zu forcieren und Traditionen aufzulösen.

Jan Assmann: Wir stellten demgegenüber fest, dass die Schrift auch eine Form von Gedächtnis ist, nicht dessen Gegenteil. Kulturen, Gesellschaften schreiben ihre zentralen Bestände auf, um sie zu erinnern. Die Schrift wird nicht nur verwendet, um Dinge, die kein Mensch im Kopf behalten kann, wie Abgaben, Grundbesitz und so weiter, aufzuschreiben – das ist in der Tat die Urszene der Schriftlichkeit. In einer zweiten Stufe wird die Schrift jedoch herangezogen, um die zentrale Semantik – die zentralen Werte und Errungenschaften – einer Kultur zu kodifizieren, das heißt das kulturelle Gedächtnis zu verschriften. Es gibt aber noch eine dritte Stufe, die Stufe der Kanonisierung. Das heißt: Texte werden nicht nur aufgeschrieben, sondern so geheiligt, dass man sie nicht mehr verändern darf. Was Gesellschaften als ihr Wichtigstes, als ihre zentrale Semantik kodifizieren, wird zum geheiligten Bestand erklärt.

Aleida Assmann: Kanonisierung heißt, dass die Texte in ihrer Zeichenqualität festgeschrieben werden. Dieser feste Zeichenbestand trifft aber auf einen immer wieder veränderten Deutungshorizont. Wir können ja nur neu lesen, weil die Substanz der Texte ein für alle Mal feststeht. Genau diese Spannung und diese Differenz sind kulturell unglaublich produktiv geworden, und deswegen ist das etwas anderes als die Speicherung im neuronalen System des Gedächtnisses. Wir müssen deutlich machen, dass wir die Grundsätze der gegenwärtigen Hirnforschung nicht einfach als Gesetz nehmen und auf alle anderen Bereiche projizieren können. Ein Kanon ist nicht nur ein Bestand überlieferter Texte, sondern auch eine niemals unumstrittene Auswahl von Texten. Bei der Bildung eines Kanons findet ein Auswahlprozess statt, der von Generation zu Generation bestätigt werden muss. Wir könnten heute zum Beispiel sagen, dass wir die Zusammenstellung der Bibel nicht mehr anerkennen – es gab in der betreffenden Zeit ja auch ganz andere Texte – und uns ein neues Korpus zusammenstellen. Aber im Grunde sind wir auch die Erben solcher Auswahlprozesse. Das Endprodukt hat eine so hochgradige Stabilität gewonnen, dass es nicht mehr leicht verworfen werden kann.

Auch wenn im Zeitalter der Säkularisierung die Bibel nicht oder anders gelesen wird, existiert sie in der uns bekannten Verfestigung.

JAN ASSMANN: Mit dem Schritt der Kanonisierung entsteht zugleich die Form des Kommentars und damit eine verstärkte Form des kulturellen Gedächtnisses. Als wir uns mit der Kanonisierung beschäftigten, wollten wir die Dimension des Gedächtnisses aus den exotischen, also den vor der Schriftlichkeit liegenden Kulturen, zurückholen und zeigen, wie stark das Gedächtnis auch in den Schriftkulturen im Zentrum steht. Insgesamt sind das alles Prozesse, die sich nicht nur auf Texte, sondern auch auf Bilder, Riten, Musik und so weiter beziehen.

— Wie hängen das kollektive und das individuelle Erinnern zusammen?

JAN ASSMANN: Man muss unterscheiden zwischen der Gedächtnisfunktion der Kultur und den kulturellen Aspekten der individuellen Erinnerung. Wir differenzieren deshalb zwischen dem kommunikativen und dem kulturellen Gedächtnis. Damit gehen wir einen Schritt über die soziologische Gedächtnisforschung hinaus. Das kommunikative Gedächtnis ist das, was Maurice Halbwachs mit dem Begriff „mémoire collective" als kollektives Gedächtnis herausgestellt hat. Halbwachs zufolge ist jedes individuelle Erinnern sozial bedingt und entsteht durch Kommunikation. Dem stellten wir das kulturelle Gedächtnis gegenüber. Während das kommunikative Gedächtnis, wie es Halbwachs analysiert hat, nur einen gewissen Zeitrahmen ausfüllt und insofern ein Verfallsdatum hat – man kann sagen, dass es sich in einem Zyklus von 80 Jahren, also innerhalb dreier Generationen, erneuert –, umspannt das kulturelle Gedächtnis einen viel größeren zeitlichen Horizont, typischerweise bis zu 3000 Jahre. Diese zweipolige Struktur von kommunikativem und kulturellem Gedächtnis hat Aleida inzwischen zu einer vierteiligen ausgebaut.

ALEIDA ASSMANN: Das heißt nicht, dass wir nicht mehr hinter dieser anfänglichen Gegenüberstellung stehen, sie kann nur die empirischen Fälle nicht präzise genug erfassen. An die Stelle des kommunikativen Gedächtnisses tritt das Zusammenspiel von individuellem und sozialem Gedächtnis. Das individuelle Gedächtnis in Form von autistischen, das heißt nur auf sich selbst bezogenen Erinnerungen muss als ein Grenzfall angesehen werden. Denn sobald man diese Eigenerinnerungen versprachlicht, verlieren sie ihre selbstbezügliche Qualität. Der Übergang vom Individuellen zum Sozialen vollzieht sich dann über verschiedene Dimensionen oder Vermittlungsschritte – von der Familie mit ihrem Generationengedächtnis bis hin zur Gesellschaft.

Auf der anderen Seite sind die Gedächtnisformen zu unterscheiden, die potenziell endlos in die Zukunft reichen können, denen also kein Verfallsdatum eingeschrieben ist, weil sie einen Anspruch auf Stabilität, Dauer und Wiederholung machen. Auf dieser Ebene würde ich dem kulturellen Gedächtnis noch das politische Gedächtnis an die Seite stellen. Im Rahmen der kollektiven Biografie einer Nation gibt es beispielsweise eine politisch auf Dauer gestellte Erinnerung, die mit entsprechenden Mahnmalen, Museen und Jahrestagen institutionell gestützt wird. Beim kulturellen Gedächtnis dagegen haben wir eine andere Art des Auf-Dauer-Stellens. Es gibt hier keine ebenso klaren Vorgaben, weil der Zugang zum kulturellen Gedächtnis eher individuell als kollektiv bestimmt ist. Man partizipiert an einem identitätsstabilisierenden Schatz von Erfahrungen, Erinnerungen, Kunstwerken und Formen, aber es gibt keinen ähnlich ausschließenden, eindeutig verpflichtenden Charakter wie beim politischen Gedächtnis.

— Worin besteht der Unterschied zwischen kulturellem Gedächtnis und Tradition?

Jan Assmann: Die Terminologie von Gedächtnis und Erinnerung wurzelt im Individuum, dessen Gehirn etwas speichern kann. Erinnern kann sich folglich nur das Individuum, alles andere, so könnte man einwenden, ist bildliche Ausdrucksweise. Diesem Einwand sah sich schon Halbwachs ausgesetzt. Als Schüler von Emil Durkheim hat Halbwachs dessen Theorie der kollektiven Repräsentation auf das Gedächtnis angewendet und gezeigt, dass auch unsere persönlichen Erinnerungen sich durch unsere Teilhabe an Gruppen in uns aufbauen und gewissermaßen in uns hineinwachsen. Individuelle Erinnerung ist insofern ganz unabhängig von der körperlichen Basis sozial bedingt. Die Gesellschaft beginnt also bereits im Inneren. Halbwachs machte an der Grenze der sozial bedingten individuellen Erinnerung Halt und nannte alles andere, also die Texte, die Kultur und so weiter „Tradition"; gelebte Erinnerung (mémoire vécue) auf der einen Seite und gespeicherte Tradition auf der anderen Seite. Und so ist der zweite Einwand, dem wir uns aussetzen, immer der, warum wir von Gedächtnis sprechen und nicht von Tradition. Das liegt daran, dass wir Halbwachs noch einen Schritt weiter denken und sagen, es ist nicht nur die Kommunikation mit anderen, die Erinnerung in uns entstehen lässt, Formen mit Inhalten füllt und so weiter, sondern es ist auch die Teilhabe an einer Kultur, das heißt zum Beispiel an der Überlieferung alter Texte. Das, was man auch Bildung nennt. Die intellektuelle Teilhabe an einem gesellschaftlichen Überlieferungskomplex bestimmt und formt unsere individuelle Erinnerung. Sich erinnern ist ja nicht nur eine individuelle Praxis, um eine Identität über die Jahre hin zu reproduzieren; sich erinnern ist ebenso wenig nur eine soziale Praxis, die ermöglicht, dass eine Gruppe morgen dieselbe ist, die sie gestern war. Erinnern heißt auch Teilhabe an kulturellen Formen. Die symbolischen Formen der Kultur – Texte, Riten, Bilder und so weiter – stehen im Dienst einer Praxis, mit der eine kollektive Identität über Generationen hinweg fortgesetzt wird.

Aleida Assmann: Das heißt aber nicht, dass wir Kultur schlechthin mit Gedächtnis gleichsetzen. Es gibt auch viele andere Segmente: Kultur als Wirtschaft, Kultur als Recht, Kultur als Lifestyle und so weiter. Wenn wir definieren müssten, welche Bereiche es sind, in denen das Gedächtnis ein besonderes Gewicht hat, in denen es vordringlich um Wiederholung und Weitergabe geht, dann sind die Bereiche Religion, Geschichte, Philosophie und Kunst zu nennen. Das Feiern von Weihnachten zum Beispiel ist Fortsetzung von kulturellem Gedächtnis in Form einer Praxis. Indem man es jedes Jahr wiederholt, stellt man sich in eine Tradition, von der man weiß, dass sie schon viele, viele Generationen vor einem bestand, und auch wenn sich diese Praxis noch so sehr unterschieden hat, wird ein Impuls aus der Vergangenheit in die Zukunft weitergegeben.

__ *Welche Bedeutung hat das kulturelle Gedächtnis heute?*

JAN ASSMANN: In der Tat könnte man sagen, dass gerade in den angesprochenen Feldern ein Verblassen des kulturellen Gedächtnisses stattfindet. Die Religion zum Beispiel befindet sich in der westlichen Welt seit langem in einer Art von Rückzug. Wir leben in einem immer säkulareren Zeitalter, und das hat etwas mit Vergessen zu tun, mit dem Vergessen der religiösen Tradition. Wer kennt noch die Bibel? Das andere ist die Philosophie. Es gibt eine starke Dominanz der analytischen Philosophie. Die historisch ausgerichteten Lehrstühle werden immer weniger. Es gibt immer weniger Platon-Spezialisten. Auch die Kunst ist eher auf Bildersturm eingestellt als auf einer Fortschreibung von Tradition. Man könnte also argumentieren, dass die Zeichen der Zeit auf Vergessen stehen und dass dabei auch der Übergang von der Schriftkultur, der Buchkultur zum so genannten digitalen Zeitalter eine Rolle spielt. Das Internet ist ein Medium, das zwar den Zugang zu allem und jedem erleichtert, aber es ist nicht unbedingt ein Medium der Speicherung und auf keinen Fall ein Medium der Kanonisierung. Es mag da zwar eine gewisse Hierarchisierung in den Suchmaschinen geben, weil bestimmte Fundstellen immer zuerst angezeigt werden, aber das hat überhaupt nichts mit einer kulturellen Hierarchisierung von Werten zu tun. Weltweit setzt sich der Markt, der nach Angebot und Nachfrage funktioniert und nicht nach irgendwelchen verbindlichen Wertvorstellungen, als das dominierende Prinzip durch. Aleida deutet diese Tendenzen als einen Übergang von einer Kultur der Erinnerung zu einer Kultur der Aufmerksamkeit. Worauf es jetzt ankommt, ist immer weniger die zu erinnernde Herkunft, als vielmehr die Deutung der Zeichen der Zeit.

ALEIDA ASSMANN: Was momentan im Zentrum der Aufmerksamkeit steht, wird ins Scheinwerferlicht gerückt, doch kurz darauf wird der Lichtkegel wieder auf etwas anderes gerichtet, das wenig später wiederum überhaupt keine Rolle mehr spielt. Die Bestsellerlisten registrieren diesen permanenten Wandel punktueller Aufmerksamkeiten, aber es geht ihnen nicht darum, kontinuierliches Interesse und Nachhaltigkeit aufzubauen. Dem Markt geht es nur darum, Techniken zu entwickeln, wie man manipulativ für die ganze Gesellschaft eine möglichst gleich gelagerte Fokussierung von Aufmerksamkeit erreicht. In Shows wie *Big Brother* oder *Wie werde ich Superstar?* wird das vorgeführt. Niemand wird sich bereits im nächsten Jahr, Jahrzehnt, geschweige denn Jahrhundert, an diese Superstars erinnern. Die Kultur des Vergänglichen findet in dieser obsessiven Konzentration von Aufmerksamkeit ihren angemessenen Ausdruck. Die langfristigeren und mühsameren Prozesse der Aneignung kultureller Inhalte und Bestände sind etwas anderes.

JAN ASSMANN: Als wir die Gegenüberstellung von kommunikativem und kulturellem Gedächtnis ausarbeiteten, spielte auch die Gegenüberstellung von Fest und

Alltag eine große Rolle. Den Anforderungen des Alltags gerecht zu werden, heißt, sich in Kurzzeithorizonten der alltäglichen Orientierung zurechtfinden. Hierher gehört auch das kommunikative Gedächtnis beziehungsweise die Kategorie der Kurzzeitigkeit. Das Fest konzipiert demgegenüber einen Langzeithorizont der Orientierung, der Erinnerung, der durchaus etwas zu tun hat mit Entspannung. Die Anforderungen, die der Alltag an uns stellt, setzen uns natürlich auch unter eine Art Spannung, von der das Fest uns entlastet. Das Fest gibt uns Orientierung für den Alltag. Das ist einer der Fälle, wo kulturwissenschaftliche Kenntnisse interessant sind, weil sie uns beispielsweise auf die Bedeutung des Sabbats hinweisen. Denn was im jüdischen Sabbat an Erinnerung aktiviert wird, ist einerseits der siebte Schöpfungstag, andererseits aber auch der Auszug aus Ägypten. Beim Fest blickt man in das, was Thomas Mann den „Brunnen der Vergangenheit" nennt. Und so ist die Gedichtzeile von Lope de Vega „Wir leben in zwei Zeiten" eines unserer Lieblingsmottos. Das Beispiel von Fest und Alltag zeigt also, dass es eine typische Form kultureller Daseinsgestaltung ist, in zwei Zeiten zu leben. Mit Blick auf die Gegenwartskultur ließe sich sagen, dass eine solche Zweizeitigkeit insofern nicht mehr besteht, als man die postmoderne Welt als eine totale Verfestlichung verstehen könnte.

Aleida Assmann: Eine These der modernen Soziologie lautet, dass in der Postmoderne der Alltag verschwindet und in den Shopping Malls die totale Verfestlichung stattfindet. Man könnte aber ebenso gut sagen, dass die Verallgemeinerung der Festkultur eine totale Veralltäglichung aufzeigt.

Unsere Aufmerksamkeitskultur konditioniert uns für ein Improvisieren von Augenblick zu Augenblick. Auch der Konstruktivismus beruht auf der These, dass wir uns ständig neu entwerfen und von Augenblick zu Augenblick ständig alles neu schaffen.

In einer Rede Ernest Renans aus dem Jahre 1882 kommt der Satz vor: „Der Mensch improvisiert sich nicht." Das ist eine ganz wichtige Grundthese für das, was wir kulturelles Gedächtnis nennen. Der Mensch improvisiert sich nicht, er braucht Bezüge. Ob diese historisch unbezweifelbar sind, ob er diese Traditionen entworfen, erfunden oder projiziert hat, das ist eine andere Frage. Der Mensch kommt aus einer Vergangenheit und geht in eine Zukunft. Er braucht eine gewisse Langfristigkeit der Erfahrung für Orientierung und Perspektive.

Sie haben den Begriff der Wiederholung in Bezug auf das Weihnachtsfest gebraucht. Ist das Wesen des Erinnerns die Wiederholung des Vergangenen?

Aleida Assmann: Niklas Luhmann unterscheidet zwischen zwei Sicherungsformen. Eine nennt er „Sicherungsform der Dauer", die andere „Sicherungsform der Wiederholung". Mit „Sicherungsform der Dauer" meint er eine materielle Spurensicherung, eine Dauerspur, wie Freud es nennt. Die Dauerspur ist so dauerhaft wie das Material, in das man etwas hineinritzt. Die Schrift, sofern sie nicht auslöschbar ist wie Kreide auf der Tafel, schafft solche Dauerspuren – je härter das Material, in das man einschreibt, desto dauerhafter. Auf der anderen Seite gibt es Formen der Erinnerung, die gar nichts mit materieller Verfestigung zu tun haben, wie zum Beispiel die Verabredung, dass wir einen Geburtstag immer wieder, Jahr für Jahr, feiern. Das Geburtstagslied und die Geburtstagstorte sind Materialisierungen, von denen nichts zurückbleibt. Die Dauer besteht in der Wiederholung selber. Solche Riten sind Formen der Sicherung durch Wiederholung, nicht durch Dauer. Damit die Erinnerung, die zum Beispiel ein Grabstein festhält, auch in den Menschen bleibt, muss man sich immer wieder zu dem Grab begeben. Dafür gibt es die Todestage, oder Feiertage, an denen man Gräberbesuche macht. Dasselbe gilt für Denkmäler. Wenn das Monument aufgebaut ist, besteht die Gefahr, dass es schnell wieder vergessen wird, weil das Monument als Materielles die Erinnerung festhält und wir uns dadurch entlastet fühlen, die Erinnerung noch weiter zu tragen. Deswegen muss immer eine Rückkopplung erfolgen zwischen den Sicherungsformen der Dauer mit den Sicherungsformen der Wiederholung.

Die symbolisch kodierten Inhalte des kulturellen Gedächtnisses müssen materiell gepflegt und konserviert werden, damit sie weitergegeben werden können. Achtzig Prozent des kulturellen Lebens verschwindet uneinholbar. Es bleibt aber ein relativ großer Prozentsatz übrig, der in die Archive gerät. Das ist das Quellenmaterial, aus dem die Historiker in 600 Jahren unsere Gegenwart rekonstruieren können. Durch das, was wir willentlich oder unwillentlich an Restbeständen hinterlassen, lenken wir also zu einem gewissen Teil den Blick der Nachwelt auf unsere Gegenwart. Das Interessante an einem solchen Speichergedächtnis ist, dass es keine Perspektive hat und keine Deutung kennt. Es ist nur ein Rest, der erst noch zu erschließen ist. Der Kanon ist Auswahl, und damit – als ein Gedächtnis des Willens – immer auch ein Machtinstrument. Dadurch aber, dass unsere Kultur nicht nur kanonisiert, sondern auch archiviert, erhält sie die Möglichkeit, den Kanon immer wieder umzuschreiben. Wenn beispielsweise die ganzen Komponisten zur Zeit von Bach völlig vergessen wären, würden wir nachträglich denken, dass es nur Bach gab. Aber wenn wir an den Spuren in den Archiven sehen, dass es noch andere wichtige Komponisten gab, kann man die Zufälle oder die Logik dieses Verfahrens der Kanonisierung beschreiben. Vor dem Hintergrund des Ausgelassenen kann man erst feststellen, ob etwas ganz Wichtiges verboten oder einfach übersehen wurde.

JAN ASSMANN: Das Speichergedächtnis ist ein Instrument der Innovation. Hätten wir nur die strikt funktionalisierten Bewusstseinsbestände zur Verfügung, würden wir nicht auf neue Gedanken kommen. Gerade dieser vom Bewusstsein erhellte Horizont dessen, was wir ständig brauchen, ist von einem weiten Bereich umgeben, an den wir uns im Augenblick nicht erinnern, der aber im Hintergrund steht. Gerade weil es diesen Hintergrund gibt, kommen wir auf neue Gedanken. Weil neben der Sicherungsform der Wiederholung auch die Sicherungsform der Dauer existiert – die es in schriftlosen Kulturen in geringerem Maß gibt –, entsteht ein Reservoir der Innovation. Das wurde auch schon im alten Ägypten thematisiert.

Es gibt einen Text vom Anfang des zweiten Jahrtausends, in dem der Schreiber darüber klagt, dass er keine neuen Gedanken zur Verfügung habe, und dass alles, was er sagen könne, nur Wiederholung sei. Die Frage, wo ich neue Gedanken herbekomme, ist also ein typisches Phänomen der Schriftkultur. Weil hier alles schon Gesagte verfügbar vor Augen liegt, muss man sich etwas Neues einfallen lassen. Die Schrift setzt insofern einen Beschleunigungsprozess in Gang.

Aleida Assmann: Das Speichergedächtnis ermöglicht auch nach einer langen Phase des Vergessens den Rückgriff auf Vorausliegendes und damit auch das, was wir dann „Renaissance" nennen, womit wir die Epoche der Wiederentdeckung, des Wieder-zum-Leben-Bringens der Antike, der Revitalisierung von funktional Erloschenem, aber in Archivbeständen Überliefertem, meinen. Hätte es im Mittelalter keine Sicherungsformen der Dauer wie die Archivierung von Texten griechischer Autoren gegeben, hätte man nicht an diese sehr viel frühere Epoche anknüpfen können.

Gibt es im kulturellen Gedächtnis eine Dimension des Unbewussten?

Jan Assmann: Archetypen, also ursprüngliche Handlungsmuster, wie sie von Jung und Freud beschrieben werden, sind angeboren und nicht angelernt. Einer solchen biologischen Vorstellung von Gedächtnis stellen wir das Konzept eines kulturellen Gedächtnisses entgegen, das davon ausgeht, dass solche Dinge nicht angeboren sind, sondern übernommen werden.

Einerseits würden wir Halbwachs' These unterstreichen, dass Vergangenheit nur in dem Maße existiert, wie sie erinnert wird, und dass jede Erinnerungsarbeit an der Vergangenheit von einer Gegenwart ausgeht. Andererseits wissen wir etwas, was Halbwachs, der als Häftling in Buchenwald starb, dessen wichtigste Schriften jedoch bereits in den 1920er Jahren entstanden, nicht wusste: Wir können Auschwitz nicht abschaffen. Wir müssen uns auch mit dem verpflichtenden Anspruch, den die Vergangenheit an uns stellt, unabhängig davon, ob wir sie erinnern wollen oder nicht, auseinandersetzen. Und das hat etwas zu tun mit der schon benannten Unterscheidung zwischen Funktions- und Speichergedächtnis. Auschwitz existiert in Form von Spuren und in Form von Aufarbeitungen in den Archiven. Die Entscheidung, vor der wir stehen, ist, inwieweit wir das, was in den Archiven unabweisbar, unabschaffbar existiert, in das Funktionsgedächtnis übernehmen. Das heißt, inwieweit es kanonische Erinnerung wird und nicht nur gespeichertes Wissen bleibt. Um Auschwitz zum Teil des politischen und/oder des kulturellen Gedächtnisses zu machen, müssen wir es in einer Weise erinnern, dass diese Vergangenheit Teil unserer je gegenwärtigen Wirklichkeit und Identitätskonstruktion wird. Und das ist eine Frage der kulturellen Aktivität.

Sie erwähnten eingangs den Arbeitskreis „Archäologie der literarischen Kommunikation". Verweist das Wort „Archäologie" auf Michel Foucaults Archäologie des Wissens?

Jan Assmann: Natürlich stehen wir im Kielwasser von Foucault. Wenn wir sagen „Kultur ist Gedächtnis", wird damit auch gefragt, wer zu Wort kommen und was erinnert werden darf. Auch hier sind Machtkonstellationen im Spiel. Es wird immer eine Grenze zwischen Macht und Ohnmacht gezogen. Nur darf man das nicht im Sinne der politischen Unterdrückung vereinseitigen. Was Nietzsche und Freud so betont haben, die Kultur als ein Zwangsinstrument, als ein Moment der Disziplinierung, als Zwangsjacke, wie Freud es nennt, das ist eine Tradition, in der auch Foucault steht. Auf der anderen Seite steht die Kultur als ein Instrument der Ermöglichung von Ausdruck, von Artikulation. Vieles, das einfach stumm bleiben würde, kommt im Rahmen der kulturell erschlossenen Diskurse zu Wort. Kultur ist also ebenso ein Raum der Ermöglichung und der Selbstentfaltung, wie sie ein Instrument der Disziplinierung, der Zähmung ist.

Aleida Assmann: Freud spricht über Kultur, Foucault über den Staat und dessen Institutionen, was eine leichte Verschiebung der Perspektive darstellt. Wenn wir vom kulturellen Gedächtnis sprechen, sprechen wir nicht automatisch vom staatlichen oder politischen Gedächtnis. Wir setzen das als eine wichtige Erscheinungsform des Gedächtnisses mit an, reduzieren es aber nicht darauf. Die Grundhypothese von Foucault lautet: Der Staat beziehungsweise die Kultur ist ein Machtinstrument. Es geht um Hierarchiebildung, um Ausbeutung und Ausgrenzung. Aus dem Blickwinkel eines homosexuellen Intellektuellen in Frankreich ist eine solche Perspektive natürlich sehr plausibel. In den 60er, 70er Jahren musste generell die Stimme für die Randständigen erhoben werden. Es war eine hochpolitisierte Zeit. Wir wollten unseren Archäologie-Begriff von vornherein nicht auf eine politische Dimension einschränken. Wir sind keine Intellektuellen wie Foucault. Man täte Foucault Unrecht, würde man ihn als biederen Wissenschaftler etikettieren.

Wir wollen nichts von dem, was Foucault beschrieben und geschrieben hat, entwerten oder in seiner Bedeutung herabstufen, sondern wir wollen nur deutlich machen, dass unsere Fragestellung nicht mit jener von Foucault übereinstimmt. Auf der anderen Seite mussten wir gegen die Übermacht kanonisierter Heiliger, gegen die Diskurshoheit, die Foucault innehatte, ankämpfen. Schauen Sie sich die wissenschaftliche Landschaft gegen Ende der 70er Jahre an – Friedrich Kittler zitiert in seinem Buch *Aufschreibesysteme* nur zwei Autoren-Autoritäten: Derrida und Foucault. Wir haben uns mit unserem Arbeitskreis distanziert von der Universität und ihren standardisierten Diskursen.

Welchen Sinn hat die klassische Archäologie für die Gegenwart? Was können wir aus der Beschäftigung mit Hieroglyphen heute lernen?

Jan Assmann: Hätten wir Ägypten nicht als ein Element des kulturellen Gedächtnisses des Abendlands, dann wäre die Geschichte sehr viel langweiliger verlaufen. In unserer Begrifflichkeit würde ich sagen, dass Vorstellungen von Ägypten im Kulturgedächtnis des Abendlands schon lange vor der Ägyptologie eine ganz wichtige Rolle gespielt haben. Einer der Punkte, die mich faszinieren, ist, dass zu den vielen spannungsvollen und widersprüchlichen Elementen des so heterogenen kulturellen Gedächtnisses des Abendlands auch Ägypten im Sinne eines Gegenbilds eine ganz große Rolle spielt. Die ganze Renaissancekunst wurde zum Beispiel entscheidend angeregt und geprägt durch die Entdeckung einer Schrift, die völlig anders funktioniert als die abendländische.

Die Entzifferung der Hieroglyphenschrift und die Begegnung mit dem wirklichen historischen Ägypten führten insofern zu einer entsprechenden Verlangweiligung. Ägypten war nicht mehr die Gegenwelt, kein kontrastierendes, kontrapunktisches Element der Erinnerung, sondern es wurde zu einer Fremdkultur wie andere auch, die man studieren, erschließen, aber eigentlich nicht verstehen kann. Mein Anliegen ist es, dieses Fremdgewordene als ein aus seinen eigenen Quellen heraus zur Sprache kommendes, hörbar und sichtbar werdendes Ägypten mit den Inhalten unserer Tradition zu vermitteln und wieder zu einem Element auch unseres kulturellen Gedächtnisses zu machen.

Im Vorwort Ihres Buchs* Erinnerungsräume*, Frau Assmann, bedanken Sie sich bei Ihren fünf Kindern Vincent, David, Marlene, Valerie und Corinna dafür, „dass sie die Eskapaden ihrer wissenschaftlichen Mutter nicht nur geduldig ertragen, sondern auch substanziell mitgetragen haben". Wie ist es möglich, mit fünf Kindern eine Habilitation zu verfassen, wenn man einen Ehemann hat, der als Professor selber viel zu tun hat?

Aleida Assmann: Die Kinder haben wir beide, das muss man immer wieder betonen. Ich hatte natürlich substanzielle Hilfe in meinem Mann – er hat ganz schnell gelernt, Grießbrei und Spaghetti zu kochen. Aber ich muss auch sagen, dass er keine Abstriche bei seiner beruflichen Karriere gemacht hat. Er fuhr nach Ägypten, er fuhr nach Amerika, er fuhr überall hin und ich blieb zu Hause. Zwölf Jahre lang war ich wirklich zu Hause. Wir hatten Hilfe durch Aupairs, aber im Wesentlichen habe ich schon für eine Art ruhenden Pol gesorgt. Ich habe allerdings auch festgestellt, dass man nicht auf die Universität angewiesen ist, um wissenschaftlich zu arbeiten. Man ist zwar angewiesen auf Kontakte, man braucht Leute, denen man von Zeit zu Zeit mal etwas vorträgt und von denen man kritisiert wird. Aber hierfür hatte ich den erwähnten Arbeitskreis. Unsere Kinder waren es von Anfang an so gewohnt, dass ich im Kinderzimmer saß und las. Man lernt seine Zeit einzuteilen. Wenn man im Sog einer Fragestellung ist, wenn man sich über etwas Gedanken machen und etwas dazu sagen will, dann zieht einen das mit. Ob man bügelt, kocht oder beim Zahnarzt sitzt und ein Loch ausgebohrt bekommt – in Gedanken bleibt man bei der Sache. Die Kollegen, die an der Uni ihre Funktionsstelle erfüllen und immer dieselben Seminare machen mussten, hatten es nicht unbedingt besser als ich.

Jan Assmann: Die Kinder sind ja auch Antennen zur Außenwelt. Wir haben ihnen einiges zugemutet und sie immer mitgenommen. Wir waren mit ihnen ein

Jahr in Berlin, ein halbes Jahr in Jerusalem und ein Jahr in Kalifornien. Ohne unsere Kinder hätte ich in dieser Zeit einfach meine übliche Arbeit weitergemacht und mich nicht weiter um das gekümmert, was sonst in Berlin, in Jerusalem und Kalifornien so vor sich geht. Ich hätte sicher an Kalifornien ziemlich vorbeigelebt, hätten unsere Kinder zum Beispiel nicht auch in den verschiedenen Schulen angemeldet werden müssen. Die ganzen Alltagserfahrungen waren insofern eine enorme Horizonterweiterung. Aleida hat das immer als Bodenhaftung...

ALEIDA ASSMANN: ... als Erdung...

JAN ASSMANN: ... bezeichnet, weil man sich auf diese Weise nicht völlig in theoretischen Lufträumen verliert, sondern gewissermaßen eine geerdete Existenz führt.

Barbara Duden

Die Ungeborenen

Frau Duden, Sie verstehen sich als Körperhistorikerin. Wie stellt sich die Frage nach der Sexualität aus Ihrer Sicht?

Was mich interessiert, ist die Geschichtlichkeit des Wissens. Wir können über Sexualität nicht unhistorisch sprechen, weil die Vorstellungen und Wahrnehmungen von Lüsten sich im Lauf der Zeit verändert haben. Sexualität ist spätestens seit Foucault ein Konstrukt des 19. Jahrhunderts. Im 18. Jahrhundert zum Beispiel dachte man bei Orgasmus an das Wiehern und Schnäuben von Pferden und dass die Organe der Lüste nahe den Organen der Verdauung sind. Sie finden eine andere Ordnung der Konzeptionen und ich würde sagen auch der Wahrnehmungen.

Die großen Begriffe, in denen im 19. Jahrhundert die Funktionen des weiblichen Körpers bezeichnet wurden, sind für das 18. Jahrhundert nicht gültig. Empfängnis, Lust und Fruchtbarkeit wurden mit anderen Begriffen bezeichnet. Die Trennung zwischen Lust und Fruchtbarkeit, die aus den Beschreibungen und Beobachtungen der Medizin des 19. Jahrhunderts entspringt, gab es damals nicht. So ist zum Beispiel die Ansicht, dass Schwangerschaft ein rein biologischer Vorgang ist und nicht als persönliches Erlebnis einer Frau verstanden wird, radikal neu in unserer Kultur. Auch so etwas wie der „öffentliche Fötus", dieses Gebilde, das immer wieder durch die Medien spukt, war bis vor zwei Jahrzehnten dem körperlichen Erleben der Frauen in anderen Umständen völlig fremd. Etwas, das man Sexualität nennen könnte, kam bis ins 19. Jahrhundert nicht vor. Sexualität ist ein Großbegriff der Wissenschaft des 19. Jahrhunderts. Durch deren Popularisierung haben wir in der Nachkriegszeit gelernt, dass wir so etwas haben. Ich bin in Oberbayern groß geworden, und ich glaube, dass mein Vater mit dem Begriff nichts anfangen konnte. Ihm ging es mehr um Anstand und Unanständiges.

Was sind die Ursachen der Veränderung?

Grundsätzlich ist die Veränderung der Wahrnehmung auch ein Ergebnis der Verwissenschaftlichung der Alltagserfahrungen, das heißt der Macht sozialwissenschaftlicher Disziplinen, Alltagsverhalten nicht nur zu untersuchen, sondern durch Beschreibungen normativ (wertsetzend) herzustellen.

Meine Verfahren waren immer die einer historischen Begriffskritik. Die Menschen haben früher anders gesprochen. Sie werden Begriffe wie Sexualität nur dadurch los, dass Sie zeitlich zurückgehen, um zu Begriffsfeldern oder Sprechweisen zu gelangen, in denen dieses Wort noch keinen solchen kolonisierenden Effekt hatte.

Welche Auswirkungen hat die Verwissenschaftlichung der Sexualität auf die Sexualität der Menschen?

Sexualität gehört zu einer neuen Klasse von Wörtern, die weder Fachwörter im eigentlichen Sinn noch Fremdwörter sind. Dieses große Substantiv hat die Vielfalt und Fülle sinndichter, sinngetränkter Einzelverben aufgesogen, sodass andere Worte langsam in Vergessenheit geraten sind. Solche Auswanderer aus der Wissenschaft, die sich in der Umgangssprache breit gemacht haben, nennt Uwe Pörksen Plastikwörter.

Handlungen, die sich auf das Gesamtfeld von Sexualität beziehen, sind im 20. Jahrhundert einem tiefgehenden Rationalisierungskonzept unterworfen worden. In den 30er und 40er Jahren wurde sexuelles Verhalten auf die statistisch feststellbaren Durchschnitte reduziert. Durch die Popularisierung der Arbeiten von Kinsey, der im so genannten *Kinsey-Report* als erster die Sexualität des Menschen statistisch untersuchte, hat jeder Durchschnittsamerikaner gelernt, was der Durchschnittsamerikaner, den es bekanntlich nicht gibt, im Bett tut, und hat versucht, sein Verhalten irgendwie diesem Durchschnitt anzupassen.

Verbote, wie die kirchlicher Institutionen, die besagen „du sollst nicht", werden ersetzt durch regulierende Großbegriffe, hinter denen keine Instanz steht. Man kann sich von diesen wissenschaftlichen Konzepten nicht mehr absetzen und sagen, dass diese auch nur eine Form des Glaubens sind. Als Worte haben sie den Anschein, als ob sie die Natur der Sache treffen würden.

Hängt das nicht auch damit zusammen, dass durch die Freisetzung und Verselbstständigung der Lüste mit „Sexualität" ein neues Wort gefunden wurde, das kein Maß hatte, das nicht gebändigt war?

Foucault hat das für das 19. Jahrhundert behauptet: Es ging nicht darum, die Wahrheit hervorzubringen, sondern vielmehr darum, ihr Aufkeimen zu verhindern. Für das 20. Jahrhundert würde ich sagen, dass es sich um einen Gesprächsstoff handelt, der weitgehend durch die Reizung von auf Konsum angelegten Werbestrategien, von auf die Gefühle wirkenden anreizenden Bildern sich einerseits entfaltet und andererseits aber auf eine eigenartige Weise auch standardisiert wird. Deshalb müssen wir überlegen, wie die Geschichtlichkeit des Verhältnisses von Worten und Handeln aussieht. Erst dachten wir, es ist Aufklärung, aber man könnte auch sagen, es ist eine Sinnverwüstung gewesen. Wenn ich denke, was es bedeutet, sich zu verlieben – das sind ja Riesendimensionen der Erfahrung. Der sozialwisssenschaftliche beziehungsweise der popularisierte sozialwissenschaftliche Gesprächsstoff hat diese Dimension einfach trocken gelegt. Alles wird definiert – der Mensch, der Mann oder die Frau als sexuelles Wesen –, und dem entsprechend ist man dann entweder sexuell unterdrückt oder sexuell befreit. Im Grunde gibt es viele Worte und Sätze, um über den Bereich des Sexuellen zu sprechen, wir wissen, dass wir hier vor etwas Verborgenem stehen, dessen Worte nicht ganz unter Lichtzwang standen.

Sie schreiben unter dem Titel Die Ungeborenen. Vom Untergang der Geburt im späten 20. Jahrhundert, *dass es in der Kulturgeschichte der Geburt um die Gebürtigkeit des Menschen gehe: „Algen teilen sich, der Bambus verläuft in Rhizomen, Ginkgo biloba sprosst aus dem abgeworfenen Blatt, Frösche laichen, Katzen* — *werfen, nur der Mensch wird geboren." Wo liegt der Unterschied?*

Für Heidegger mag es faszinierend gewesen sein, sich als Geworfener zu fühlen, aber der Mensch ist kein Tier – das wusste schon Aristoteles. Heute wird es vielleicht zur zweiten Natur zu lernen, dass wir Erfahrungen machen sollen, wie Affen sie auch machen. Aber das ist durch die Moderne eingeübte Natur, die einen Bruch in der Geschichte der menschlichen Sinngebung darstellt. Aller Ursprung wurde mit Geburt verglichen. Aller Anfang war wie Geburt, aber Geburt selbst war nie wie irgendein anderer Anfang. Mit der Geburt kommt ein neuer Mensch nicht einfach auf die Welt, sondern zur Welt, nicht in irgendein Revier, ein Terrain oder Milieu, eine Herde oder ein Rudel. Geburt ist Lebensanfang und Sinngebung. Diese Sinngebung als Lebensbeginn gehört zur Geburt des Menschen wie das Begräbnis zum Ableben: Wenn ein Altertumsforscher auf Gebeine stößt, dann sind die Begräbnisspuren das untrüglichste Zeichen, dass die Knochen von Menschen stammen – von solchen, die geboren worden sind und später dann nicht einfach verendeten, sondern verstarben. Nur Menschen werden geboren.

Es hat mich schon oft verwundert, dass es Sozialwissenschaftlern oder Philosophen nicht aufgefallen ist, dass das besondere Wesen des Menschen sich in der Geburt als einzigartigem Vorgang manifestiert: Das Gebären ist ein zwischenmenschliches Tun, das jeder ausdrücklichen Vergesellschaftung wie Taufe, Wickelung und so weiter vorangeht.

— *Was hat sich an der Wahrnehmung von Schwangerschaft und Geburt verändert?*

Das Besondere des Schwangergehens wurde in den 70er Jahren nach und nach ersetzt durch die Steuerung dieses Vorgangs nach der Kalkulation von Risikofaktoren. Es ist nicht mehr das sinnvolle Zusammenwirken zwischen Gebärender und Hebamme, die gemeinsam ein Kind zur Welt bringen – das war eigentlich Menschwerdung –, sondern es ist der überwachte und kontrollierte, das heißt verwaltete Produktionsprozess eines in der Gebärmutter befindlichen Produkts, dessen Entwicklungschancen die Schwangere schon vorab abzuschätzen hat. Es handelt sich um einen Aspekt der Umformung unserer Gesellschaft – um die Durchsetzung von Homo systematicus, also der Statistik und damit der statistischen Wahrscheinlichkeiten. Solche Rechnungen gelten aber für Populationen und nicht für einzelne Personen.

Es ist schon erstaunlich, was die einzelne Schwangere dazu veranlasst, sich Risikoabwägungen als etwas für sie persönlich Bedeutungsvolles zuzuschreiben, Risikokalkulation auf einen Zustand anzuwenden, der mit Hoffnung verbunden war – ein Vorgang, der nicht ganz einsehbar ist und immer etwas Überraschendes hat.

Eine meiner Schülerinnen, eine Humangenetikerin, hat eine Dissertation mit dem Titel *Die verrechnete Hoffnung* geschrieben. Sie untersucht, wie die Genetiker den Frauen anbieten, sich selbst in einem neuen Rahmen zu verstehen und das, was er ihnen mitteilt, für persönlich bedeutsam zu halten. Sie werden in ein popularisiertes Konzept von Genen oder Anlagen und in ein popularisiertes Konzept von Risiko eingeführt. Letzten Endes ist es dem Genetiker egal, ob Fruchtwasseruntersuchungen gemacht werden oder nicht, ob abgetrieben wird oder nicht. Dabei ist der Modus der Entscheidungsfindung nicht mehr wie in den 50er Jahren: vorsichtig, überlegen, entschieden, mutig handeln, vorwärts gehen, sondern die Entscheidung nach der Beratung ist nach der Entscheidungstheorie strukturiert, und zwar nach den Maßgaben einer Kosten-Nutzen-Berechnung, die alles beziffert. Die Frau muss sich völlig entkörpern. Sie steht in einem Rahmen, in dem es keine Geschichte gibt, in dem man nicht im Rahmen einer persönlichen Geschichte sagt, hier sorge ich mich, hier muss ich etwas tun. Die Frauen stehen vor einer unmöglichen Entscheidung. Es ist ein Ausradieren von Unterschieden des persönlichen Schicksals. Die einzige Möglichkeit ist zu sagen: In diesem Rahmen will ich mich selbst nicht wahrnehmen, ich verweigere die Zustimmung zu den Voraussetzungen, unter denen hier gesprochen wird, und dann könnte man darüber lachen.

__ ***Beklagen Sie einen Verlust an Natürlichkeit?***

Nein, einen Verlust an Geschichte – einen Verlust von Sinndimensionen.

__ ***In den Prozeduren der technisierten Schwangerschaft und des hospitalisierten Gebärens sehen Sie eine Form der Liturgie.***

Liturgien sind Handlungen, die Wirkmacht haben. Man kann die Schwangerenvorsorge der 60er Jahre daraufhin untersuchen, welche Vorstellungen und Wahrnehmungen von Schwangerschaft dadurch rituell hergestellt wurden. Wenn man Schwangeren mittels Ultraschallbildern zeigt, dass ihr Kind ein Herz hat, wird hundertmal gesagt, dass in diesem Falle nichts vorliegt. Gleichzeitig wird aber auch mitgeteilt, dass etwas hätte vorliegen können – das heißt die Notwendigkeit eines überflüssigen Rituals wird begründet. Dadurch wird etwas, das eine Zumutung für die Frauen ist, zu einem Bedürfnis. Es sind Liturgien der Bedürfniserzeugung, obwohl man weiß, dass sie nicht leisten, was sie versprechen. Für die Alten war es immer wichtig, wie es sich in der Gebärmutter anfühlt. Dafür haben wir nicht einmal eine Sprache. Die Gebärenden erleben die eigene Gebärmutter als ein von ihnen unabhängiges Organ, dessen richtiges Funktionieren technisch überwacht, ja im strengen Sinn hervorgebracht werden muss. Auch die Frauenbewegung hat dazu überhaupt keine Sprache. Die Liturgien des Risikomanagements haben nur dazu getaugt, die Ängste auszuweiten.

__ ***Hat die Hospitalisierung der Geburt keinen Vorteil für Mutter und Kind?***

Marjorie Tew hat die gängige Hypothese des Rückgangs der Mütter- und Säuglingssterblichkeit durch die Hospitalisierung der Geburt anhand statistischer Untersuchungen widerlegt. Wir können davon ausgehen, dass die meisten Frauen ihre Kinder gut und glücklich zur Welt bringen können. Heute sind aber zum Beispiel in Niedersachsen 80 % aller Schwangerschaften Risikoschwangerschaften, das heißt 80 % der Frauen ist beigebracht worden, sie können es eigentlich nicht, sie können das nur durch ununterbrochene Überwachung. Das ist bodenlose Angsteinjagerei. Geburt ist nicht mehr etwas, das Frauen können, sondern etwas, wozu sie in einem verwalteten Vorgang gebraucht werden. Die Medizin hat den Vorgang des Gebärens so redefiniert, dass es keine mehr gibt, die es selbst machen kann. Ivan Illich bezeichnete einen solchen Zustand als ein Radikalmonopol. Wie Durst zu Coca-Cola wird, so wird Geburt zu hochtechnologisiertem Klinikkreissaal. So wie die Nachkriegszeit von Ungestillten bevölkert wurde, so wimmelt die Jetztzeit von Ungeborenen.

Sicher werden heute viele Frauen erst in einem späteren Lebensalter schwanger als früher, aber in vielen Kulturen wie zum Beispiel in Kuba sagt man, dass ältere Frauen schönere und klügere Kinder zur Welt bringen. Von 100 Kindern sind es in Deutschland 94, bei denen Probleme durch eine Intervention oder ein Missgeschick oder Unglück im Krankenhaus verursacht werden.

Ist die Hausgeburt unter den modernen Verhältnissen noch das, was wir uns darunter vorstellen?

Ich würde gar nichts normieren wollen. Ich finde es immer wichtig zu überlegen, wie es für die Frau am besten ist. Nun ist aber unsere Not, dass das, was aus einer guten, herzlichen Haltung der Frau gegenüber vernünftig und richtig wäre, das ist, was sie im Zweifelsfall gar nicht wählt, weil der medizinische Betrieb das Wünschen umgestülpt hat. Deshalb kann ich im Einzelnen auch nicht sagen, was eine bestimmte Frau tun soll, aber ich kann untersuchen, wie es kommt, dass die Hebammen, die das tun konnten, in den 1950er Jahren ausgestorben sind. Das hat zu tun mit der Macht der Ärzteverbände, mit einer gnadenlos frauenfeindlichen Versicherungspolitik der Krankenkassen, mit dem Sexismus der Adenauerperiode und mit der Unsicherheit der alten Hebammen, die eine verfehlte Standespolitik machten und selber total durchmedikalisiert waren. Es ist auch zeitgeschichtlich ein sehr interessanter Punkt, weil damals ein bestimmter Wissenstypus untergegangen ist. Die Hebamme sollte ein körperlich-biografisches Wissen haben. Ein Wissen, das eben nicht nur messbare physiologische Abläufe kennt, sondern ein Wissen, das man Intuition und Erfahrung nennt. In der Klinik gibt es nur Messung, Verschriftung und die Einteilung des Vorgangs in bestimmte Stadien. Nachher reicht eine Hebamme für fünf Gebärende!

Wir haben einen schönen Film über eine Hebamme im Hessischen gedreht, die in den 50er Jahren noch entbunden hat. Man kann sich heute nicht mehr vorstellen, dass sich dieser Frau je irgendeine Frau anvertraut hätte – sie hatte kein medizinisches Gutachten, keine Fachterminologie. Aber sie hat das gut gekonnt.

Sie schreiben, dass bei der Geburt das Kind aus dem Schoß einer Frau in die Hände einer anderen Frau gleitet. Gibt es ein spezifisch weibliches Wissen?

Um zu gebären, brauchen Frauen Hilfe von einer anderen Frau. In Mexiko heißt die Geburtshelferin noch heute „co-madrona", wörtlich Mitmutter. Die Bezüglichkeit dieser beiden Handelnden ist heute ganz aus dem Blick geraten, weil Gebären ein Produktionsprozess geworden ist – ein nach seinen Outcomes berechneter, standardisierter Prozess. Wenn es nur mehr ein Verwaltungsvorgang ist, dann ist die Geschlechtszugehörigkeit des Helfenden wohl gleichgültig.

Sie betonen immer wieder die Faktizität des Körpers, das Konkretissimum, auf das jede Frau mit ihrem Ich verweist. Wie stehen Sie zu Theorien, die das Geschlecht als Rolle definieren?

Die Gebetsmühle des Geschlechts als sozialer Konstruktion sagt überhaupt nichts mehr. Dass alles und jedes heute eine soziale Konstruktion ist, dass alles und jedes konstruierbar ist, ist Geschwätz, das sich durchgesetzt hat. Es eröffnet nicht wie zu Zeiten der Frauenbewegung neues Gelände. Damals mochten Forderungen nach Selbstbestimmung einem schöneren und freieren Handeln dienen. Sie entsprachen den Konflikten der damaligen Zeit. Heute ist „Selbstbestimmung" oft bejahend gegenüber dem, was die Gesellschaft den Leuten einreden will, nämlich beliebige Schreibfläche sozialer Programmatik zu sein. Wenn die Frauen denken, dass sie plastifizierbar sind, dann sollen sie ein drittes, viertes, fünftes Geschlecht darstellen.

Wir müssten nicht den Unterschied zwischen Frauen und Männern untersuchen, sondern die Geschichtlichkeit des Unterschieds, also wie die Unterschiedenheit im Verlauf der Geschichte gedacht wurde. Im Mittelalter hatte die Frau das innen, was der Mann außen hatte. Der Unterschied wurde als Bezüglichkeit, als Komplementarität verstanden. Heute ist „der kleine Unterschied" ein systemischer Begriff, nämlich null-eins – es ist eine Differenz im Programm. Einen scheinbar avantgardistischen Text wie *Das Unbehagen der Geschlechter*, in dem Judith Butler die These aufstellt, dass nicht nur das soziale, sondern auch das biologische Geschlecht eine soziale Konstruktion sei, muss man als zeitgeschichtliches Dokument untersuchen.

Sie schreiben, dass zum Menschsein und zur Menschwerdung Würde gehört. Was heißt das in Bezug auf die Untersuchung befruchteter Eizellen auf genetische Schäden vor deren Einpflanzung in die Gebärmutter (PID)?

Es ist unmöglich, über Würde zu sprechen, wenn der Begriff, der auf Menschen angewandt wurde, in Bezug auf Zellen angewandt wird. Wir können darüber nachdenken, welche Folgen es hat, wenn in der Gesellschaft das Schicksal von Zellen das Terrain ist, auf dem letzte Fragen der Würde des Menschen ausdiskutiert werden. An dieser Stelle wird die Problematik der „Medizinethik" deutlich. Medizinethik ist ein Oxymoron, das heißt ein Begriff, der aus zwei einander widersprechenden Begriffen zusammengesetzt wurde, weil die Medizinethik in einem Bereich agiert, welcher der Ethik prinzipiell entzogen ist. Medizinethik behauptet den Schein der Ethik in einem Bereich, der grundsätzlich unethisch ist, weil es um die Verwandlung von Menschen in verwaltbare Sachen geht. Der Zynismus liegt darin, dass sie den Medizinern bestätigt, dass das, was diese ohnehin tun, auch ethisch in Ordnung sei.

Auch um die Zeugung hat sich ein medizinisch-industrieller Komplex gebildet. Es gibt die Pille, künstliche Befruchtung, Viagra…

Das, was ich über das Thema Geburt gesagt habe, gilt genauso für andere körperliche Phänomene. Die Grundbegriffe und die historische Gestaltform sind ganz ähnlich. Insofern können Sie die Geburt als eine Instanz nehmen, an der man die Widersprüche der zeitgeschichtlichen Bedingungen verstehen kann.

Im Gegensatz zu Ihnen sieht Simone de Beauvoir das Muttersein nicht als eine originär weibliche Leistung an, sondern als etwas, das die Frauen eher einengt.

Die Erfahrung ihrer Generation ist auch die Erfahrung meiner Generation. Ich gehöre zu der Generation, in der Frauenbewegung und Kinderhaben unvereinbar schienen. Unsere Mütter hatten das Schicksal der Mutterschaft und des damit einhergehenden Verzichts vorgelebt. Mutterschaft hatte in der Frauenbewegung immer schlechte Karten. Es ist jenes Tun, an dem sich die Verformungen der Moderne vielleicht am schärfsten untersuchen lassen. Ich habe nicht über Schwangerschaft gearbeitet, weil mich die Schwangerschaft besonders interessiert, sondern weil sie eine Instanz ist, eine Sonde, um die zeitgeschichtliche Radikalisierung von Entkörperung verstehen zu können.

Sehen Sie einen Weg, von der Medikalisierung und Hospitalisierung der Sexualität wieder wegzukommen hin zu einem anderen Körperverständnis?

Ja, darüber lachen.

VINCENT KLINK

Eine Kritik der kulinarischen Vernunft

— Herr Klink, was ist für Sie ein gutes Leben?

Ein gutes Leben ist eines, das ich weitgehendst selbst bestimmen kann. Das „gute Leben" ist ein völlig subjektiver Begriff. Es gibt Leute, die finden es höchst beglückend, den Amazonas hinaufzuschwimmen, während andere schwer darüber klagen würden. Mein gutes Leben kann für einen anderen Menschen die Hölle bedeuten.

Mit dem Essen ist es ähnlich. Es gibt Gerichte, die ich sehr liebe. Aber würde ich die in einer Strafanstalt servieren – ich denke zum Beispiel an Kutteln –, käme es zur Revolution. Natürlich kommt man ohne Kompromisse nicht durch den Alltag, aber wenn man selbst entscheiden kann, einigermaßen selbstbestimmt ist, hat man wenigstens die Möglichkeit, sein Leben in Richtung Glück zu rücken.

— Spielt da die Rückschau eine Rolle?

So habe ich eigentlich vor dreißig Jahren schon gedacht, auch wenn meine Glückserwartung damals ganz anders ausgesehen hat als heutzutage. Aber Rückblicke werden immer wichtiger, weil ich erst einmal wissen muss, wo ich überhaupt hin will, und dafür muss ich auch wissen, wo ich eigentlich herkomme. Diese zwei Sachen gehören zusammen.

— Welchen Stellenwert hat das gute Essen für ein gutes Leben?

Das Essen hat einen großen Stellenwert in unserem Leben, aber längst nicht in dem Maße, wie mancher Laie glaubt. Wenn man dauernd nach den höchsten Gaumenfreuden aus ist, dann gewöhnt man sich daran und verliert das Plus und Minus; man vergisst, wo man herkommt. Wenn man viel Glück oder Freude im Essen sieht, dann gehört es unabdingbar dazu, dass man auch weiß, was Hunger ist. Wir brauchen den Kontrast.

Natürlich kommt man an eine Stufe, wo man eine Ahnung von gutem Essen hat, aber dann kehrt man auch zu den einfachen Dingen zurück. Ein Hummer, der einen langen Transportweg hinter sich hat, ist für mich schon lange kein Genuss mehr. Wer einmal einen Hummer von einem Fischer an der bretonischen Küste serviert bekommen hat, der hat einmal wirklich Hummer gegessen. Und so warte ich gefälligst, bis ich wieder mal ans Meer komme.

Es kommt immer wieder vor, dass sich ein Gast zum Beispiel einen Lachstartar wünscht. Wenn ich merke, dass der Lachs, den ich habe, fade ist, weil er irgendwo aus Norwegen eingeflogen wurde und dem Vergleich zu einer Schwarzwaldforelle, die gestern noch herumgeschwommen ist, nicht standhält, dann bekommt er Forellentartar.

Muss man manchmal asketisch sein, um ein gutes Essen genießen zu können?

Askese ist mir zu mühsam. Ich bin eher dafür, dass so etwas spielerisch funktioniert. Eine Schnecke auf der Weide frisst immer das Beste. Die stachligen Pflanzen bleiben stehen, die saftigen werden gefressen. Es wäre für so ein Tier absolut unverzeihlich, sich das Gute für später aufzubewahren. Das machen nur Menschen.

Man sollte schon so gut leben wie möglich, aber man muss auch lernen, das richtige Maß einzuhalten. Das, was ich hier koche, ein ganzes Menü, sollte man nicht jeden Tag zu sich nehmen. Da wäre es mit der Philosophie bald zu Ende.

Sie meinen mit der Gesundheit.

Mit der Sauerstoffverteilung. Wenn der Sauerstoff nur in der Taille zirkuliert, dann ist das nicht gut. Dummheit frisst und Intelligenz säuft – da ist was dran.

Plädieren Sie, wie Aristoteles, für das „rechte Maß"? Orientieren Sie sich am Zuträglichen unter Vermeidung der Extreme?

Ich orientiere mich schon am rechten Maß, was aber bedeutet, dass ich – ähnlich wie in der Musik – auch Dissonanzen erzeugen muss; natürlich um sie umgehend wieder aufzulösen. Sie können nicht eine halbe Stunde lang so etwas wie das avantgardistische Musikfestival von Donaueschingen in die Töpfe packen, das funktioniert nicht. Man kann mal extrem werden, aber man muss es wieder auflösen. Das ist ein Spannungsfaktor. Wenn etwas nur ausgeglichen ist, wäre es so eine Art Warmduscherkochen. Damit tue ich niemandem weh, aber ich erreiche die falschen Menschen. Ich liebe Menschen, die auch mal was riskieren, die auch mal zu weit gehen, auch mal einen Exzess starten. Jeder kennt das, wenn man sagt: „Mensch, haben wir gestern gesoffen, jetzt ist aber eine Weile Schluss." Das schlechte Gewissen halte ich für einen der größten Antriebsmomente in einem Menschenleben. Durch das schlechte Gewissen kommt ein Arbeitsprozess in Gang, wird eventuell etwas Großes geleistet. Wenn man sich in der Historie ein wenig umschaut, dann sieht man: Menschen, die wirklich etwas vorangebracht haben, sind in gewisser Weise extrem. Wobei der Extremismus nicht so weit getrieben werden sollte, dass man seine Mitmenschen damit belästigt.

Worauf kommt es Ihnen beim Kochen an? Auf die Provokation eingefahrener Geschmacksgewohnheiten, das Aufeinanderprallen ungewohnter Wahrnehmungen oder auf die Harmonie eines Geschmackserlebnisses?

Die ganze Kocherei orientiert sich an einem gewissen Humanismus, und der strebt die Harmonie an. Ohne Zweifel muss beim Kochen und Essen auch Reibung erzeugt werden, aber nicht die wirkliche Konfrontation. Eine Seezunge mit Lakritzsoße ruft einen Aha-Effekt hervor, weil wir es mit einer starken Reibung von Aromen zu tun haben. Aber letztlich passt da nichts zusammen. Am Schluss bleibt nur noch der „kreative" Anspruch. Das Wort „kreativ" ist dermaßen inflationär, wenn ich es nur höre, nehme ich schon Reißaus. Dahinter verbirgt sich oft nur der Gag.

Tomi Ungerer möchte schon seit Langem mit mir kochen und mir seine Lammkeule in Coca-Cola vorführen. Das ist natürlich aufsehenerregend, aber wir sind da schnell im Bereich von Schall und Rauch. Nichts gegen Tomi Ungerer, aber wenn ein Berufskoch solche Sachen macht, dann hat das für mich den Beigeschmack des Verzweifelten: „Hallo, ich möchte ums Verrecken auffallen."

— *Kreativität um der puren Kreativität willen ist Ihnen abhold?*

Ich will mit einem ganz banalen Beispiel antworten. Wir nehmen heute ein Schweinskotelett auf die Karte, das so wertvoll ist, dass selbst ich mir nur eine dünne Scheibe runtergeschnitten habe, um es zu probieren. Als guter Koch darf man nämlich nicht sein bester Kunde sein. Da muss man schwer aufpassen. Und es geht undemokratisch zu, das Beste kann nicht für alle da sein. Mittlerweile besteht meine Hauptarbeit darin, herauszufinden, wo ich das Beste herkriege. Nach wie vor muss ich mich korrigieren, weil ich immer wieder noch Besseres finde. Jedenfalls ist dieses Kotelett so gut, dass es nur ein bisschen Meersalz und Pfeffer verträgt, jedes weitere Gewürz wäre eine Beleidigung und Verfälschung dieses reinen Geschmacks, den es ja fast nicht mehr gibt. Dieses Kotelett sperrt sich gegen jeden kreativen Versuch.

Wenn sich jemand einen ganz tollen Rolls-Royce kauft und sagt, ich möchte ihn ein bisschen mit Moos bewachsen haben, dann würde man zwar sagen, das ist kreativ, was die Karosseriegestaltung angeht, aber das macht man einfach nicht, weil der Rolls-Royce perfekt ist. Und das gilt auch in der Küche. Aus einem Rohmilch-Camembert direkt aus der Ortschaft Camembert mache ich keinen bayrischen „Obatzden".

Das ist wie beim Anrichten der Teller. Ich kann alles einzeln essen und mir so die fantastischen Akkorde des Schmeckens besorgen. Ich kann aber auch alles zu einem Türmchen zusammenpacken, dem Foodfotografen Freude machen und denken, im Magen kommt sowieso alles zusammen. Aber der Reiz besteht im Spiel hin und her zwischen Fisch, Kartoffel, Lauch und Soße. Das ist irgendwie wie beim Schlagzeug spielen; man verwendet verschiedene Trommeln und haut trotzdem nicht gleichzeitig auf alle drauf.

— *Was halten Sie von Experimenten, unsere Geschmacksempfindungen gänzlich zu überraschen, wie es etwa in der sogenannten Molekularküche von Ferran Adrià versucht wird?*

Was der Kollege aus Nordspanien macht, tut er aus Überzeugung. Ich finde das für unseren Beruf durchaus interessant, für mich selber nicht – das muss auch nicht sein. Wenn jemand Ferran Adriàs mit Olivenöl gefüllte Gelatine-Olive probiert, wäre es nicht schlecht, wenn er vorher mal eine Olive aus Ligurien gegessen hätte.

In unserem Beruf gibt es eine starke Orientierungslosigkeit. Es ist auch im Zeitalter der Navigationssysteme wichtig, sich immer zu fragen: Wo bin ich? Wo komme ich her? Wo will ich hin?

Besteht der Ausweg aus der kulinarischen Orientierungslosigkeit in einer Regionalisierung der Küche?

Gute Küche hat mit Einwurzelung, mit innerer Haltung, mit Ethik zu tun. Man muss das Richtige leben. So wie man selber ist, muss man seinen Beruf absolvieren. Es gibt viele Köche, die kochen ganz anders, als sie wirklich sind. Und so schmeckt es dann auch.

Ich mache die Gastronomie so, dass ich mich wohlfühlen würde, wenn ich hier reinkäme. Als ich jüngst auf der Schwäbischen Alb war, beklagte ich mich bei einem Wirt: „Ich will auf der Schwäbischen Alb keine Jakobsmuscheln essen. Gibt es denn nicht einen Kalbskopf oder eine Rinderzunge in Madeira?" Da entgegnete er: „Das mag unsere Kundschaft nicht. Die wollen die große Welt erleben." Deshalb wäre die ursprüngliche Küche, die ich mache, auf dem Lande nicht zu verwirklichen. Dazu muss man in der Stadt sein. Wenn ein Koch eine Landgaststätte eröffnet, kann er das Land erst richtig abfeiern, wenn er zuvor lange in der Stadt gearbeitet hat. War er immer auf dem Land, wird er versuchen, die Stadt zu kopieren.

Wie halten Sie es mit den kunstvollen Inszenierungen des Ambientes, den befrackten, beflissenen Kellnern?

Diese Tischsitten rühren aus der Nachahmung der adligen Kultur. Deshalb ist die Restauranteinrichtung vor allem in Frankreich oft billiger Royalismus: viel Goldapplikationen, ein bisschen aufgeplüscht und aufgehübscht. Es gibt Gäste, die sich als König fühlen wollen, wenn sie ausgehen. Solche Gäste möchte ich, ehrlich gesagt, nicht beherbergen. Es ist nicht meine Aufgabe, Spießbürger und Kleinbürger, die bei einem Restaurantbesuch ihren Minderwertigkeitskomplex kompensieren wollen, zu beköstigen. Ich möchte, dass sie sich frei bewegen und sich wohlfühlen. Köche, die heute noch darauf bestehen, einen Schlemmertempel mit sakraler Aura zu führen, sind für mich Idioten. Sie haben nicht nachgedacht, worauf es im Leben wirklich ankommt. Ich kann allerdings auch nicht verstehen, wie sich jemand in den Frack wirft und nach Bayreuth fährt. Bei diesem Gebalze geht es nicht ums Genießen, da geht es manchmal um peinliche Abgrenzung nach unten.

Wird dem Essen außerhalb Deutschlands ein höherer Stellenwert beigemessen?

Es gibt einen großen Unterschied zwischen einem lateinischen und einem puritanischen Umfeld. Vor Jahren habe ich für Leute von Fiat gekocht, die von Bosch zu einem Geschäftsessen eingeladen worden waren. Als es dunkelte, wollten die Ingenieure von Bosch unbedingt mit ihren Geschäftspartnern in den Wald fahren, um sie davon zu überzeugen, wie toll ihre Lampen leuchten. Nur, die Italiener hat das überhaupt nicht interessiert; sie wollten Grappa trinken.

Im lateinisch geprägten Umfeld redet man beim Essen nur nebenbei über das Geschäft. Im puritanischen Umfeld, zum Beispiel bei den Amerikanern, denkt man dauernd an Kohle, Kohle, Kohle; nur nicht ans Essen. Ich bin überzeugt, dass viele Dinge auch in der Politik nicht zustandekommen, weil da zwei Welten aufeinandertreffen. In Deutschland ist man der Meinung, dass beim Geschäftsessen nicht zu viel Freude aufkommen darf, weil das ja vom Finanzamt abgesetzt wird und weil es dienen soll. Warum muss dienen so schmerzhaft sein? Ideal wäre, wenn beides ineinander übergeht. Arbeit könnte man ja eigentlich auch genießen.

__ *Ist Kochen für Sie Kunst oder Handwerk?*

Kunst und Handwerk ist bei mir das Gleiche. Da bin ich etwas japanisch angehaucht. Beim Kochen hat man durchaus Anflüge von Kunst, insofern etwas Beseeltes hinzu kommt, aber vor allem hat man was zum Kauen. Kunst kann man nicht erzwingen. Ich muss Lust darauf haben und die richtigen Geräte. Es macht einen Unterschied, ob ich meine Soße mit einem Plastiklöffel probieren muss oder mit einem Silberlöffel.

Es ist die Härte des Realen, die den Unterschied macht. Die Eingeweide sind nicht so innovationsfreudig, sie halten nicht viel von der hehren Kunst. Man sollte sich nicht zu weit von den eigenen Gedärmen entfernen, die wollen was Echtes haben. Das markiert die Grenzen der Kochkunst.

In der Malerei wurde irgendwann die Form aufgelöst. So etwas ist in der Kocherei auf Dauer unzulässig. Vor dreißig Jahren, in der Zeit der Nouvelle Cuisine, hat ein Kollege bei einem Silvestermenü ein rohes Kuhauge und ein rohes Kalbsohr als Amuse-Gueule (Appetithäppchen) auf den Teller platziert: „Höret, was ich euch sage, sehet, was ich euch bringe." Nur zum Essen war das nicht. In diese Richtung wäre es weitergegangen mit der Kunst. Aber das hat nicht dauerhaft funktioniert.

Koch mag insofern ein künstlerischer Beruf sein, als er sich in seiner Grundhaltung stark von der Eitelkeit speist. Es geht nicht nur um die Versorgung der Gäste, es geht in hohem Maße um das eigene Geltungsbedürfnis. Dabei können die eigenen Ansprüche extrem ausarten. Der Koch François Vatel, verantwortlich für das Festmahl zu Ehren König Ludwig XIV., stürzte sich ins Messer, weil die Fischlieferung zu spät eintraf – man kann es auch übertreiben.

Der Versuch der Perfektion im Kochen ist wichtig, aber zu erreichen ist sie nie. Deswegen sind Musiker so gute Esser; sie wissen, dass man mit Freude an die Sache rangeht und nicht mit Analytik. Das ist auch das Problem der Restaurantkritik. Analytisch funktioniert das letztendlich nicht, und objektiv schon gar nicht.

In Deutschland kommen kunstvoll hergerichtete Gerichte auf den Teller, die ihren Ursprung vergessen machen, während in Frankreich zum Beispiel Fasane mit den Krallen und Tauben mit dem Kopf serviert werden. Muss ich mich beim Essen an die lebende Kreatur erinnern, die ich gerade verspeise?

Die Leute wollen nicht mehr daran denken. Sie sind schon entnaturalisiert. Es wird viel zu wenig darüber nachgedacht, was wir in unseren Mund, in die Ohren, in die Nase und in den Mund kriegen. Unser Mund ist normalerweise ziemlich sensibel. Beim Küssen sind wir relativ anspruchsvoll, aber beim Essen lässt das plötzlich nach. Man macht sich Sorgen ums Auto, darüber, dass ja kein Wasser in den Tank kommt, mit sich selbst ist man aber nicht so fürsorglich. Ich bin kein Esoteriker, aber ich denke schon, dass es Spuren hinterlässt, wenn ich ein gequältes Tier in mich hineinschiebe. Nicht nur wegen der chemischen Inhaltsstoffe, sondern Spuren geistiger Art. Es kommen schlechte Gedanken in den Kopf.

Es gibt auch eine Tierliebe, die schon im dekadenten Bereich ist. Aber mir ist es zum Beispiel wichtig, die Schweine, aus denen ich ein Schweinskotelett mache, auf der Weide vorher anzugucken und dass der Bauer das Tier selber zum Metzger bringt, damit es keine Angst bekommt. Früher war ich diesbezüglich auch gedankenlos. Fast jeder Gourmet weiß, wie Gänse leiden müssen, bis die gute Gänseleber produziert ist. Wer sie trotzdem isst, tut sich eigentlich nichts Gutes. Klar, das kann man mal machen, als Katholik sowieso und danach beichten. Aber wenn die Gänseleber gedankenlos zu einer Gourmetroutine wird, hinterlässt das Spuren im Kopf.

Ein Bauer hat mir folgende, sehr treffende Geschichte erzählt. Als eine Frau nach der Besichtigung seiner frei laufenden Schweine meinte: „Ich kann das jetzt nicht essen", antwortete er: „Sie können nichts essen, was Sie gesehen haben? Bei mir ist es umgekehrt. Ich kann nichts essen, was ich vorher nicht gesehen habe." Es ist wie beim biblischen Opferlamm: Ich habe zugesehen, wie es abgestochen wurde, und dann esse ich es eigentlich zum Lobe Gottes, weil es mir vielleicht deshalb guttut. Das ist eine ganz andere Art zu Essen, als wenn ich in einen Hamburger beiße.

Dabei wird viel verdrängt. Wenn einer diese Natürlichkeit nicht aushält, soll er Vegetarier werden, das ist völlig in Ordnung. Aber wenn einer Fleisch isst, dann muss er es bewusst essen. Das hat auch mit innerer Haltung, mit Ethik zu tun. Nicht umsonst werden Kriege von Leuten aus der Etappe gesteuert.

Ein Koch oder eine Köchin, die beim Schlachten zugesehen hat, kocht ganz anders als eine, die Kalbsfilets mit einer Gänseleber aus einem Vakuumbeutel belegt und dann noch die Sterneküche abkocht.

Sie sind sicher schon oft mit dem Einwand konfrontiert worden, dass sich nicht alle Menschen hochwertige, ökologisch korrekte Lebensmittel leisten können …

Gutes Essen ist nicht demokratisch, sondern elitär. Aber ich kann Entscheidungen treffen wie meine zwei jungen, 23- und 24-jährigen Köche. Die besitzen sensationellerweise kein Auto, weil sie sonst anderweitig Abstriche machen müssten. Also lassen sie es mit dem Auto. Ich mache das in meiner Küche genauso. Ich finde Kaviar ganz toll, das ist wirklich ein verdammt gutes Zeug, wenn es aus einer einwandfrei geregelten Produktion stammt, aber so abartig teuer, dass ich es nicht verwende. Ich finde dafür keine Kundschaft, und das ist auch gut so. Ich lasse es einfach bleiben.

Aber die Bevölkerung ist durch die Werbung malträtiert. Wenn man zum Beispiel Spaghetti kochen möchte: Die guten Spaghetti sind doppelt so teuer, aber eben auch doppelt so gut. Dann geht es weiter mit den Tomaten. Da greifen wir auch zu irgendeinem Surrogat, weil die frischen Tomaten im Winter so teuer sind, anstatt es lieber gleich ganz sein zu lassen.

— *Ist der Einfluss der Werbung auf unsere Ernährungsgewohnheiten wirklich so groß?*

Wer Werbefernsehen sieht, ist im Unterbewusstsein so beeinflusst, dass er zur Beute der Betrügereien in der Landwirtschaft und der Lebensmittelindustrie werden kann. Dort ist unglaublich viel Geld im Umlauf. Wir leben in einer Diktatur der Werbebranche und der Industrieinteressen. Das fängt schon im Kindergarten an. Wir haben inzwischen sogar ein Schulsystem, das meiner Ansicht nach das angepasste Herdentier fördert. Je mehr von Individualgesellschaft geredet wird, um so heftiger läuft es umgekehrt. Die Jugendlichen von heute sind fast alle aus dem gleichen Reagenzglas. Kinder sind Nachahmer; aber leider wird ihnen immer weniger Nachahmenswertes angeboten.

Wenn man Massen leiten will, muss man darauf achten, dass sie nicht genießen, weil genießen frei macht. Auf Kuba gibt es keinen Fisch zu essen, weil es nicht gerecht ist, dass die im Inneren des Landes keinen haben. Wenn jetzt die Kubaner anfangen würden zu angeln, dann wären sie schon in einem Individualbereich, den eine Diktatur nicht zulassen kann.

Auch Religionen sind für mich eine Form der Freiheitsberaubung. Ich halte es da eher mit dem Kant'schen kategorischen Imperativ: So wie einem niemand auf den Keks gehen soll, plagt man die anderen nicht mit dem eigenen Käse.

— *Gibt es für Sie Tabus in der Küche?*

Zunächst gibt es ein Tabu bei den Nahrungsmitteln. Dass Tiere gequält werden, ist absolut tabu. Jeder Ersatzstoff ist verboten, sodann die Rationalisierung – dieses Zauberwort! Alles, was ich in der Gastronomie rationalisiere, ist nicht mehr so schön wie vorher. Wir arbeiten in der Küche nicht nach den Gesichtspunkten der Industrie.

— *Sehen Sie einen Fortschritt in der Kochkunst oder gibt es nur eine Mode nach der anderen?*

Es gibt einen Fortschritt durch bessere Küchengeräte, bessere Lebensmittel und aufgeklärte Genießer. Um eine Geflügelfarce herzustellen, hantiere ich heute nicht mehr umständlich mit Geflügelschere und Mörser, sondern benutze einen

Cutter. Wir haben einen Fortschritt durch Technik, keine Frage. Die Frage ist eher, wann ich mit dem Fortschritt aufhöre. Schauen Sie sich den Kombidämpfer der Firma Rational an – die heißt auch noch so! Da gibt es eine Taste, die sich „Chefhelper" nennt; wenn Sie die drücken macht es „pssssst". Ein Computerprogramm steuert die Dampfzufuhr, die richtige Hitze, die Zeit und so weiter. Der Koch weiß überhaupt nicht mehr, warum und wie etwas perfekt gegart werden kann. Ich bin ein eher altmodischer Koch. Ich koche wie vor hundert Jahren mit viel Tastsinn.

Wenn ich die Möglichkeit habe, das Beste zu verarbeiten, dann ist das schon ein Glück. Dann fange ich an, das Material zu verändern, es mundgerecht aufzubereiten. Ein richtig guter Blumenkohl ist schon was Gutes, aber roh gegessen ziemlich witzlos. Also muss ich ihn in einen anderen Aggregatzustand versetzen, dann verträgt er sich mit einer Prise Muskat und so weiter. Dabei kann man – wie in der Musik – in rauschhafte Zustände geraten. Viele beklagen die lange Arbeitszeit des Kochs. Aber ich empfinde diese Zeit als beglückend. Ich bin allerdings in einer ganz anderen Zeit, als wenn ich fremdbestimmt an einer Maschine arbeiten müsste.

Nach meiner Lehrzeit habe ich gemeint, ich könnte alles beherrschen. Aber Kochen ist in einem Leben nicht zu erlernen. Das Problem ist, dass man durch die Niederungen des stumpfen Basishandwerks hindurch muss, um den Kopf für andere Sachen freizukriegen wie: die Geschichte des Kochens, Ernährungslehre, Zukunft, Gastlichkeit. Weil ich einfach mehr weiß, interessiert mich der Beruf heute mehr als vor zwanzig Jahren. Und je mehr man weiß, umso mehr weiß man auch, was man nicht weiß, und es wird immer spannender. Deswegen kann ich mir auch nicht mehr als fünf Stunden Schlaf pro Tag leisten.

— Welche Rolle spielt für Sie das normale Alltagskochen?

Hausfrauenkochen wäre für mich furchtbar. Ich bin es gewohnt, in einem Räderwerk von Mitarbeitern zu agieren. Während ich mich der Fischsoße widme, grillt ein Mitarbeiter den Fisch, ein anderer erwärmt den Spargel, vorn steht einer und fragt nach den Salzkartoffeln. Das funktioniert wie in einem Präzisionsuhrwerk – und schafft absolute Glücksgefühle. Zu zweit kann man sechs Personen ganz gut bekochen, alleine braucht es eine mords Logistik. Vor einem halben Jahr habe ich meiner Frau nach 38 Ehejahren zum ersten Mal auf dem eigenen Herd ein Spiegelei gebraten, vorher hatten wir nur eine mobile Herdplatte. Mit 60 Jahren die erste Küche; mit Induktionsherd und Gemüsedämpfer, den wir leider noch nicht richtig beherrschen. Das ist ein solches Computergelumpe, dass wir mit der Gebrauchsanweisung jedes Mal fast am Ehekrach entlangschreddern.

Beim Essen spielen der Geschmackssinn, der Geruchssinn, der Tastsinn, aber auch das Sehen eine große Rolle. Wie beurteilen Sie das Verhältnis von Sehen — und Schmecken?

Von allen Sinnen ist der Sehsinn der korrupteste. Das ist ein großes Unglück. Wir sind mittlerweile durchs Fernsehen solche Augenmenschen geworden, dass man uns leicht mit Dingen betrügen kann, die auf die Zunge kommen. Und wir leben in der Diktatur der Foodfotografen. Alles ist auf maximale visuelle Wirkung ausgerichtet. Zwar gibt es auch Gegenbewegungen, das Essen im Dunkeln, im Darkroom, das vermutlich ganz eigene Welten wieder eröffnet, weil man sich besser aufs Riechen und Schmecken konzentriert. Die sinnliche Ausstattung hat man wahrscheinlich schon als Kind, aber das richtige Schmecken, das muss letztendlich gelernt werden. Alle behaupten zwar, das hätte man in den Genen, aber das stimmt nicht. Keiner wird bezweifeln, dass ein Bier, wenn es natürlich gut gebraut ist, gut schmecken kann, aber das erste Bier schmeckt nie, der erste Schnaps auch nicht.

__ *Der Hörsinn scheint beim Essen die geringste Rolle zu spielen, wenn man mal vom Knackgeräusch beim Biss in ein Wiener Würstchen absieht.*

Noch schlimmer sind Cornflakes. Beim Essen von Cornflakes herrscht im Innenohr ein größerer Lärm, als wenn Sie einen Düsenjäger über sich hinwegbrausen hören. Aber zurück zu Ihrer Frage. Ich glaube, bei einem guten Essen müssen nicht immer alle Sinne bedient werden. Wenn ich zum Beispiel Essen mit Musik genieße, dann ist ein gewisser Teil des Gehirns schon mit der Musik beschäftigt. In unserem Restaurant spielt keine Musik. Genießen ist schon ein Gesamtheitserlebnis, aber: Ich kann kochen, was und so gut ich will, wenn ein Ehepaar am Tisch Krach kriegt, schmeckt denen nichts mehr.

__ *Sie sagten zu Beginn, dass ein gutes Leben eines sei, das Sie selbst bestimmen können. Haben Sie dabei ans Kochen oder ans Essen gedacht?*

Da habe ich in erster Linie ans Kochen gedacht, aber auch ans Essen und an die Siesta; die gehört dazu. Es ist für mich das große Glück, dass ich jetzt kochen kann, was ich mag. Das war nicht immer so. In jungen Jahren musste ich auch das kochen, was die Kundschaft verlangte. Den Spieß umzudrehen braucht einen langen Atem. Ich koche jetzt das, was *mir* schmeckt, und weil ich ein großes Herz habe, esse ich nicht alles selber, sondern gebe davon ab. Das würde auch meine Möglichkeiten übersteigen, obwohl die schon ganz beachtlich sind. Wer Gefallen daran findet, bleibt da, und wer nicht, der geht.

Ich habe erst im fortgeschrittenen Alter festgestellt, dass solche Konsequenz nicht existenzbedrohend ist. Es geht gar nicht so übel aus, wenn man eine eigene Meinung hat. Das ständige Schielen nach der Masse, danach, was die wollen und verlangen, ist furchtbar. Das merkt man ja beim Fernsehen. Dauernd ruft mich ein Journalist an und fragt nach dem neuesten Trend. Das ist mir so wurst wie nur etwas.

__ *Kant soll gesagt haben: „Gut Essen und Trinken ist die wahre Metaphysik des Lebens."*

Das hat Kant gesagt? Ein starker Spruch. Aber bei diesem Hardcore-Philosophen fehlt irgendwo das weibliche Element.

Das Weibliche ist Ihnen unverzichtbar?

Ja! Restaurants, die nur von Männern betrieben werden, sind meistens zu rational, zu kalt, zu erfolgsorientiert, zu vernünftig. Und wenn es keine Frauen gäbe, hätten wir sehr wenig Gäste. Frauen treiben die Männer hier rein. Sie haben ein besseres Gespür dafür, worauf es letztendlich ankommt.

Wenn Sie eine „Kritik der kulinarischen Vernunft" schreiben müssten, wie würde Ihr erster Satz lauten?

Das ist ganz einfach: „Koche und esse nicht über deine Verhältnisse." Wenn man sich das jeden Tag zweimal sagt, dann würde man sich auch darum kümmern, was die eigenen Verhältnisse sind. Dann wäre das Leben gut. Aber wir leben in einer Gesellschaft, in der dem Arzt eingeredet wird, er müsste längst Professor sein, dem Müllwerker, er müsste ein Gewerkschaftsvorsitzender sein, und in der zum Koch gesagt wird, du müsstest längst im Fernsehen sein. Ich kenne einen Schuhmacher, der mit Freude und großem Verstand begeisterter Schuhmacher ist – ein glücklicher Mensch.

Anstelle eines Rezepts

Polina litt jahrelang. Das Geschrei von Giovanni war bald nicht mehr zu ertragen. Sie kochte Ragù der feinsten Art, Hackfleischsoße mit Thymian, Rosmarin, den reifsten Tomaten. Giovanni maulte, egal wie gut die Soße war: „Bei meiner Mama hat das anders geschmeckt!" Jedenfalls, mit der verdammten Soße war es ein ständiges Crescendo der Unzufriedenheit.

Polina war durch jahrelanges Soßenkochen, ohne dass die Gunst des Mannes zu erlangen gewesen wäre, unverhältnismäßig gealtert und hatte sogar ihre „bella figura" vor Kummer drangegeben. Eines Tages war es dann so weit. Die Soße war angebrannt und Polina blieb ganz cool. Scheißegal war ihr das. Giovanni probierte das schwarzgekokelte Gematsche und seine Miene geriet in Verzückung. „Polina!, endlich, ah welche Jugenderinnerung. So hat sie geschmeckt bei meiner Mutter, so hat Mama diese Soße immer gekocht!"

Maxim Biller

„Ich, sagt ihr immer nur, ich – ich – ich!“

„Als sie auf die Autobahn kamen, trat die Dämmerung mit einem einzigen großen Schritt zurück, alles Dunkle schob sich nach oben, die Wolken wurden in ein noch dichteres Schwarz, Blau und Braun getaucht, und dafür erschien am Horizont, in einem endlosen schmalen Streifen, ein silbern strahlendes Licht. Motti lächelte, und seine Lippen zitterten dabei ganz leicht. Er mußte - seit damals zum ersten Mal - an die rasanten Sonnenaufgänge im Negev denken, die ihn während seiner Rekrutenzeit jedesmal wieder überrascht hatten, und obwohl er wußte, daß es vollkommener Unsinn war, wartete er nun darauf, daß der Lichtstreifen sich gleich langsam von unten rot zu verfärben begann, er wartete auf die Rufe der anderen, er wartete auf die Befehle der Offiziere und auf das Rattern der schweren Tankmotoren. Dann sah er, immer noch lächelnd, auf die Uhr. Es war halb fünf. Sonntags, das wußte er noch, ging der letzte El-Al-Flug immer abends um sechs...“ (Die Tochter, Seite 86)

Der Individualismus ist heute nichts anderes als Uniformität. Es existiert ein Scheinindividualismus, der sich zum Beispiel im Freizeitverhalten äußert. Schauen Sie sich an, wie die Leute sich selbst verwirklichen: Tai-Chi-Kurse, Reisen nach Thailand, Malkurse... Das liegt alles außerhalb des Bereichs, der gesellschaftlich und politisch wichtig ist. Überall dort aber, wo es wirklich um Entscheidungen geht, politische, gesellschaftliche, wirtschaftliche, herrscht ein absoluter Kadavergehorsam, eine absolute Uniformität und Jasagerei – mehr als sicherlich noch vor 20 Jahren. Die angeblich neue Jugend Deutschlands: Einer ist gleicher als der andere. Dabei sind es lauter Narzissten, die glauben, dass sie alle etwas ganz Besonderes, Spezielles und Einzigartiges darstellen.

„Ein paar Kilometer weiter wandte sich Motti noch einmal um, weil er sehen wollte, ob sich hoch oben an dem wie mit Schiefer bedeckten Abendhimmel als letzter Gruß vielleicht die hellorangefarbenen Lichter der Stadt spiegelten, die er nun für immer verließ, aber da war nichts, gar nichts, und das war ihm dann auch egal... Er würde, fiel ihm plötzlich ein, einfach eine Rechnung aufmachen. Das war doch eine Idee! Er würde auf der einen Seite alles Gute, das ihm hier widerfahren war, auflisten, auf der anderen Seite alles Schlechte, und dann würde er das eine vom anderen abziehen, und das, was zum Schluß übrigbliebe, wäre das Ergebnis dieser Zeit. Ja, genau das würde er tun, das war genau die richtige Art, Abschied zu nehmen.“ (Die Tochter, Seite 89)

Eine der Grundsubstanzen der menschlichen Seele ist die Angst. Für sich allein zu stehen, ist die am weitesten verbreitete gesellschaftliche Angst. Die meisten haben das Gefühl, dass sie im öffentlichen Auftreten, im Auftreten mit Freunden, im Beruf, nicht gut genug sind. Das heißt, dass sie immer nach Geborgenheit in einer Gruppe suchen, weil die Gruppe hilft, durchzukommen.

„Und das Schlechte? Was war das Schlechte gewesen an dieser nun endlich zu Ende gehenden Zeit?“ (Die Tochter, Seite 91)

Wir haben immer den Konflikt zwischen dem Einzelnen, der oft genug bereits in der Kindheit seelisch gebrochen wird, und der Gruppe. Die meisten lernen schon im Kindergarten, dass sie nur eine Nummer sind, und zwar nicht nur in totalitären Systemen, sondern auch in einem Land wie der Bundesrepublik. Wir haben auf der einen Seite die uniformierte Gruppe und auf der anderen Seite den Einzelnen, und wir haben den Konflikt zwischen beiden. In totalitären Systemen, wie es die Sowjetunion oder die Tschechoslowakei gewesen sind, war das einfacher zu durchschauen, aber es kostete auch viel mehr Kraft, dagegen anzukommen. Dieser Konflikt zwischen dem Menschen, der unbedingt er selbst bleiben möchte, und der Masse verdichtet sich bei Künstlern besonders stark.

„Nein, er war kein Student, er war es nie geworden, aber zu Hause hätte er sich bestimmt früher oder später für etwas eingeschrieben, schon weil seine Eltern so lange auf ihn eingeredet hätten, bis er nachgegeben hätte. Doch hier hatte es niemanden interessiert, was er tat, zumindest hatte Sofie ihn nie danach gefragt, ob er glücklich war mit seinem Laden oder ob er lieber etwas anderes machen würde, so wie sie auch sonst nie Fragen stellte.“ (Die Tochter, Seite 92)

Ich bin extrem freiheitsliebend und halte es nicht aus, wenn man mich beherrschen will, wenn man mir sagen will, wie ich etwas zu machen habe. Wenn man mich aber lässt, dann sehe ich vieles schon von selbst ein. Ich bin dann sehr viel vernünftiger, kann auf die Bedürfnisse des anderen eingehen und fühle mich in meinem Individualismus, der dem Freiheitsdrang gleichzusetzen ist, nicht eingeschränkt. Ich habe auch nicht diese Angst, als Einzelner dazustehen, weil ich glaube, dass ich genug Fähigkeiten habe, mich zu behaupten. Ich muss die Worte eines anderen Menschen nicht fürchten. Ich muss den anderen nur fürchten, wenn er mich körperlich verletzen will – ansonsten kann ich mich einfach umdrehen und weggehen.

„Als er dann in der Gemeinde anfing, bei der Sicherheit, schien es für sie ebenfalls das Selbstverständlichste auf der Welt zu sein, daß er sich gerade für diese Arbeit entschieden hatte. Wieder stand er stundenlang wie ein nutzloser Dummkopf herum, er hörte seinen Kollegen dabei zu, wie sie sich über Basketball, die Armee und ihre deutschen Frauen unterhielten, er machte den alten Polinnen und Polen stumm die Sicherheitsschleuse auf und versuchte ohne Erfolg mit ihren

verzogenen und zugleich so seltsam in sich gekehrten, depressiven Kindern ins Gespräch zu kommen, und nur wenn irgendein fremder Deutscher auftauchte, der ins Gemeinderestaurant im dritten Stock wollte, wurde Mottis Arbeit für ein paar Minuten interessant. Er fragte ihn aus wie beim Securitycheck am Flughafen, er wollte wissen, von wem er käme und zu wem er wollte, er erkundigte sich grob, obwohl er das nicht sollte und auch nicht durfte, nach seinem Wohnsitz und Beruf. Am meisten gefiel ihm, wie ängstlich und bereitwillig ihm die Leute antworteten, und genau das war es zugleich auch, was er daran so haßte."

(DIE TOCHTER, Seite 92 / 93)

Was ich hasse, ist Stolz. Stolz ist die Untugend der Ängstlichen, der Feigen, die einfach nichts haben, außer sagen zu können: Du hast meine Mutter beleidigt. Ich bin nicht stolz, ich führe keinen Kampf, den ich nicht führen muss. Ich habe kein Konkurrenzgefühl. Es macht mich nicht unsicher, dass ich Fehler mache. Aber das können sich nur die leisten, die, warum auch immer, denken, sie seien stark.

„Später, viel später, als er anfing Religionsunterricht zu geben, war es so ähnlich gewesen: Die meisten seiner Schülerinnen legten, auch wenn er mit manchen von ihnen jahrelang lernte, nie ihre beklemmende Unsicherheit ab, sie hatten Angst zu versagen, die verrückten Streberinnen genauso wie die, die alles nur wegen ihrer jüdischen Männer auf sich nahmen. Egal wie viel sie über die Feiertage, die Gebete, die Rolle der Frau erfuhren, egal wie fundiert im Lauf der Zeit ihre Kenntnisse wurden – sie blieben auf immer eingeschüchtert von dieser neuen Welt, die sie doch unbedingt betreten wollten, sie erschien ihnen ebenso dunkel und abweisend wie das betongraue, häßliche Gebäude der Gemeinde in der Reichenbachstraße all jenen vorkam, die irgendwann zum allerersten Mal davor standen und von einem herablassenden Wichtigtuer wie ihm ins Kreuzverhör genommen wurden." (DIE TOCHTER, Seite 93)

Es wird gesagt, und das ist nicht ganz falsch, dass die Deutschen eine verspätete Nation seien. Damit ist gemeint, dass sie die Früchte der Zivilisation noch nicht wirklich probiert haben.

„Vielleicht, dachte er, hatten ja darum so viele von seinen Schülerinnen mit ihm geschlafen, weil sie glaubten, auf diese Weise würden sich für sie alle Rätsel lösen. Sie hatten es natürlich niemals zugegeben, aber das lag bestimmt nicht daran, daß es ihnen nicht bewußt gewesen wäre – es hatte, das wurde ihm nun klar, einzig und allein damit zu tun, daß in Sofies Totenland, wo man sich vor lauter Scheu und Rücksichtnahme gegenseitig immer nur schonte, selten das gesagt wurde, was wirklich war." (DIE TOCHTER, Seite 93)

Da die Menschen erst einmal ungeschlacht sind, haben viele Kulturen gelernt, durch Formen miteinander so zu kommunizieren, dass man den anderen nicht fürchten muss. Wenn sich zum Beispiel jemand in Frankreich in einer Wirtschaft von Ihrem Tisch einen Stuhl holt, dann fragt er Sie. In Deutschland fragt man Sie sehr oft nicht. Man nimmt ihn sich einfach. Warum? Man könnte sagen, weil man schlecht erzogen ist. Was steht aber hinter einer schlechten Erziehung? Die Furcht, einen Fremden ansprechen zu müssen. Das heißt, die Zivilisation hilft einem Franzosen zu fragen, und sofort ist ein Kontakt zwischen Menschen da, der hilft, die Angst zu überwinden. Alle Menschen haben Angst. Nur – in anderen Kulturen haben die Menschen gelernt, damit umzugehen.

„Ach, Sofie – immer wollte sie ihre Ruhe haben, das war das einzige, was sie interessierte. Sie wollte bloß keinen Ärger, sie hatte, wie sie fand, mit ihrem eigenen Leben Probleme genug, und wenn sie sich auch noch mit seinen Sorgen hätte beschäftigen müssen, wäre der Streß für sie zu groß gewesen. Streß. Streß! Wie sehr haßte Motti dieses Wort. Immer war alles Streß für Sofie, Studieren war Streß, Arbeit war Streß, Erkältungen waren Streß, Wegfahren war Streß, Zurückkommen war Streß, Erwartungen waren Streß, Ausgehen war Streß, Reden war Streß, Erziehen war Streß, mehr als zwei Leute an einem Tisch waren Streß. Wäre sie ihm jetzt nicht so fremd und gleichgültig gewesen, dann hätte er sie bestimmt gefragt, ob Liebe für sie eigentlich auch Streß sei.“ (**Die Tochter**, Seite 263 / 264)

Deutsche Eltern sind sehr hart zu ihren Kindern. Wie soll sich jemand mit einem Fremden wohl fühlen, der sich schon vor seinen Nächsten unwohl fühlt? Die Entwicklung des eigenen Ichs beginnt mit dem ersten Tag, in der allerersten Minute. Kinder sollten mehr dazu erzogen werden, sie selbst zu sein.

In unserer Familie wurde ständig laut geredet und alles durchdiskutiert. Niemand hatte das Gefühl, dass er vernichtet wird, bloß weil man nicht seiner Meinung war. Jeder wusste, dass er geliebt wird. Öffentliche Diskussionen sind in Deutschland so schwer zu führen, weil die Leute immer gleich furchtbar beleidigt sind. Die verstehen nicht, dass man leidenschaftlich für etwas eintreten kann und trotzdem den, den man angreift, interessant oder nett oder was auch immer finden kann. In einer jüdischen Familie ist es sehr oft so, dass die Fetzen fliegen, und man trotzdem zusammenhält. Ich möchte es nicht idealisieren, weil jede Familie ein Sauhaufen ist, aber man lernt, scharf zu sein, und ist nicht bei jeder Kleinigkeit beleidigt. Das ist Stärke. Das ist die Stärke des Ichs – zu wissen, dass man geliebt wird.

„... hier war doch immer allen alles egal, jeder ließ den anderen machen, was er wollte, damit man ihm selbst auch nie etwas verbieten konnte, Kinder und Eltern, Frauen und Männer, jeder war immer nur mit sich selbst beschäftigt, jeder dachte immer nur über sich selbst nach, und vielleicht redeten sie in Wahrheit hier deshalb miteinander so wenig, vielleicht herrschte hier deshalb diese ewige Stille, ja, genau, ganz genau, das war es, diese Stille, die unendliche, kalte Stille, ja, das war es, was am Ende unter dem Strich bei seiner Abschiedsrechnung übrigbleiben würde, was denn sonst...“ (**Die Tochter**, Seite 95)

Ich weiß oft genug, dass ich mich schrecklich benehme. Ich finde das meiste von dem, was ich geschrieben habe, nicht besonders gut, aber ich bin trotzdem ich. Wenn es jemanden gibt, der immer derselbe ist, dann bin ich es. Ich bin, seit ich drei Jahre alt bin, immer derselbe geblieben. Ich kenne niemanden, der sich so wenig verändert hat, wie ich selbst, und ich bin auch nicht der Meinung, dass der Satz „nur wer sich ändert, bleibt sich treu" ein kluger Satz ist. Ich halte das für den größten Schwachsinn, weil es bedeutet, dass man Fehler machen darf. Und wenn man davon ausgeht, dass man Fehler machen darf, dann muss man sich nie richtig benehmen, dann kann man immer sagen, ich habe etwas dazugelernt. Was moralische Fragen angeht, muss man immer richtig handeln, schon als Achtzehnjähriger. Jeder Mensch merkt, wenn neben ihm Unrecht passiert – das merkt man schon auf dem Schulhof. Man weiß immer, wenn etwas richtig oder wenn etwas falsch ist. Für mich war die Freude über die Opfer des RAF-Terrorismus in den 70ern sehr prägend. Wie kann man sich freuen, wenn Schleyer ermordet wird?

„Wer glücklich sein will, du protestantische Besserwisserin, braucht vielleicht gar keinen tieferen Grund für seine Handlungen zu kennen, der will und muß immer alles nur gut und richtig machen, ganz allein, ohne Gott, und das sollte dir eigentlich viel klarer sein als mir." (DIE TOCHTER, Seite 284)

Viele freuen sich wirklich daran, wenn es jemandem schlecht geht. So gesehen ist die spießige Gesellschaft auch ganz gut dafür, die Bestien ein bisschen zu vermenschlichen. Die Kollektivierung des Individuums hat den Vorteil, dass die Bestien Regeln befolgen. Was sich so im Laufe der Jahrtausende zurecht gerüttelt hat, nenne ich Bürgerlichkeit – dass Leute auf der Straße dem anderen nicht einfach die Jacke ausziehen, weil sie diese gerade haben wollen.

Individualität heißt ja nicht nur, ein großer genialer Künstler zu sein. Ein Pausenhofrowdy, der alle kleinen Jungs verprügelt, oder ein Skinhead sind genauso individuell. Die Art von Kollektiv, in der wir leben, sorgt zumindest dafür, dass es hier halbwegs friedlich zugeht, aber der Preis, den wir dafür bezahlen, ist der einer irrsinnigen Langeweile.

„Sie wollte Jüdin werden – das hatte sie öfters gesagt –, damit wir eine Familie gründen konnten, und so hatte sie die Konversion mit derselben zweckorientierten Zielstrebigkeit betrieben, mit der sie als Späteinsteigerin ihr Studium absolviert oder sich beim Bayerischen Rundfunk durchgesetzt hatte. Ich aber wollte, daß sie Jüdin wird, damit sie keine Deutsche mehr sein kann, ich wollte, daß sie endlich aufhört, ihr ganzes Leben als Kampf zu betrachten, ich wollte, daß sie mehr ist als eine zwanghafte Alltagsmaschine, die regelmäßig unter den selbstgesteckten Ansprüchen winselnd zusammenbricht, ich wollte, daß sie ihre verfluchten Schlaftabletten wegwirft, die sie seit Jahren hortete, um jederzeit aussteigen zu können, wie sie es ausdrückte, ich wollte, daß sie nie wieder ‚Und tschüs' sagt und ‚Laß man lieber', ich wollte, daß sie nicht immer nur Liebe erwartet, sondern auch gibt." (DIE TOCHTER, Seite 403)

Das Leben eines Menschen besteht eigentlich aus nichts anderem als aus schönen und schlechten Erfahrungen. Auch ein Volk hat gute und schlechte Erfahrungen und entwickelt sich allmählich. Wenn man die Deutschen mit einem Mann von fünfzig Jahren vergleichen würde, würde man sagen: Der ist eigentlich schon fertig, der wird sich nicht mehr ändern. Wenn wir zum Beispiel die Situation betrachten, in der die Ausländer in Deutschland heute sind, dann muss man sagen, dass die Deutschen aus ihrer Geschichte sowohl gelernt als auch nicht gelernt haben.

Die Deutschen verhalten sich wie jedes andere Volk, das sich moralisch beschmutzt hat. Aber, und da muss ich leider ganz klischeehaft eine Floskel wiederholen: Mit deutscher Gründlichkeit bereuen sie auch ihre Taten. Es hat sich noch nie ein Volk so sehr mit den eigenen Taten beschäftigt, und wenn man ganz böse ist, kann man sagen, dass die Deutschen ihre bösen Taten lieben. Ich erinnere mich an Bilder von Inseln, auf denen Atombomben gezündet worden waren. Irgendwann begannen dort wieder Blumen zu wachsen. Darüber schreibe ich: Ist Deutschland wie eine dieser Inseln? Ich habe zehn Jahre lang über die Deutschen geschrieben, weil ich gehofft habe, sie werden sich ändern, aber sie werden sich einfach nicht ändern. Es ist nach wie vor schwer, in Deutschland ein Ausländer zu sein, weil die Deutschen nichts von Ausländern lernen wollen. Man hält einen Ausländer einfach nicht aus, weil er anders ist oder einen verunsichert, weil man Angst vor ihm hat.

Die Deutschen werden immer ein Problem haben, weil sie immer noch nicht bei sich angekommen sind. Die Deutschen sind einfach immer noch fremd in der Welt, weil sie zu spät angefangen haben, das zu machen, was die anderen gemacht haben: die richtigen Bücher zu schreiben und zu lesen, das richtige Essen zu kochen ...

„Dann nahm sie mein Gesicht in ihre Hände und küßte mich lange und zart auf den Mund, und ich dachte, mein Gott, sie hat gar nichts verstanden. Ich küßte sie auch, und auf einmal kam ich mir wie Motti vor - wirklich, genau wie er -, denn mir wurde in diesem Moment klar, daß ich nie mehr aus Deutschland wegkommen würde." (Die Tochter, Seite 401)

Ich will einfach zu Hause sein. Wäre ich in Deutschland geboren und wüsste nicht, dass ich Jude bin, hätte ich die ganze Zeit irgendwelche schwäbischen Geschichten geschrieben oder was auch immer. Vielleicht hätte ich dann auch das Problem, nicht verstanden zu werden. Aber das wäre mehr das Problem, dass der Prophet im eigenen Land nichts gilt, ein Gefühl von Einsamkeit. Aber weil ich mit zehn Jahren aus der Tschechoslowakei nach Deutschland gekommen bin, weil ich Jude bin und so weiter, weil ich anders schreibe als die meisten deutschen Autoren, entsteht das Gefühl, unbeachtet und heimatlos zu sein.

„Sie hörte auf zu schreiben, für zwei, drei Sekunden hielt sie den Füller regungslos in der Luft, dann drückte sie ihn wieder auf das Papier, und die Sätze flogen

noch schneller als zuvor dahin. ‚Wie jeder, der keinen Ort seinen Ort nennen kann‘, schrieb sie, ‚hört er nie auf, nach ihm zu suchen. Sein Ort ist das Wort.‘“

(DIE TOCHTER, Seite 345 / 346)

Das Schreiben ist bei mir ein physiologischer Vorgang. Wenn ich nicht schreibe, dann geht es mir nicht gut, und wenn ich schreibe, dann geht es mir auch nicht gut. Das ist bei mir eine Droge, eine Sucht – keine besonders angenehme Sucht. Ich bin komplett unreligiös, aber ich stelle mir jemanden vor, der jeden Tag zum Gottesdienst geht und hofft, dass er eines Tages in der Kirche einmal Gott hören wird. So ist es mit dem Schreiben: Ich setze mich hin und hoffe, dass ich eines Tages plötzlich befreit werde oder glücklich werde oder was auch immer.

„So also fing meine Motti-Geschichte an, damals, als ich Marie noch gar nicht kannte, an diesem viel zu warmen Münchener Februarmorgen. Sie war plötzlich in meinem Kopf, so klar wie ein Bild, das ich seit Ewigkeiten kannte, aber kurz darauf vergaß ich sie wieder, weil die Zeit für sie noch nicht reif war, und ich erinnerte mich erst an sie, als ich in dieser schlecht beleuchteten, nach Bier und Desinfektionsmitteln riechenden Bahnhofskneipe Motti beim Essen gegenübersaß und im Geist seine wirren Worte zu meinen eigenen, klareren Worten machte.“

(DIE TOCHTER, Seite 408)

Wenn ich schreibe, spielt der Andere überhaupt keine Rolle. Ich habe fünf Jahre lang an dem Roman *Die Tochter* geschrieben und kein Mensch hat gewusst, was ich tue. Das hat nichts mit Aberglauben zu tun. Wenn ich jemand anderem von einer Geschichte erzähle, dann entweicht für mich selbst das Geheimnis dieser Geschichte, so dass ich sie dann nicht mehr weiter erzählen will. Wenn Sie so wollen, erzähle ich eher mir selbst.

Als nicht typisch deutscher Schriftsteller – obwohl ich deutsch schreibe – würde ich gerne viel besser von meinem Publikum oder von dem Land, in dem ich lebe, verstanden werden. Erstens weil es schön ist, und zweitens damit ich wiederum eine Anregung bekomme, damit etwas zurückkommt. Wenn Sie sich die Rezensionen meiner Bücher anschauen, sind die bis auf ein paar Ausnahmen so ähnlich wie die deutsche Berichterstattung aus dem Nahen Osten. Was die Medien betrifft, muss ich sagen: Das ist eine enttäuschte Liebe, die ich erlebe.

Reinhold Messner

Der Grenzgang beginnt im Kopf

Sie geben einem philosophischen Journal ein Interview: Was ist Ihre Philosophie als Grenzgänger?

Im Großen und Ganzen habe ich keine Philosophie. Ich bin kein Philosoph oder philosophisch gebildeter Mensch. Ich habe dann und wann philosophische Texte gelesen – aber nicht systematisch, das heißt ich kenne die Geschichte der Philosophie nicht. Aber ich habe eine ganz klare Lebenshaltung, ich habe meine Erfahrungen gemacht, und auf meinen Erfahrungen beruht im Großen und Ganzen mein Weltbild.

Nach Karl Jaspers können Grenzsituationen dazu dienen, dass der Mensch sich seiner Einsamkeit und Fragwürdigkeit bewusst wird und in Freiheit den Sprung von möglicher zu wirklicher Existenz wagt. Ist es diese Bewusst- und Wirklichkeitswerdung, die Sie in Ihren Grenzgängen suchen?

Ich gebe ihm insofern recht, als er sagt, wir werden uns unserer Zerbrechlichkeit, unserer Begrenztheit bewusst. Das ist der Grund des Grenzgehens. Im Grenzgehen komme ich nicht nur an die Grenze dessen, was ich machen kann, sondern ich stelle vor allem fest, was ich alles nicht machen kann. Die Grenzgänge sind nicht notwendig fürs praktische Leben, sie sind nur eine Spielmöglichkeit – eine Möglichkeit, zu uns selber zu kommen.

Suchen Sie dabei so etwas wie die „Wahrheit"?

Es gibt keine objektive Wahrheit, denn sonst gäbe es auch Gott. Die objektive Wahrheit wäre der einzige Gottesbeweis, den ich mir vorstellen könnte. Aber subjektive Wahrheiten gibt es nach meiner Ansicht. Ich empfinde in einem bestimmten Moment bei einer bestimmten Erfahrung, das ist wahr, das ist die Wirklichkeit. Das heißt Wahrheit und Wirklichkeit werden identisch. Aber das gilt nur subjektiv. Andererseits stellt sich mir bei diesen Wahrheiten die Frage nicht so, weil ich die Wahrheit mit meinem Körper finde und nicht nur mit dem Kopf. Ich selbst bin dann die Wahrheit, mit meinen Haarwurzeln, mit meinen Muskeln, mit meinem Dasein. Dann hört ja auch die Philosophie auf. Es gibt keine Frage mehr, weil ich die Antwort bin. Das passiert mir aber im Grunde nur, wenn ich völlig in einer Sache, zum Beispiel dem konzentrierten Klettern, aufgehe und nicht mehr die Zeit habe zu fragen und auch nicht mehr frei bin zu fragen. Nur wenn ich hier sitze, kann ich Fragen stellen. Unterwegs aber, beim Tun, kann ich keine Frage mehr stellen. Es ist dann nicht mehr nötig zu fragen, weil ich die lebendige Antwort bin.

Kann man diesen Zustand des „Nicht-mehr-Fragens" auch durch „geistige Arbeit" — oder Meditation erreichen?

Bei Meditation bin ich eher etwas skeptisch, das ist eine uns aufgesetzte Tätigkeit. Aber bei intensiver geistiger Arbeit – ja. Das ist im Grunde Meditation. Ich kann nur in einer Sache aufgehen, wenn ich vorher alles andere vergessen habe und für diese eine Sache leer geworden bin. Und wenn ich völlig in der Sache aufgehe, wie ein Kind beim Spielen, dann meditiere ich. Wenn ich aber bewusst und gewollt dasitze und meditiere, ist es schon nicht mehr Meditation.

— *Ist dann der Grenzgang ein Weg zur Meditation?*

Der Grenzgang ist nur eine von unendlich vielen Möglichkeiten, zu diesem Flow-Zustand zu kommen, sich in einer Sache zu verlieren. Aber das ist nicht das Ziel, sondern das kommt dabei heraus. Ich mache den Grenzgang aus ganz anderen Gründen.

Einfach um der Tätigkeit willen, oder um zu diesem Gefühl, dieser vollen Konzen- — tration zu kommen?

Einfach um der Tätigkeit willen. Sonst kann ich auch auf meinem Bauernhof Holz hacken. Und dieser Zustand ist beim Holzhacken eben leichter zu erreichen als beim Schreiben.

Es ist für Sie aber prinzipiell möglich, diese Erlebnisse auch durch geistige Tä- — tigkeit zu erreichen.

Richtig, und das ist in meinem Leben bisher nur gewachsen und nicht kleiner geworden. Ich habe jetzt seit drei, vier Jahren ein anderes Problem, und zwar das der Überinformation. Wir leben mit dem Fernseher, mit den Zeitungen, mit dem Telefon, mit dem Fax in einer Überinformationsgesellschaft, wo jeder an dich herankommt. Und ich habe mich inzwischen von diesen Sachen abgehängt: ich habe kein Telefon und kein Fax mehr, das hat meine Sekretärin; ich will, während ich etwas tue, nicht belastet werden. Ich gehe dann ins Büro, wenn ich will, und frage meine Sekretärin, was an wichtigen Informationen da ist.

— *Ihre Devise heißt also „Eingrenzung"?*

Ja, ich habe angefangen, mich einzugrenzen. Ich will nicht mehr ununterbrochen erreicht werden, und ich kann nur mehr lachen, wenn ich diese jungen Manager alle sehe, wie sie ins Flugzeug einsteigen mit zwei Handys und immer überall hin telefonieren. Die sind alle nicht tüchtig, da bin ich mir ganz sicher. Ein tüchtiger Mensch kann nicht ununterbrochen von Außeninformationen leben. Wir alle sind belastet mit einem Wasserkopf an Informationen. Und nach meinem Dafürhalten ist es inzwischen so, dass der Mensch sehr oberflächlich, geistig hektisch wird und dann nicht mehr geistig kreativ sein kann.

Andererseits können Sie heute Informationen nutzen, die Ihnen in Ihrer Jugend noch nicht zugänglich waren.

Ja, aber was ich heute vermisse, ist das Unbekannte in der Natur draußen. Also die Fremdheit. Inzwischen ist mir vieles zu vertraut. Das war gerade in der Schlussphase der Achttausender so. Es war so vertraut, dass ich einfach gesagt habe: Gut, mein Permit beginnt am 1. April, am 30. März beginne ich zu packen und am 31. fliege ich weg. Aber mit dem Aussteigen aus dem Höhenbergsteigen und dem Einsteigen in das Eiswandern bin ich wieder zu dieser Erfahrung gekommen, dass ich wie ein Ochs vor dem Berg stehe. Aber langsam kehren auch beim Bergsteigen die Zweifel und die Fremdheit wieder zurück, weil ich ja an Fähigkeiten verliere, älter werde und jetzt seit zehn Jahren nichts mehr gemacht habe. Das ist gar nicht so ungut, nicht? Es könnte sein, dass mich die nächste Tour wieder höllisch aufregt, wenn ich noch einmal losgehe.

Heißt das, dass Sie diese Unvorhersehbarkeit als eine notwendige Bedingung für einen Grenzgang betrachten?

Ja, eine Erfahrung kann ich nur machen, wenn es Fragen und Fremdheiten gibt. Wenn es dort, wo ich hingehe, nur Vertrautheit gibt, ist eigentlich keine Aufregung da.

Sie suchen also immer die Herausforderung des Neuen?

Ja, aber das klingt dann so sensations- und rekordheischend. Das ist es aber gar nicht. Es geht eigentlich um die Fremdheit. Nicht das Vertraute, sondern das Fremde, in das ich hineingehe, lässt in mir eine Revolution entstehen. Aus der Spannung zwischen Vertrautheit und Fremdheit passiert in mir etwas. Sonst passiert nichts.

Das Eiswandern ist für Sie das weniger Vertraute: Worin unterscheidet sich das Eiswandern vom Höhenbergsteigen?

Solange ich auf einen Berggipfel gehe, gehe ich zum Gipfel, und am Gipfel drehe ich um und gehe wieder herunter. Das heißt, der Gipfel ist schon ein Ziel, und das ist mehr als nur ein Durchgangspunkt, es ist ein Umkehrpunkt. Im Großen und Ganzen will ich genau das gleiche, was ein Künstler tut. Der Künstler hat eine Idee und will dann schauen, ob sein Bild mit seiner Idee, mit seiner Vorstellung, mit seiner Aussage deckungsgleich ist. Das ist beim Bild sehr viel schwieriger zu machen als bei der Tour. Nur bei meiner Tour hinterlasse ich konkret ja nichts. Im Grunde ist nur das Durchgehen das Kunstwerk. Das ist in der Antarktis ganz anders: Wenn es gutes Wetter gibt und ich nicht ständig auf den Kompass oder auf Spalten schauen muss und keine Berge da sind, dann gibt es null Information. Nicht fürs Ohr, auch nicht fürs Auge, ich gehe einfach durch eine weiße, immer gleich bleibende Fläche. Ich sehe meinen Endpunkt nicht – ein Ziel gibt es sowieso nicht –, ich sehe höchstens dann und wann auf die Uhr und sage mir: „Jetzt sind wir wieder zwei Stunden gelaufen, also jetzt ist eine Rast fällig". Dann kann ich wieder gehen, und dabei kann ich sehr klar denken. Das ist sehr schön, ist ein sehr guter Zustand. Aber das ist ein Nebeneffekt. Die Hauptsache ist ja, dass ich einfach gehe. Ich gehe durch etwas durch und ziehe das Ziel immer vor mir her. Aber mir ist klar, ob ich nun ankomme oder nicht, das ist auch nur ein Durchgangspunkt, das Ziel gibt es gar nicht. Es gibt immer nur ein Weiter. Das ist im Grunde wie im Leben.

Man wirft Ihnen gerne vor, dass Sie maßlos sind und ständig neue Grenzen überschreiten wollen. Wie definieren Sie den Begriff der Grenze?

Den Begriff der Grenze kann man von zwei Seiten betrachten. Einmal als Grenzgang für mich, das muss noch lange kein Grenzgang für die Allgemeinheit sein, und dann der Grenzgang, der die Grenze des allgemein Machbaren ein bisschen verschiebt. Ich habe eine subjektive Grenze des Machbaren, die alle Tage anders ist und die vor allem alle Jahre anders ist und die bei mir nur mehr sinken kann aufgrund meines Alters. Trotzdem kann ich an diese Grenze herangehen, auch mit achtzig Jahren kann ich als alter, trotteliger Greis an meiner Grenze spazierengehen. Und das darf mir niemand verbieten – und das werde ich mir auch nicht verbieten lassen.

Aber ich wäre dumm, wenn ich heute noch sagen würde, ich kann beim Bergsteigen Grenzen verschieben. Meine Grenzen kann ich sowieso nicht verschieben. Und wenn ich das zweimal täte, dann komme ich einmal um. Ich kann grundsätzlich meine Grenze nicht überschreiten, meine Grenze an Ausdauer, an Mut, an Kraft, an Geschicklichkeit, das ist die Summe dieser Fähigkeiten. Aber es gibt eine zweite, objektive Grenze: die Grenze des zur Zeit in dieser Sparte Machbaren. Alles, was in den Augen der Fachleute nicht machbar ist, ist die objektive Grenze und gilt als Tabu. Aber das heißt noch lange nicht, dass das ewig nicht möglich sein muss. Ich kann als Grenzgänger immer wieder diese Grenzen verschieben. Und in der Höhenbergsteigerei habe ich das gemacht und fünfzehn Jahre lang bestimmt, wo es langgeht. Und die anderen haben es alle nachgemacht, ob sie wollten oder nicht. Seit ich ausgestiegen bin aus dem Höhenbergsteigen, ist nichts Neues mehr passiert.

Objektive Grenzen verschieben heißt, sich mit den Vorgaben der anderen auseinanderzusetzen. Wo bleibt da die Freiheit?

Die Freiheit? Ich bin natürlich bestimmt von diesem Ziel. Aber ich bin nicht fremdbestimmt von anderen Menschen. Die Summe unserer Erfahrungen gibt das Tabu vor, das es jetzt zu knacken gilt. Und dieses Tabu bestimmt meine Tat, das heißt ich bin abhängig von dieser Idee, wie zum Beispiel der Nordpolidee – die im Grunde zweitausend Jahre alt ist. Aber das ganze Grenzgehen ist bestimmt von Naturgegebenheiten, die Natur gibt uns die Problemstellungen vor, die wir nur mit unserer Fantasie verändern und in die Tat umsetzen, und wir machen die Regeln.

— *Warum muss bei Ihren Grenzgängen immer die Todesgefahr vorhanden sein?*

Sonst ist es kein Grenzgang! Ohne die Todesgefahr gibt es keinen Grenzgang! Ganz klar. Da gibt es jetzt nur mehr ganz wenige Leute, die diese Meinung mit mir teilen. Aber wenn ich darüber nachdenke, dann ist dies eindeutig so; weil ich den Grenzgang definiere als die Kunst, in möglichst großen Schwierigkeiten zu überleben. Es muss schwierig sein, es muss anstrengend sein, ich muss ausgesetzt sein.

— *Der Tod ist für Sie also eine wichtige Motivation bei den Grenzgängen?*

Na, wenn es nicht lebensgefährlich ist, ist es keine Kunst, dann ist es nur ein Spiel. Es ist dann wie ein Fußballspiel. Auch dort gibt es Schwierigkeiten, man muss ausdauernd sein, Kampfgeist haben und so weiter. Aber die Ausgesetztheit und die Todesgefahr sind nicht da. Es ist ein schönes Spiel, das viele Fähigkeiten erfordert. Mir geht es aber beim Grenzgang nur ums Überleben in der möglichst schwierigen, anstrengenden, ausgesetzten, lebensgefährlichen Situation, und ich bezeichne dieses Überleben als eine Kunst. Das Ziel zu erreichen ist sekundär. Umkommen will keiner. Ein potenzieller Selbstmörder ist auch nicht in der Lage, soviel Motivation anzustauen, dass er wirklich an die Grenze des heute Machbaren kommt, denn dann kann er leben.

— *Als weitere Bedingung für den Grenzgang fordern Sie den Verzicht.*

Ja, ich bin generell der Meinung, dass der Grenzgang sich nur mehr im Verzicht entwickeln kann. Wir haben den Verzichtalpinismus erfunden, und trotzdem sage ich selbstkritisch, dass wir bis heute immer noch Materialfetischisten geblieben sind: Grenzverschiebungen hängen immer noch mit Materialfetischismus zusammen. Das heißt ich verzichte zwar auf viele Hilfen, aber die eine Hilfe, die ich nehme, die wird verbessert. Und unsere Erfolge sind zum Teil auch durch Materialverbesserungen möglich geworden, nicht nur durch Verzicht. Aber der Schlussstein in meiner Vorstellung wäre, dass ich in meinen Keller gehe, einen Rucksack nehme und ein Stück Speck einpacke, mich aussetzen lasse und sage, jetzt komme ich trotzdem zurecht. Das werde ich auch früher oder später einmal versuchen.

In der Februar-Ausgabe der Männer-Vogue konnte man eine Einteilung von Menschen finden, die sich der Gefahr aussetzen: Sie tauchen dort unter der Kategorie — *„Übermensch" auf...*

Das ist ein ganz großer Blödsinn. Wobei Nietzsche natürlich etwas ganz anderes darunter verstanden hat als der landläufige deutsche Spießbürger. Der meint, der Übermensch sei sozusagen ein Mensch, der keine Angst, unendlich viel Kraft und Ausdauer hat. Nietzsche hat aber nur einen selbstbestimmten Menschen gemeint, nach meinem Dafürhalten. Ich lese Nietzsche, wie ich einen Roman lese. Ich meine, dass er sich unter dem Übermenschen jemanden vorgestellt hat, der sich nicht fremdbestimmen lässt. Vor allem nicht durch die Religion. Und da hat er auch hundertprozentig Recht: Die Religion ist das Schlimmste, was es gibt. Wenn ich sehe, wie man in Deutschland über Sekten herfällt und keiner den Mut hat, die großen, eigentlichen Sekten zu kritisieren. Die dürfen tun, was sie wollen. Ich bemühe mich, ein selbstbestimmter Mensch zu sein. Und meine Aussage ist, dass wir den Sinn selber erfinden. Es gibt keinen übergeordneten Sinn, nicht? Der Sinn ist eine rein menschliche, subjektive Erfindung. Ich erfinde den Sinn!

— *Aber ist das, was für Sie sinnvoll ist, auch nützlich?*

Nein, das ist eben der große Irrtum. Was ist überhaupt auf lange Sicht nützlich, wenn ich räumlich und zeitlich bis in die Unendlichkeit sehen würde? Was ist dann nützlich und was nicht? Dann ist die Nützlichkeit sehr relativ. Beim Grenzgehen sage ich von vornherein, dass die Nützlichkeit nicht gegeben ist. Es ist nicht notwendig und nicht nützlich, auf den Everest zu steigen. Aber es ist das sinnvollste Tun, das es gibt für mich, der ich es tue – sonst schaffe ich es nicht. Nützlichkeit und Sinnhaftigkeit sind völlig verschiedene Dinge. Da widersprechen mir fast alle und sagen, der Sinn ist einfach da. Aber dann frage ich: „Wo ist er denn da?“ – der Sinn wird immer noch rein gewohnheitsmäßig aus den Religionen übernommen.

— *Aber Sie sehen in der Suche nach höheren Bewusstseinsstufen oder in der Erweiterung der Instinkte einen Nutzen des Bergsteigens.*

Ja, das ist schon so. Es ist nur die Frage, ob das unbedingt notwendig ist, dass wir zu unseren animalischen Instinkten zurückfinden. Ich würde heute wahrscheinlich nicht mehr von „höheren“ oder „niederen“ Bewusstseinsstufen reden. Ist es eine niedere Bewusstseinsstufe, die der Schimpanse heute empfindet, oder ist es eine höhere? Da will ich nicht beurteilen, was nieder und was höher ist.

— *Da für Sie der Sinn werterelativ ist, stiften Sie sich also Ihren eigenen, privaten Sinn?*

Ganz genau, und da bin ich mit Nietzsche natürlich verwandt. Nietzsche hat, wie gesagt, den Übermenschen so verstanden, dass er den Sinn auch selber erfindet. Und im Großen und Ganzen ist auch die Moral eine Erfindung. Die Moral ist mehr oder weniger das, was wir für das gemeinsame Leben stillschweigend als das Richtige empfinden. Aber es ist noch lange nicht gesagt, dass das die richtige Moral ist. Das ist immer eine Spießbürgermoral. Denn in der Summe sind wir alle Spießbürger.

Aber lässt sich der Sinn des Lebens in unmittelbarer Todesgefahr nicht leichter erfassen?

Vielleicht nicht der Sinn des Lebens, aber das ganze Leben wird relativiert. In dem Moment, wo mir klar wird, dass das Umkommen, das Sterben dazugehört, und zwar nicht nur rational so als eine ferne Möglichkeit, die im Moment nicht in Frage kommt, sondern als eine jetzige Möglichkeit, sehe ich das Leben völlig anders. Das heißt, dann sehe ich das Leben, wie es wirklich ist. Im Moment bin ich von dieser Todesrealität sehr weit weg, weil ich längere Zeit keine Erfahrungen mehr in dieser Hinsicht gemacht habe. Aber ich war viel mutiger im Leben zu der Zeit, als ich solche Erfahrungen gemacht habe. Da tue ich wirklich nur mehr, was ich für mich als wichtig empfinde. Und passe mich viel weniger an, auch in Kleinigkeiten.

Wenn Sie über das körperliche Wissen reden, erinnert das an Schopenhauer. Körperliche Aktivität schaltet das Denken aus. Der Lebenswille, abgekoppelt von der Rationalität, wird zu einer eigenen Dimension. Rationalität selbst erscheint dann als ein abgeleitetes, sekundäres Phänomen.

Ja, wir hätten uns zum Beispiel aus der Antarktis ausfliegen lassen können, und trotzdem haben wir uns mit eigenem Willen, wohl wissend, was uns da erwartet, gezwungen weiterzumachen. Warum denn? Der Öffentlichkeit wegen sicher nicht. Was wir tun, ist sehr der Kunst verwandt und viel weniger dem Sport oder der Philosophie. Die Philosophie ist nur ein Nebenprodukt. Dass es da und dort Aussagen gibt, die mit Schopenhauer vielleicht identisch sind, das ist klar, weil jeder seine Lebenserfahrungen macht.

Sie haben eine ganz persönliche Utopie. Diese besteht darin, jenes Einheitsbewusstsein und Weltzugehörigkeitsgefühl, das Sie in extremen Situationen erfahren, zu erreichen, ohne dass Sie sich tatsächlich in diesen extremen Anspannungssituationen befinden. Meinen Sie, dass diese Utopie für Sie einmal wirklich wird?

Ich bin nicht völlig überzeugt davon, dass dies möglich ist. Das, was ich beim Grenzgang erlebe, kann ich nur vor Ort erleben. Deswegen sage ich auch, der Grenzgang beginnt im Kopf, aber er findet nicht im Kopf statt. Wenn es Philosophen gibt, die sich gerne mit der Aussage zitieren lassen, der Grenzgang findet im Kopf statt, dann kann ich nur lachen. Er findet nur vor Ort statt, das heißt mit der Todesgefahr, mit der Anstrengung, mit dem Ausgesetztsein. Und früher oder später muss ich auf diese Realität einfach verzichten.

Zu realisieren wäre diese Utopie nur, wenn ich auch den Verzicht auf das Tun schaffe. Das habe ich noch nicht geschafft. Das ist ein sehr schwieriger Schritt. Also nicht nur auf die Sauerstoffflasche verzichten, sondern überhaupt auf das Tun verzichten. Aber inzwischen könnte ich mir vorstellen, dass ich alles abgebe und sage, ich wohne in einer Höhle oder irgendwo in einer schönen Landschaft und bin einfach nur da. Dann muss ich auch nichts mehr tun.

— *Sie wollen sich also irgendwann aus der Gesellschaft ausklinken?*

Nein, das will ich nicht und wollte es im Grunde auch nie tun. Ich kann und will nicht ununterbrochen in der Wildnis draußen leben. Ob ich es schaffen würde, als Nomade irgendwo durch Tibet zu ziehen, weiß ich nicht, ich vermute nicht. Ich bin ein Zerrissener zwischen einem Nomaden und einem sesshaften Menschen. Deswegen bezeichne ich mich selber auch als Halbnomade.

— *Sie sprachen gerade von der Landschaft: Was ist für Sie Natur?*

Natur ist im Grunde alles. Auch der Mensch ist Natur. Und wenn der Mensch Kultur produziert, ruiniert er Natur. Kultur produzieren heißt Natur zerstören oder umwandeln. Auf Jahrmillionen gesehen, wird sich die Natur die Erde wieder zurückerobern. Am Ende wird wieder alles unveränderte Natur sein.

— *In Ihrem Buch* Antarktis. Himmel und Hölle zugleich *beklagen Sie, dass uns der mythologische Zugang zur Natur verlorengegangen ist. Wie meinen Sie das?*

Wir haben im Westen, da kommt auch der Titel her, diese Trennung zwischen Himmel und Hölle gemacht. Da gibt es das Positive, das Helle, das Anstrebenswerte, und da gibt es das Negative, das Dunkle, wo niemand hinkommen will. Diese Trennung ist aber willkürlich. Und nicht nur bei diesen Werten, sondern auch bei unendlich vielen anderen. Mut und Angst zum Beispiel. In Wirklichkeit gibt es nicht Mut und Angst, es gibt nur die Summe von Mut und Angst. Genau betrachtet bin ich ein Etwas, in dem Mut und Angst als Einheit liegen. Und diese Einheit ist nicht auseinanderreißbar. Wie Himmel und Hölle.

— *In Ihren Schriften weisen Sie immer wieder auf visionäre Erlebnisse hin. Was verstehen Sie unter einem „visionären Erlebnis"?*

Das ist die Erkenntnis schlechthin. Weil dann die Erkenntnis durch den ganzen Körper geht. Die Ratio wird gar nicht mehr berührt, aber ich kann dieses Erlebnis nur über die Ratio ausdrücken. In dem Moment, in dem ich versuche, es aufzuschreiben, ist es nicht mehr da. Aber es gibt Momente, und zwar sehr häufig, wo ich alle Antworten habe. Wo ich sicher bin und sage, ich weiß eigentlich alles. Alles, überhaupt alles. Alles, was es zu wissen gibt im Zusammenhang Mensch/Kosmos. Der Mensch ist einfach da, und ich frage mich nicht mehr, warum er da ist. Es ist alles selbstverständlich. Aber in meinem ganzen Wesen hat es sich manifestiert, als Vision, als Erkenntnis.

— *Sie berichten oft von Grenzsituationen, aus denen Sie Ihr animalischer Drang gerettet hat. Und Sie betonen, dass Sie in diesen Situationen Ihr Menschsein erst erfahren haben. Heißt das, dass Sie Ihr Menschsein über Ihre animalischen, tierischen Seiten definieren?*

Ich gebe dem Tiersein einen viel größeren Wert als der normale Mensch. Und die animalischen Instinkte sehe ich sehr positiv. Je mehr animalische Instinkte in Notsituationen durchbrechen, um so leichter komme ich durch. Der Mensch könnte am Ende den Affen, der ihm ja relativ nahe ist, auch als Vorbild nehmen.

— Wie würden Sie damit umgehen, wenn sich Ihre Kinder entschließen, Grenzgänger zu werden?

Also noch habe ich die Problematik nicht. Und ich glaube, ich täte mich nicht leicht, meine Kinder in ein Grenzgängerleben hineingehen zu sehen. Aber mein Simon hat mir vor kurzem gesagt: „Gell, Kinder, also Buben, können stärker werden als die Papas." Das ist sehr interessant. Fünf Jahre. Dass die ganz konkret schon das Gefühl haben, sie wollen über den Vater hinauswachsen. Ganz naiv ...

— Sie schreiben in dem Buch Alleingang am Nanga Parbat *wörtlich: „Ich bin wie der Schnee, der da liegt, und ich habe auch Empfindungen von Fels und Schnee und Wolken." Und dann kommt dieser Satz, der für uns so schön provokativ ist: „Kein Bedürfnis mehr nach Philosophie."*

Ja – das ist die Aussage, die wir vorher diskutiert haben. Ich denke in solchen Situationen auch nicht mehr rational. Philosophieren heißt aber folgerichtig denken; in Ketten denken. Ein guter Philosoph kann eben die Ketten sehen. Ich habe aber gar nicht mehr das Bedürfnis, diese Ketten zu Ende zu denken. Das habe ich nur hier, also nur jetzt, wenn ich anfange zu denken oder mit jemandem rede.

— Beruhen dann die Einheits- und Identitätserlebnisse, die Sie in Grenzsituationen erfahren, darauf, dass in solchen Momenten die Philosophie oder Rationalität abwesend ist?

Ja, aber das Einssein, das Selbstverständnis in dieser Welt siedle ich höher an als die Philosophie. Die Philosophie ist eine kulturelle Leistung. Aber sie kann auch mein Selbstverständnis kaputtmachen.

— Hat dieses Selbstverständnis etwas mit der Weisheit zu tun, die Sie suchen?

Die Weisheit beginnt nach meiner Ansicht eben mit „nichts mehr wollen", „keine Ziele mehr haben". Einfach nur mehr da sein, nur mehr sein und nicht mehr „mehr" sein wollen.

— Steht dahinter auch der Wunsch, von Fremdbestimmungen unabhängig zu sein?

Vieles ist fremdbestimmt. Ich kann nicht gegen alle Fremdbestimmtheiten ankämpfen, ich will es auch gar nicht. Vielleicht schaffe ich mir größere Freiräume in meinem bürgerlichen Leben als in meinem bekannten Grenzgängerleben.

Also wenn ich jetzt sage: „Ich muss zum Nordpol", dann ist auch dies fremdbestimmt. Ich habe die beiden anderen Pole erreicht, also ist der Nordpol die Folge, der folgende dritte. Niemand hat den Nordpol überquert, also will ich es machen. Alles fremdbestimmt.

__ *Was würden Sie den Menschen raten, die heute ihre Grenzen suchen?*

Wenn heute jemand seine Grenzen sucht, dann hat er alle Möglichkeiten, wie ich sie hatte. Es gibt viele Grenzgänger, die sagen, wäre ich nur um die Jahrhundertwende geboren, da waren der Südpol und der Nordpol noch nicht erreicht. Ich sage trotzdem, ich war zur bestmöglichen Zeit auf der Welt, denn wir konnten alles machen. Und ich sage heute, dass der Grenzgänger in seinem Feld alles neu erfinden kann und neu erfinden muss. Das, was er von mir kriegt, ist sowieso nur Erfahrung aus zweiter Hand. Die Erfahrung muss er selber machen.

__ *Was unterscheidet Sie von einem Menschen, der zwar seine Grenzen sucht, aber nicht die Möglichkeit hat, zum Beispiel auf den Mount Everest zu steigen?*

Der kann zwar an seine Leistungsgrenze gehen, aber er kann nicht das Gefühl teilen, jetzt bin ich auch weiter gegangen als alle anderen in diesem Bereich und in dieser Zeit. Das kann er nicht. Das Gefühl ist natürlich schön: zu wissen, das kann im Moment niemand auf der Welt. Das wird immer wieder kritisiert, aber das ist schön. Ich weiß genau, dass ich das nicht mehr schaffen werde. Das Gefühl werde ich nie mehr haben. Aber ich hatte das ein paarmal, ich wusste ganz genau: Zurzeit kann diese Tour niemand klettern. Aber früher oder später wird das überklettert, und dann klettern das tausend andere. Aber dann ist es nicht mehr das gleiche, was es vorher war. Diese Möglichkeit besteht also nur für eine ganz kurze Zeitspanne.

__ *Haben Sie das Gefühl, dass Ihre Aktionen immer waghalsiger geworden sind?*

Nein. Das nicht. Ich habe nur ein paarmal umgestellt, um wieder in ein neues Feld zu gehen, um wieder diese Spannung und Fremdheit zu erleben, aber waghalsiger wurden meine Aktionen nicht. Nur die Menge der Unwägbarkeiten wurde größer. Und das Unberechenbare ist ja das, was die Spannung auslöst.

__ *Welche Rolle spielt das Scheitern bei Ihren Unternehmungen?*

Das Scheitern ist für mich ein wirtschaftlicher Nachteil, aber sonst ist es eigentlich unwesentlich. Das Scheitern ist auf Dauer gesehen aufregender, als Erfolg zu haben. Vor allem hinterher. Wenn ich heute zurückschaue in die Achttausender-Zeit, dann sind mir die gescheiterten Expeditionen, einige von denen, wichtiger als manche erfolgreiche Expedition. Nicht für meine Biografie, für die Biografie nur bei feinfühligen Leuten – ich gelte einfach als der erfolgreichste Achttausender-Bergsteiger. Ich kann es aber auch umdrehen und sagen, ich bin öfter gescheitert als alle anderen bisher. Ich bin zwölfmal gescheitert an Achttausendern. Kein Achttausender-Bergsteiger ist bis heute zwölfmal gescheitert. Aber ich habe auch mehr Expeditionen gemacht als alle anderen. Das Scheitern ermöglicht einem größere Erfahrungen, als Erfolg zu haben. Grenzgänge mache ich nur, wenn ich auch scheitern kann. Sonst ist es kein Grenzgang. Aber ich bemühe mich, nicht umzukommen. Und wenn ich wieder heil rauskomme, habe ich Erfolg gehabt für mich. Natürlich ist das nicht Erfolg nach außen. Deswegen frage ich auch, wodurch der Erfolg definiert wird. Ist der Erfolg definiert durch die möglichst große Erfahrung, die ich nach Hause bringe, dann ist eine gescheiterte Expedition erfolgreich. Ist aber der Erfolg definiert als Erfolg nach außen, dann ist nur das Durchgekommensein erfolgreich.

___ Ist der Grenzgänger auch biologischen Grenzen unterworfen?

Beim Klettern stößt der Mensch zum Beispiel sehr schnell an biologische, genauer physiologische Grenzen, weil die Sehnen früher oder später nicht mehr halten. Manche Kletterer können zum Beispiel am kleinen Finger, der in einem ganz kleinen Loch steckt, einen Klimmzug machen. Das ist irrsinnig, dass das überhaupt hält. Das konnte ich nie. Früher oder später ist einfach die rein physiologische Grenze erreicht. Das wird bei unseren Touren, also bei diesen großen, weiten Touren, weniger der Fall sein. Da wird es in erster Linie um die psychischen Grenzen gehen. Und dass man früher oder später die Angst nicht mehr erträgt. Es hat sich zum Beispiel in den letzten zehn Jahren niemand mehr getraut, ohne Argusgerät, also ohne Rückkoppelung mit der zivilisierten Welt, in die Wildnis hinauszugehen. Und nur durch diese Rückkoppelung ist es überhaupt möglich geworden, sonst hätten wir uns nicht getraut, das zu tun.

Wir haben bisher viel von äußeren Grenzen gesprochen. Wie ist es um die inneren ___ Grenzen bestellt?

Das sind die gleichen, die inneren und die äußeren. Es gibt im Grunde nur innere Grenzen. Außen gibt es keine. Zwar wird heute der jungen Generation suggeriert, dass der Mensch keine Grenzen hat. Aber wer meint, der Mensch ist ohne Grenzen, der macht einen ganz großen Fehler. Und diese Grenzen sind eben innere Grenzen. Die sind uns einverleibt und werden durch die Psyche bestimmt, durch die Ängste und durch die Zweifel.

Steht vielleicht der größte Erfolg in Ihrem Leben noch aus, der Sieg über sich ___ selbst?

Ja – aber das ist ein Ausdruck, den ich nicht gern mag. Sieg oder nicht Sieg. Den kann man bei mir auch nicht lesen. Ich habe ganz große Probleme mit dieser Bergsteigeraussage, den inneren Schweinehund zu überwinden. Ich empfinde mich nicht als inneres Schwein; ich verstehe den Ausdruck nicht.

— Welche Bedeutung hat für Sie der Ehrgeiz?

Beim Schreiben habe ich den Ehrgeiz, so nah wie möglich an die Realität zu kommen. Ich habe nicht unbedingt die Bergsteiger als meine Leser, ich habe die Bergsteiger eher als meine Kritiker. Aber ich bin überzeugt davon, dass auf lange Sicht meine Bücher deswegen stehenbleiben, weil viele sich da wiedererkennen und sagen: „Er ist zwar ein Schwein, ein ehrgeiziges, und er geht über Leichen, aber ich bin eigentlich auch so, ich bin auch nur aus Ehrgeiz auf diesen Berg hinaufgestiegen." Wir sind ehrgeizig, wir sind besessen, wir sind getrieben, wir sind krank. Ich will in meinem neuen Buch das Krankheitsbild dieser Hinausgeher behandeln. Denn es ist ein Krankheitsbild, wenn jemand daheim bei seiner Frau unglücklich ist und sagt, ich will zum Nordpol, und dann am Nordpol nur an seine Frau denkt. Und dieses Krankheitsbild möchte ich so getreu wie möglich beschreiben. Der Ehrgeiz ist sehr nach außen hin orientiert. Ich bin wesentlich getrieben von dem Wunsch, es immer besser zu machen, also weiter, besser, höher ... Das sehe ich zum Teil auch negativ. Aber nicht nur. Denn ich bin ehrgeizig. Und ich sage, jeder Mensch ist ehrgeizig. Das ist eine Krankheit, die einfach menschlich ist, vor allem in unserer westlichen Gesellschaft. Wir sind so erzogen worden, und da kann ich nicht aus meiner Haut heraus. Ehrgeiz hat natürlich im weitesten Sinne auch mit dem ganz normalen menschlichen Wunsch zu tun, Anerkennung zu finden. Den Ehrgeiz zu haben, mehr Anerkennung auf sich zu konzentrieren. Aber ich bin offensichtlich der einzige ehrgeizige Bergsteiger; es gibt sonst keinen einzigen. Und ich bin auch der einzige Egoist auf der Welt.

Ein großer Ausspruch von Napoleon lautet: „Das Glück besteht in der höchsten — Entfaltung meiner Fähigkeiten." Können Sie dem zustimmen?

Das ist sehr simpel ausgedrückt, aber ich glaube, dass das eine Definition von Glück ist, die ich mit unterschreiben würde. Glück ist aber sehr schwer zu definieren. Glück, das sind auch die Momente, wo der Kopf ausgeschaltet ist und wo ich völlig in dem, was ich tue, wo ich bin, ruhe. Ich bin einfach nur da. Wie ein Kind in dem Moment, wo es spielt. Beim Kind sieht man es am deutlichsten. Ein Kind erlebt auch das Glück völlig naiv.

Ihre letzte Grenzerfahrung war Ihr „Mauersturz". War das eine neue Grenzerfahrung für Sie?

Ja. Aber vor allem ist mir erstmals klargeworden, dass ich unter Umständen nie mehr zurück kann. Und das ist auch eine Dimension meines neuen Buchs. Damit fange ich es an. Dazuliegen und zu sagen, Jetzt ist es aus, nie mehr zurück zum Nordpol, nie zurück zu den Bergen. Weil ..., bisher habe ich immer noch mit dem Hintergedanken gelebt, ja, es muss nicht unbedingt der Everest sein, aber vielleicht noch einmal dahin oder dorthin. Auch wenn es kein konkretes Ziel gab, es war immer noch eine offene Tür. Aber jetzt könnte diese Tür auch zu sein.

___ Was verbinden Sie mit Grenzpunkten?

Als Grenzgänger habe ich es oft mit Grenzpunkten zu tun. Aber diese Grenzpunkte sind alle nur in unserem Kopf vorhanden. Typisch zu sehen an Nord- und Südpol, die es ja beide nicht gibt. Das sind rein erfundene Punkte. Das gilt auch für den Everest. Der ist zwar noch sichtbar, aber im Grunde ist das Hinaufsteigenwollen nur ein Fluchtpunkt in meinem Kopf. Und auch der Nord- und der Südpol sind nur Fluchtpunkte in meinem Kopf. Alle Grenzpunkte sind immer nur von uns erfundene Punkte. Im Grunde ist der dritte Pol immer der, der nicht erreicht ist.

KAPITEL 3

Der politische Mensch

HELMUT SCHMIDT

Es ist nicht die Aufgabe der Bundesregierung, dem Volk eine Philosophie zu geben

Herr Schmidt, Sie haben sich viel mit Philosophie beschäftigt. Welchen Nutzen kann ein Politiker aus der Philosophie ziehen?

Diese Frage ist ein bisschen allgemein formuliert. Sicherlich sind für den Politiker die Staatsphilosophie und die Geschichtsphilosophie wichtige Ausschnitte aus dem Gesamtfeld der Philosophie. Ebenso wichtig ist für ihn die Beschäftigung mit dem, was Moralphilosophie oder Ethik genannt wird. Allerdings ist das nicht das einzige, was der Politiker zu lernen hat, sondern nur eines von vielen Feldern.

Innerhalb der Ethik favorisieren Sie die deontologische Ethik Immanuel Kants, bei der die Absicht und nicht das Ergebnis einer Handlung im Mittelpunkt steht. Andererseits äußern Sie Sympathien für den angelsächsischen Pragmatismus, der die utilitaristische Ethik zur Grundlage hat, das heißt eine am Ergebnis einer Entscheidung beziehungsweise Handlung orientierte Denkweise. Wie können Sie diese gegenläufigen Modelle vereinen?

Warum verwenden Sie Worte wie „deontologisch"? Unter hundert Redakteuren der *ZEIT* werden Sie vielleicht zwei finden, die wissen, was das ist. Lassen Sie mich dennoch versuchen, auf die Frage zu antworten. Eins ist ganz klar: Für den Politiker ist die gute Absicht nicht ausreichend. Er hat das Ergebnis, aber auch unbeabsichtigte Folgen und negative Begleitergebnisse seines Handelns zu verantworten. Politik ist nicht ein Feld, bei dem man sagen kann „zwei und zwei ist gleich vier" – in der Politik gibt es immer Nebenwirkungen.

Dem Philosophen Max Scheler zufolge muss der moralische Wegweiser im privaten Leben nicht den Weg gehen, den er berufsmäßig weist. Darf ein Politiker unterscheiden zwischen der Politik, für die er steht, und seinem Verhalten im Privatleben?

Eine Unterscheidung zwischen der von mir vertretenen öffentlichen Moral und meiner privaten Moral, die kommt mir verdächtig vor. Für mich ist das eine inakzeptable Moral. Allerdings: Politiker halten sich natürlich genauso wie Fachphilosophen in ihrem privaten Leben nicht immer an die von ihnen vertretenen Grundsätze. Das tun übrigens auch Kirchenlehrer nicht. Das kommt vor, das ist allzu menschlich.

In der Philosophie gibt es zwei grundlegend verschiedene Vorstellungen, wie sich Menschen ohne gesellschaftlichen beziehungsweise staatlichen Rahmen verhalten. Während Hobbes einen solchen Naturzustand als „Krieg aller gegen alle" sieht, geht Rousseau von vereinzelt lebenden Wesen aus. Wie würden sich Ihrer Meinung nach die Menschen ohne staatliche Führung verhalten?

Das ist eine Frage, die für verschiedene Zeitpunkte verschieden beurteilt werden darf. Zur Zeit von Jesus Christus lebten auf der Welt etwa 200 Millionen Menschen. Heute sind es über sechs Milliarden. Das heißt, der Raum pro Person hat sich im Laufe von 2000 Jahren enorm verringert. Wenn Sie an der Spitze einer Großfamilie oder einer Sippe mit einer Herde von Ziegen und Schafen als Nomaden durch die Halbwüste oder durch die Steppe ziehen und links und rechts von Ihnen gibt es keine andere Familie, dann brauchen sie keinen Staat. Wenn Sie zwölf Millionen Menschen in Mexiko City zusammenpferchen, brauchen Sie ganz dringend eine Obrigkeit. Die Geschichte zeigt, dass überall, wo Menschen auf Menschen gestoßen sind, Regeln notwendig waren. Sehr viel später hat es Leute gegeben, die gemeint haben, es gäbe so etwas wie ein natürliches Recht. Das kann man sich auch sehr gut vorstellen. Aber mit dem Naturrecht allein kommen Sie zum Beispiel in Mexiko City oder in Kairo nicht aus, auch nicht in Schanghai. Zurzeit jedenfalls gibt es kaum noch irgendwo einen Teil der Erdoberfläche, wo Sie ohne Staat auskommen können. Der heutige Mensch würde ohne staatlichen Rahmen sicherlich in größte Schwierigkeiten kommen. Schon was den Verkehr hier auf der Mönckebergstraße anlangt. Je mehr Menschen auf engem Raum zusammenleben müssen, desto mehr Regeln braucht man. Und diese Regeln werden normalerweise vom Staat erlassen. Hoffentlich gibt es auch Regeln in den Köpfen der Menschen – ethische Regeln, moralische Regeln. Diese ergeben sich in keinem Fall von selbst. Dazu gehört Erziehung. Ob sich die Menschen ohne Regeln gegenseitig umbringen würden oder nicht, das lasse ich mal dahingestellt.

Könnte man so weit gehen, zu sagen, dass dem Menschen eine unausrottbare Bösartigkeit innewohnt, die ausbricht, sobald viele Menschen auf engem Raum __ zusammenleben?

Das weiß ich nicht, das müssen Sie die Verhaltensforscher fragen. Ich kann nur sagen, schauen Sie auf die Primaten, die Orangs, die Schimpansen, die Gorillas. In den meisten Fällen einer Übervölkerung kommt es zu Mord und Totschlag. Wenn ein Löwe ein Weibchen erobert, das Junge hat, und den bisherigen Gebieter davonjagt, dann tötet er die Kinder des vorherigen Männchens dieser Löwin. Das steckt in seinen Genen drin. Das ist bei den Menschen nicht ganz so. Gott sei Dank.

Ein Biograf hat Sie als einen fernen Schüler Marc Aurels bezeichnet. Welche Gedanken des römischen Kaisers sind für Sie besonders wichtig?

Zwei Prinzipien: Dass jemand bei allen Widrigkeiten des Lebens seine Pflichten erfüllen muss und dass er verantwortlich ist für die Erfüllung seiner Pflichten. Zum anderen, dass er dabei gelassen bleibt, sich selbst zur Gelassenheit zwingen soll. Das große Problem, das dabei offen bleibt, ist, wer seine Pflichten definiert. Das bleibt auch bei Kants kategorischem Imperativ offen. Sich so zu verhalten, dass die Maximen des eigenen Handelns zu allgemeinen Maximen werden könnten, klingt sehr überzeugend. Aber es wird nicht gesagt, was denn zur allgemeinen Maxime gemacht werden könnte.

Wie haben Sie zu den Maximen Ihres politischen Handelns gefunden? Wie haben Sie Ihre Pflicht definiert?

Ich bin gar nicht sicher, dass ich sie gefunden habe.

Oder anders gefragt: An welchem ethischen Fundament haben Sie Ihre Handlungen ausgerichtet?

Das sind Fragen, die mir nicht passen, die sind viel zu unkonkret. Haben Sie Kinder?

— *Ja, ich habe zwei Töchter.*

Auf welchem ethischen Fundament haben Sie Ihre Töchter erzogen? – Da kommen Sie auf Prinzipien, die alle uferlos sind. Wenn Sie Ihr Fundament definieren wollten, müssten Sie sich lange, lange hinsetzen. Sie sind ein Fachphilosoph – ich bin jemand, der zu handeln hatte in seinem Leben, der sich nicht vorher wochenlang hinsetzen konnte, sondern jemand, der wusste, das was du tust oder lässt hat bestimmte Wirkungen. Die musst du wollen. Wenn du sie nicht erreichst, bist du dafür verantwortlich. Wenn du sie erreichst, bist du auch dafür verantwortlich. Du bist auch dafür verantwortlich, dass jemand anderes Geld hergeben muss, den du besteuert hast. Das alles in eine Philosophie zu kleiden, ist ein bisschen sehr umständlich.

— *Was bedeutet für Sie Verantwortung?*

Es gibt eine innere Verantwortung und eine äußere. In einem demokratischen Staat müssen Sie sich verantworten gegenüber ihren Mitmenschen, hier gegenüber Ihrem Parlament und insbesondere auch gegenüber der öffentlichen Meinung. Ich fasse das alles einmal zusammen unter dem Begriff „Verantwortung nach außen". Außerdem haben Sie aber eine Verantwortung gegenüber Ihrem eigenen Gewissen. Manchmal ist es einfach, beides zu vereinigen, manchmal ist es verteufelt schwierig. Die Verantwortung nach außen bringt ihre Gefährdung mit sich. Jemand, der gerne von jedermann geliebt und geachtet sein möchte oder jedenfalls zustimmend betrachtet werden möchte, der kann sich dem Opportunismus hingeben und hält das für verantwortungsbewusst.

— *Gründet Ihre Bewunderung für Anwar el Sadat in dessen Verantwortungsbewusstsein?*

Meine Bewunderung für den Mann gründet im Wesentlichen in seiner Tapferkeit. Er hat etwas Lebensgefährliches unternommen, weil er glaubte, dass dies notwendig und geboten war, nämlich die Reise in die Hauptstadt und der Besuch im Parlament eines Feindes aus vier Kriegen. Er kam nicht als Unterlegener, er hatte den Krieg, den vierten Nahostkrieg, nicht verloren. Sondern er war überzeugt, es sei notwendig, Frieden zu stiften, und er wusste, dass er dabei sein Leben riskiert; er hat es deswegen auch verloren. Übrigens, wenn ich mich richtig erinnere, ist die Tapferkeit keine Sekundärtugend in dem Sinne der Ethik oder der Moralphilosophie, sondern eine Kardinaltugend, wie sie sich bei Thomas von Aquin als eine von vier Kardinaltugenden findet, eigentlich zurückgehend auf Aristoteles.

— *Ein gegenteiliger Begriff von Tapferkeit ist derjenige der Angst.*

Nein, umgekehrt. Ohne Angst gibt es keine Tapferkeit.

— *In Ihrem Buch* Das Jahr der Entscheidung *schreiben Sie, dass wir Deutschen im Laufe des letzten Vierteljahrhunderts zu Weltmeistern der Angst geworden sind. Was folgt daraus für den Politiker?*

Dass er diese Angst bekämpfen muss. Das ist eine irrationale Angst. Jedenfalls hat sie, sofern sie Mut hervorgebracht haben sollte, im Extrem den „Mut“ hervorgebracht, Schleyer zu ermorden. Alle Gewalttaten der RAF zum Beispiel, oder die heutigen Gewalttaten von jungen Leuten, die Leitungsmasten der Eisenbahn umlegen und Züge zum Entgleisen bringen – die „deutsche Angst“ hat, wie ich glaube, eine spezifische Ursache. Die jungen Leute, die nach dem Kriege in die Pubertät eintraten oder nach dem Kriege erst geboren sind, sind in der großen Mehrzahl aufgewachsen unter Umständen, wo es ihren Eltern alle fünf Jahre besser ging. Und ihnen selber auch. Die fanden das ganz selbstverständlich, hatten viel Zeit, sich mit allen möglichen Dingen zu beschäftigen und kamen darauf: Eigentlich sei das deutsche Volk oder die Gesellschaft in Deutschland nicht in Ordnung, denn sie beschäftige sich nicht ausreichend mit der Aufarbeitung der eigenen Nazigeschichte und der Naziverbrechen. Und ohne dass ihnen dies bewusst war, sind sie verleitet worden zu der Vorstellung: Wenn der deutsche Staat zu Zeiten Adolf Nazis in der Lage war, fünf oder sechs Millionen Juden umzubringen, den Zweiten Weltkrieg anzuzetteln und alle möglichen anderen Verbrechen zu begehen – zu was ist er dann noch alles fähig? Und so haben sie eine völlig überdimensionierte Angst entwickelt. Diese Bereitschaft, vor allem und jedem Angst zu haben, die übrigens gepaart ist mit der Bereitschaft zur Rücksichtslosigkeit gegenüber anderen, die findet man sonst in Europa nirgendwo, das ist ein deutsches Phänomen und hat sicherlich zu tun mit den Verbrechen der Nazis. Die deutsche Angst ist eine Psychose, sie hat zum großen Teil keinen wirklichen Grund in der Realität. Die Angst sucht sich ihre Gegenstände. Ob es sich um Impfungen oder Aids handelt, ob um genmanipuliertes Gemüse oder um das Klonen von Schafen – man muss davor Angst haben. In Deutschland muss man Angst haben vor der Ausrottung der Kormorane. Man muss Angst haben vor der Ausrottung der Gänseblümchen. Manche Leute sind nicht in der Lage, Löwenzahn von Anemonen zu unterscheiden, aber sie sind voller Angst um die Erhaltung der Natur. Diese Art von Angst ist, wie ich glaube, ein Spezifikum der Nachkriegsgenerationen in Deutschland. Sie sind inzwischen um die 50 Jahre alt; die müssen damit sterben. Hoffentlich verpesten sie nicht allzu viele Leute mit ihrer Angst. Sie hat meine eigene Generation fast gar nicht erfasst. Wir haben so viel Schreckliches durchgestanden, was Schrecklicheres konnte im Leben eigentlich gar nicht mehr passieren. Auch die 25-Jährigen sind von dieser Angst nicht erfasst. Es ist ein typisches Phänomen vor allem der Nachkriegsgeneration.

Ist es diese Angst, die auch einen Pragmatismus unmöglich macht oder zumindest sehr erschwert?

Das Wort Pragmatismus ist ein schwieriges Wort, weil verschiedene Leute etwas ganz verschiedenes darunter verstehen.

Ich meine eine Umsetzung von Vorstellungen, ohne dabei ein Endziel vor Augen zu haben.

Wozu muss ich ein Endziel vor Augen haben, wenn ich den Verkehr auf der Mönckebergstraße regele? Ich brauche dafür keinen Endzweck der Gesellschaft vor Augen zu haben. Wenn Sie mich deswegen einen Pragmatiker schelten oder loben als Pragmatiker, soll mir das recht sein. Die Vorstellung, dass es Endziele geben müsse, ist auch deutscher Idealismus. Es ist eine Krankheit, alles mögliche von Endzielen her zu sehen. Der ganze Kommunismus und der Marxismus hatten ein Endziel.

Sie vertreten das Prinzip der „offenen Gesellschaft" von Karl Popper. Dies besagt, dass man nicht versuchen soll, einen idealen Zustand von Glück zu realisieren, sondern dass man sich an den konkreten Problemen orientieren sollte.

Ich habe die offene Gesellschaft vertreten, ehe ich Karl Popper kannte. Als ich aber *Die offene Gesellschaft und ihre Feinde* gelesen hatte, fühlte ich mich von ihm bereichert, bestätigt, wenn Sie es so wollen. Man muss nicht Popper gelesen haben, um ein Demokrat zu sein.

Sie sagten einmal, dass die geistig-moralische Erneuerung Deutschlands nach dem Zweiten Weltkrieg von den Kirchen ausgehen müsse. Dafür fühlten Sie sich als Bundeskanzler nicht zuständig.

Während des Krieges, 1942, haben meine Frau und ich kirchlich geheiratet, weil wir dachten, man muss die Kirche stärken für die Zeit danach. Später hat sich herausgestellt, dass dies eine grandiose Überforderung der Kirchen war. Junge Menschen neigen dazu, sich Illusionen zu machen – aber ich würde heute nicht mehr sagen, es sei die Aufgabe der Kirche, die Gesellschaft zu erneuern. Wohl würde ich nach wie vor sagen, es ist nicht die Aufgabe der Bundesregierung, dem Volk eine Philosophie zu geben. Der handelnde Staatsmann hat gefälligst seine eigenen moralischen Grundlagen zu haben; aber wenn er sich anmaßt, gleichzeitig den Philosophielehrer der Nation abzugeben, dann ist das eine grandiose Anmaßung.

Die Geschichte unseres Volkes sollte Ihrer Meinung nach der Jugend nicht als Kriminellenalbum präsentiert werden. Ist es Aufgabe des Staates, so etwas wie einen identitätsstiftenden Einheitsmythos zu schaffen?

Des Staates nicht. Einzelne Personen, die für den Staat handeln, können dazu beitragen, nicht sehr viel. Aber zu dem Satz stehe ich, dass man einen Fehler macht, wenn man der nachwachsenden Generation das eigene Volk oder dessen Geschichte nur als Verbrecheralbum darstellt. Das wäre ein schwerer Fehler. Wenn Sie heute 22-, 23-, 24-Jährige fragen, was sie auf der Schule gelernt haben an deutscher Geschichte, haben sie Nazizeit gelernt. Noch einmal Nazizeit und dreimal Nazizeit. Sie haben keine Ahnung zum Beispiel von der Aufklärung in Deutschland. Die denken, wenn von Kant die Rede ist, die Kantstraße in Berlin fängt am Bahnhof Zoo an. Sie haben keine Ahnung von Lessing, keine Ahnung von Humboldt. Fragen Sie einen jungen Diplom-Kaufmann, was er in seiner Ausbildung als Betriebswirt lernt. Nichts von Geschichte. Nichts von Ethik, nichts von Philosophie, nichts von Literatur; aber wie man die Möglichkeiten der Steuergesetzgebung zum eigenen Vorteil raffiniert auslegt, das lernen sie. Der Staat wird hier seiner Aufgabe als jemand, der Lehrpläne für ein bestimmtes Studium erstellt, nicht gerecht.

Der Volksempfänger hat die Politik grundlegend verändert. Welche Rolle spielen die modernen elektronischen Medien für die Demokratie und den Staat?

Ich würde den Satz über den Volksempfänger so nicht unterschreiben. Sie überschätzen die Wirkung. Viele waren auch Hitler hinterhergelaufen, ehe der Volksempfänger eingeführt wurde. Wohl aber hat dieser für die Verbreitung nationalsozialistischer Propaganda eine wichtige Rolle gespielt. Nicht entfernt eine so starke Rolle wie heute das Fernsehen und die Videos. Nicht entfernt. Heutzutage haben die Eltern die Erziehung weitgehend an den Babysitter Glotze abgegeben. Die Verbreitung der Bereitschaft zur Gewalttätigkeit, die wir heute erkennen unter den ganz jungen Leuten, ist eine Folge des Fernsehens. Wir haben eine sich ausbreitende Kinderkriminalität. Dies ist ein Phänomen, das es niemals früher gegeben hat. Wenn ich abends zu müde bin, ins Bett zu gehen, gestern Abend zum Beispiel, setze ich mich noch einen Augenblick vor die Glotze, schalte von Kanal 1 bis 32 hinauf und wieder hinunter, und dann habe ich mindestens drei Schießereien gesehen, mindestens eine Automobiljagd mit Crashes, mindestens eine versuchte oder vollzogene Vergewaltigung.

Fördert die Nutzung der neuen Medien durch die Politik oder durch einzelne Politiker das Interesse an der Politik?

Es kommt sehr darauf an. Natürlich müssen in einer Demokratie die Politiker um Einfluss konkurrieren. Demokratie ist unter anderem eine große Wettbewerbsveranstaltung. Sie können ein bisschen überhöhend formulieren: Die Politiker konkurrieren um die Macht und die Macht verleiht die Wählerschaft. Infolgedessen kommt es darauf an, sich dem Wähler verständlich, am liebsten aber angenehm zu machen. Demokratie ist eine fortwährende Einladung zum Opportunismus. Deswegen muss die zweite Frage lauten: Welche Art von Darstellung des Politikers im Fernsehen oder in der Zeitung ist moralisch zulässig und welche nicht?

Als Ihr Foto des Jahrhunderts haben Sie die Aufnahme „Gandhi am Spinnrad" bezeichnet, das für eine tief empfundene und gelebte Gewaltfreiheit steht. Nach Max Weber aber ist Gewalt das spezifische Mittel des Staates.

Der Staat hat das Monopol auf die Gewaltanwendung, das heißt nicht, dass er frei ist, Gewalt für seine Zwecke überall anzuwenden. Außerdem sind die Organe des Staates nicht der Staat, sondern diejenigen Menschen, die für den Staat handeln. Deswegen bedürfen sie der Kontrolle: durch die öffentliche Meinung, durch Gerichte und durch die Wähler. Vom Bundesfinanzhof bis zum Verfassungsgericht, vom Bundesarbeitsgericht bis hin zum Menschenrechtsgerichtshof. Alle vier Jahre wird gewählt. Die Demokratie ist eine beschissene Angelegenheit, aber es gibt nichts Besseres. Das stammt nicht von mir, es stammt von Churchill, er hat es ein bisschen freundlicher formuliert.

Der Friedenszustand zwischen den Staaten ist nach Kant kein Naturzustand, sondern einer, der geschaffen werden muss.

Gestiftet! Kant sagt, der Frieden muss gestiftet werden.

Welchen Weg sehen Sie aus dem Naturzustand der Staaten zu einem Zustand des Friedens?

Das können Sie nicht auf eine Formel bringen, es gibt nicht einen Weg, sondern hundert Wege. Und es ist nirgendwo sicher, dass der Weg, den Sie begehen, den Frieden wahrt oder herbeiführt. Nehmen wir doch mal die Entspannungspolitik gegenüber der Sowjetunion, die Willy Brandt anfangs der 70er-Jahre eingeleitet hat. Ich war eher damit zufrieden, aber man konnte auch gegenteiliger Meinung sein. Ob das Ganze, wenn anstatt des Herrn Breschnew auf der anderen Seite noch der Herr Stalin gewesen wäre oder der Herr Chruschtschow, erfolgreich gewesen wäre, oder vielleicht ganz im Gegenteil dazu geführt hätte, dass der andere gedacht hätte, die sind schon weich in den Knochen, jetzt muss ich noch extra drücken. Ich weiß das nicht. In der gegebenen Situation war diese Entspannungspolitik einer der vielen Wege, die gleichzeitig gegangen werden mussten. Aber das abstrakt, once and forever, zu formulieren, halte ich nicht für zulässig. Abstrakt kann gesagt werden: Der Frieden muss willentlich aufrechterhalten werden. Und wenn er verletzt ist, muss er wiederhergestellt werden. Aber im Einzelnen ist das sicherlich nicht mit einem Menschheitsvertrag nach dem Vorbild von Kants *Zum ewigen Frieden* zu machen. Denn Frieden zu stiften heißt ja nicht, kann ja auch nicht heißen, das eigene Volk um des Friedens willen der Diktatur eines anderen zu unterwerfen. So weit geht meine Friedensbereitschaft nicht.

Welche Bedeutung hat die eigene Stellung des Politikers, die Bewertung beziehungsweise die Bewährung der eigenen Person vor der Geschichte?

Das ist von Fall zu Fall bei den Politikern sehr verschieden. Der ehemalige Bundeskanzler Helmut Kohl ist davon überzeugt, dass er vor der Geschichte eine gute Figur macht, er legt auch Wert darauf, eine gute Figur zu machen. Es gibt auch andere – nehmen wir mal einen Mann wie Kurt Schumacher. Der hat nicht die Vorstellung gehabt, dass ein bestimmtes Bild oder eine bestimmte Leistung von ihm in die Geschichte des eigenen Volkes eingehen sollte. Er wollte sein Volk vor weiterem schweren Ungemach bewahren.

Wie lässt sich Vaterlandsliebe mit der Idee eines vereinten Europas in Einklang __ bringen?

Das ist eines der großen Probleme, das alle europäischen Völker lösen müssen. Was hier in Europa geschieht, hat es niemals in der Weltgeschichte gegeben, niemals in den ganzen 5000 Jahren geschriebener Geschichte bis heute, weder bei dem legendären gelben Kaiser in China noch bei den alten Ägyptern. Und es entspricht in keiner Weise den vaterländischen oder patriotischen Traditionen der Völker. Das große Kunststück, das wir vollbringen müssen, ist, nationale Identität zu bewahren, aber sie zu verschwistern, um den Ausdruck verschweißen zu vermeiden, sie zu verschwistern mit dem Willen zur europäischen Gemeinsamkeit, zur europäischen Identität. Weil das so einmalig ist, so völlig ungewohnt für die Völker, deswegen macht es große Schwierigkeiten. Warum machen wir es dann, muss man sich fragen? Sicherlich auch zum Zwecke der Aufrechterhaltung des Friedens. Es hat noch nie eine Zeit gegeben wie die letzten 50 Jahre dieses Jahrhunderts, wo unter den Staaten Westeuropas so lange Frieden geherrscht hat. Das ist ein fantastischer Erfolg, um so wichtiger für die Deutschen, weil sie in der Mitte dieses kleinen Kontinents leben mit neun unmittelbaren Nachbarn. Das ist das eine Motiv. Das andere Motiv ist, dass die Völker begriffen haben, dass es zu ihrem ökonomischen Vorteil ist. Die Aufgabe der Verschwisterung nationaler Identitäten mit dem europäischen Integrationsprinzip muss in jedem Volke erst noch geleistet werden. Die Deutschen, die nach vier Jahrzehnten der Teilung eine gemeinsamen Identität einstweilen noch weitgehend entbehren, haben es leichter als die Franzosen. Für die Franzosen ist die Verschwisterung der beiden Prinzipien sehr viel schwieriger – für die Engländer noch schwieriger. Die Deutschen lassen oft Fingerspitzengefühl vermissen. Wenn sie darauf beharren, dass die Europäische Zentralbank nach Frankfurt muss oder wer ihr Präsident sein soll ... In Deutschland hat es ja bis 1919 die allgemeine Weisheit gegeben, dass Kompromisse im Prinzip faule Kompromisse sind. Viele müssen erst noch lernen, dass der Kompromiss ein notwendiger Bestandteil der Demokratie ist.

__ Ist es Aufgabe eines Politikers, für die Wirtschaft um Aufträge zu werben?

Das kann durchaus seine Aufgabe sein. Ich bin sehr skeptisch gegenüber Staatsmännern, die die Welt beglücken wollen mit ihren Ideologien – die kommen meistens aus Amerika. Ein klarer Interessenvertreter ist mir lieber als jemand, der das Heil predigt und in Wirklichkeit seine Interessen meint. Clinton ist sicherlich nicht ganz so schlimm, aber er ist ein typischer Amerikaner, der dem Kulturvolk der Chinesen erklären will, was Menschenrechte sind. Ich bin für die Menschenrechte, aber ich bin dagegen, den anderen Leuten die eigene Ideologie aufzuzwingen. Ich bin auch für Menschenpflichten. Und da brauche ich die Chinesen nicht zu belehren, das wissen die besser als wir. Hier in Deutschland werden zur Zeit Rechte und Ansprüche übertrieben, während Pflichten und Verantwortung kleingeschrieben werden.

Welche Maximen des politischen Handelns würden Sie einem jungen Politiker mit auf den Weg geben?

Von Maximen weiß ich nichts, ich bin kein Philosoph. Ich würde ihm ein paar Ratschläge geben: Erstens den Ratschlag, dass er sich mit der Geschichte Deutschlands so sorgfältig beschäftigen soll, dass ihm klar wird, was die geschichtlichen Wurzeln dieses Volkes sind. Und die Geschichte Deutschlands fängt nicht 1933 an. Zweitens soll er sich eine ausreichende Kenntnis des Grundgesetzes und aller wichtigen Gesetze verschaffen. Drittens soll er sich auf mindestens einem Fachgebiet so kundig machen, dass er auf diesem Gebiet wirklich verantwortungsbewusst agieren kann. Wenn er auf zweien oder dreien der vielen Gebiete der Politik Bescheid weiß im Laufe des Lebens, um so besser. Dann würde ich noch einen vierten Ratschlag hinzufügen: Er soll sich darüber klar sein, dass ohne seine eigene politische Selbstdisziplin seine Partei die jeweilige Regierung nicht aufrechterhalten kann. Er soll aber im Falle einer ernsthaften Kollision seinem Gewissen folgen und nicht seiner Fraktionsdisziplin. Und dann kann ich noch einen Schlusssatz hinzufügen, und das wäre der fünfte Ratschlag: Er soll sich bewusst sein, dass er nicht nur gegenüber seinen Wählern, sondern auch gegenüber seinem Gewissen verantwortlich ist. Das Gewissen kann auch irren. Dennoch muss die eigene Gewissensentscheidung letzten Endes über allem stehen. Sich nach der Opportunität nicht zu richten, kann auch problematisch sein. Bei mir hat es dazu geführt, dass ich mein Amt verloren habe.

In Ihrer Jugend gab es eine Begegnung mit dem Mädchen Cato Bontjes van Beek, das aus seiner Abneigung gegenüber dem Nationalsozialismus keinen Hehl gemacht hat und deswegen auch hingerichtet wurde, während Sie nach eigenem Bekunden nicht den Mut aufbrachten, in den Widerstand zu gehen. Haben Sie sich deswegen je schuldig gefühlt?

Ich leide nicht darunter, dass ich mich nicht dem Widerstand angeschlossen habe, sonst wäre ich ja tot.

Aber der Krieg barg ja auch das Risiko des Todes. Sie waren Soldat …

Dem konnte ich mich nicht entziehen. Widerstand zu leisten war dagegen eine Frage der eigenen Willensentscheidung. Ein großer Unterschied. Was mich belastet in meiner Erinnerung, ist, dass ich nicht versucht habe, Cato abzuraten von dem, was sie tat. Ich kannte Cato von Kindesbeinen auf. Ich beruhige mich damit, dass bei diesem unbedingten Idealismus, von dem sie erfüllt war, mein Ratschlag sie überhaupt nicht beeinflusst hätte. Aber es gibt vielerlei Schuld im Laufe des Lebens eines jeden Menschen. Jeder einzelne Mensch durchläuft eine Kette von Tragödien im klassisch griechischen Sinne. Das heißt: Jeder Mensch ist mit Schuld beladen. Trotzdem kann er ein guter Mensch gewesen sein.

— *Kann das Gefühl der Schuld Antrieb sein für politisches Handeln?*

Nein – das glaube ich nicht.

— *Welches Verhältnis zur Macht hatten Sie?*

Ich war erleichtert, als ich sie los war. Seien Sie mal verantwortlich dafür, dass Sie einen ernsthaften Konflikt wie zum Beispiel mit der Führung der Vereinigten Staaten von Amerika über den späteren Nato-Doppelbeschluss ausfechten müssen, von dem man am Anfang nicht weiß, wie er ausgeht. Oder aber sich entscheiden zu müssen, ob sie im Ernst den Versuch machen, tausende Kilometer von Deutschland entfernt ein entführtes Flugzeug, in dem über 90 Menschen sitzen, mit Gewalt zu entsetzen. Es hätte auch 90 Tote geben können. Angenehm ist das nicht, Macht zu haben. Sehr schön ist es, wenn Sie eine Steuerermäßigung durchführen können. Oder die Renten erhöhen.

— *Henry Kissinger hat einmal gesagt: Wenn die Völker des Westens den Glauben verlieren, dass demokratische Regierungen ihr ökonomisches Schicksal meistern, kann aus der Wirtschaftskrise eine Krise der westlichen Demokratie werden…*

Da brauchen Sie gar nicht erst Henry zu fragen. Studieren Sie mal die Gründe für die Machtergreifung von Adolf Nazi 1933. Es gab zwei Hauptgründe: einer war der Versailler Vertrag, der andere die Arbeitslosigkeit. Heute haben wir eine Arbeitslosigkeit, wie wir sie seit 1932 nicht mehr erlebt haben…

— *Sehen Sie darin auch heute eine Gefahr?*

Aber sicher, schauen Sie doch mal nach Sachsen-Anhalt. Natürlich kann man gegensteuern, aber dazu gehört sehr viel Urteilskraft und Tapferkeit. Alles, was notwendig ist, ist unpopulär. Es gibt nichts von dem, was morgen in Deutschland eigentlich geschehen müsste, das nicht auf erbitterten Widerstand stoßen wird.

Joachim Gauck

Die Idee der Gerechtigkeit muss immer wieder auf den Prüfstand

Herr Gauck, Sie waren Mitinitiator der kirchlich-politischen Protestbewegung in der späten DDR, Sprecher des Neuen Forums in Rostock, Leiter eines parlamentarischen Sonderausschusses zur Auflösung des Ministeriums für Staatssicherheit, schließlich Bundesbeauftragter für die Unterlagen des Staatssicherheitsdienstes der ehemaligen Deutschen Demokratischen Republik, auch Gauck-Behörde genannt. Welche Vorstellungen von Gerechtigkeit haben Sie bei der Gründung der Behörde Ihrer Arbeit zugrunde gelegt?

Es war ein ganz praktischer Bezug zum Thema Gerechtigkeit. Wir, die wir gegen die SED protestiert und die Stasi besetzt hatten, haben uns leiten lassen von der Vorstellung, dass das Herrschaftswissen der Unterdrücker, all das, was in den über 180 Kilometern Aktenmaterial der Stasi steht, in die Hände und Köpfe der Unterdrückten gehört. Das sollte so etwas wie ein Ausgleich sein, ein Informationsausgleich. Es war ungerecht, dass die kommunistische Führung das Volk zum Objekt der Bespitzelung und Unterdrückung gemacht hatte. Es galt nun, die geraubte Würde der Unterdrückten wieder herzustellen. Als Ausfluss einer Gerechtigkeitserwartung existierte das kreatürliche Bedürfnis: Wir wollen wissen, was die in die Akten geschrieben haben. Zudem wollten wir die Akten nutzen, um zu verhindern, dass die Unterdrücker von einst in führende Positionen der neuen Demokratie einzogen.

Sie haben dafür die rechtlichen Voraussetzungen, nämlich das Stasi-Unterlagengesetz, maßgeblich befördert. Was hat Sie so sicher gemacht, dass die Bespitzelten das ehemalige Herrschaftswissen wollten?

Ich war gar nicht so sicher. Aber sie sollten jedenfalls das Recht auf Wissen haben. Das Schlussstrich-Modell war uns suspekt.

Das Schlussstrich-Modell der Nachkriegsära war damals akzeptiert, aber die 68er-Bewegung hat gezeigt, wie begrenzt das Modell des Schlussstrichs war. Es vermag für eine gewisse Zeit zu befrieden, verzögert aber notwendige Konflikte. Die Dynamik der 68er-Konflikte ist nur erklärbar aus einem Rückgriff auf tiefere Schichten als nur Protest gegen Kapital oder Establishment. Motor war auch der Zorn über die Verweigerung, die Verantwortung für Schuld, für geschehenes Unrecht und schreiende Ungerechtigkeiten während der Nazizeit angemessen zu verarbeiten. In Kenntnis dieser Dinge haben wir 1990 in der frei gewählten Volkskammer gesagt: Wir wollen gleich aufarbeiten.

Steht das Urteil, die Akte Kohl verschlossen zu halten, nicht im Widerspruch zu Ihrem Anliegen?

Helmut Kohl ist ein Opfer der Staatssicherheit und kein Täter. Eine Absicht des Gesetzgebers ist es gewesen, die Unterdrückten oder Ausgeforschten zu schützen. Aber besonders glücklich bin ich mit diesem Urteil nicht. Deutsche Juristen haben oft Probleme mit innovativen Politik- und Rechtsansätzen. Sie haben das Aufarbeitungselement für nachrangig gegenüber dem Schutz von Persönlichkeitsrechten erklärt. Aber daraus entsteht kein Gerechtigkeitskonflikt. Es ist ein Rechtskonflikt, der durch die unabhängige dritte Gewalt entschieden worden ist.

Kohl ist das falsche Beispiel. Sie müssen eher Manfred Stolpe nehmen. In seinem Fall zeigte sich, wie ein Verstrickter aus politischer Opportunität von Lobby Groups gehalten wird. Da sahen viele Ungleichheit. Mit seiner Belastung wäre es einem Lehrer oder einem anderen öffentlich Bediensteten schwerlich gelungen, im öffentlichen Dienst zu verbleiben, das war seinerzeit ein häufig zu hörender Vorwurf.

Kann Aufarbeitung neue Ungerechtigkeit hervorbringen? Müssen zum Beispiel die Mauerschützen ausbaden, was bei der juristischen Behandlung der Nazitäter versäumt worden ist?

Es war nach dem Krieg noch nicht möglich, mit deutschen Richtern und mit deutschen Rechtsvorstellungen die Verfahren gegen die Kriegsverbrecher in Gang zu setzen. Aber insbesondere seit dem Auschwitzprozess ist die deutsche Rechtspflege auf diesem Gebiet vorangetrieben worden. Die Mauerschützen genießen den Vorzug, in Verfahren zu stehen, in denen das Recht sich weiter entwickelt hat. Sie haben Teil an jener Würde von Rechtspflege und Rechtsprechung, die davon ausgeht, dass auch das System des Rechts wächst, sich erweitert und weiser wird. Es war für mich allerdings faszinierend zu sehen, dass linke Juristen, die einst die Argumentation von Filbinger – was damals Recht war, kann heute nicht Unrecht sein –, verurteilten, diese 20 Jahre später ihrerseits anwenden. In grundlegenden Erörterungen zu Beginn und während dieser Mauerschützenverfahren ist man gerade davon abgerückt. Es gibt einen Kernbereich des Humanen, der jedem einsichtig ist: Man schießt niemandem in den Rücken. Auch wer dies als Kommandeur befiehlt und als Politiker als „Recht“ setzt, macht sich schuldig. Es war wichtig, dass höchstrichterlich klargestellt wurde, dass das Rückwirkungsverbot nicht absolut gilt, was in diesen Verfahren mit Rückgriff auf Gustav Radbruch deutlich gemacht wurde.

Sie glauben an eine Fortentwicklung, Verbesserung, gar Vervollkommnung des Rechts?

Selbstverständlich.

Glauben Sie, dass diese Entwicklung wieder rückgängig zu machen ist?

Wenn wir ein realistisches Menschenbild haben, dann werden wir uns dies vorstellen müssen. Es war ja auch nicht vorstellbar, dass das gebildetste Land Europas den größten Mord in der Menschheitsgeschichte organisiert. Die Rechtsordnung ist nie „zu Hause“. Das ist der Kern des Problems. Wenn wir das Thema Gerechtigkeit diskutieren, sprechen wir von einer Größe, die wir nicht „haben“. Vielleicht ist es mit der Gerechtigkeit so, wie Luther es von seiner Kirche haben wollte. Er hat sich seine Kirche als eine *Ecclesia semper reformanda*, eine Kirche, die sich beständig reformiert, gewünscht. Wenn wir uns die Gesellschaft vorstellen, in der wir Bürger sein möchten, dann würde ich sie nicht als eine sehen, die ans Ziel gekommen ist, sondern als eine *Societas semper reformanda*, und bei der Gerechtigkeit ebenso. Im Grunde gehören alle Strategien, also auch die der Rechtssicherung, der Rechtspflege, der Friedenssicherung und die, die „Gerechtigkeit“ fördern sollen, immer wieder auf den Prüfstand. Das, was wir gestalten können, nämlich die Rechtsordnung, muss in einer Rückbindung bleiben zu dem, was wir nie vollends gestalten können, der Gerechtigkeit. Und es zeigt sich, dass es möglich ist, neue Rechtsgüter zu gestalten. Nach dem Krieg waren die Würde der Unterdrückten, ihre Integrität und ihre Rechte nachrangig. Die Persönlichkeitsrechte der Unterdrücker galten mehr. Das ist heute anders. Mit dem Datenrecht und mit den Datenzugangsrechten sind alte Archivrechte und alte Besitzstandsrechte des Staats an Informationen über uns obsolet geworden. Auch andere Rechtsgüter wie das Umweltrecht tauchen plötzlich auf. Das hat sogar diese Nation, die so geprägt ist von Obrigkeitsdenken, begriffen.

Von der ehemaligen DDR-Bürgerrechtlerin Bärbel Bohley stammt die Sentenz: „Wir wollten Gerechtigkeit und haben den Rechtsstaat bekommen.“

Ein verhängnisvoller Satz, den Bärbel Bohley sicher heute so nicht mehr formulieren würde. Vielleicht hätte ich 1989 auch so gesprochen. 1990 schon nicht mehr. Ich war inzwischen Parlamentsabgeordneter, der sich zum Beispiel mit Steuer- oder Eigentumsrecht befassen musste oder mit Fragen, wie der Zugang zum politischen Raum organisiert werden kann und begriff, dass wir unsere alte Gleichgültigkeit gegenüber der Bedeutung des Rechts aufheben mussten. Solange wir ohnmächtige Oppositionelle waren, genügte im Grunde die bessere Moral. Als unsere Ermächtigung gegriffen hatte und wir den öffentlichen Raum zu erobern begannen, mussten wir nicht nur die Fakten neu besichtigen, neu bewerten, sondern auch Rolle und Bedeutung des Rechts. Dabei zeigte sich, dass wir einen Wissensrückstand hatten, nicht nur demokratiepraktisch, sondern auch demokratietheoretisch.

Vielleicht ist das Bedürfnis nach Gerechtigkeit mit der Schaffung rechtsstaatlicher Strukturen nicht befriedigt?

In einem psychischen Haushalt, der sich auf das Funktionieren in einem Angst-Anpassungs-Mechanismus eingestellt hat, kommt es nach der Befreiung zu einem riesigen Problem. Ein eingesperrtes Gerechtigkeitsbedürfnis wird plötzlich freigelassen. Eine große Freiheitssehnsucht verbindet sich mit der Gerechtigkeitssehnsucht und nistet sich ein im Bereich des Wünschbaren, weit weg vom Feld der Politik in einer offenen Gesellschaft. Die Leute sagen: Endlich kommt die Fülle. Dann kommt aber im Grunde nur eine Normalität, die für viele nur das Uneigentliche ist, unsere täglichen Kämpfe und Abmachungen. Wie viel Gerechtigkeit können wir uns leisten? Was bedeutet Gerechtigkeit in der Ökonomie? Was bedeutet sie in der Politik? Die Leute werden oft auch maßlos in ihren Erwartungen. Außerdem rechnen sie mit einer Instanz, die für Gerechtigkeit sorgt. Die Menschen begreifen nicht, dass sie selbst die Appellationsinstanz sind – als Bürger.

__ Kann nur der freie Bürger gerecht handeln?

Der andere ist nur ein Staatsbewohner oder, wie ich die DDR-Menschen gern bezeichne, ein Staatsinsasse. Man kann von einem Menschen in einer unfreien Gesellschaft nicht erwarten, dass er die Ungerechtigkeit dieser Gesellschaft heilt. Aber dass er in seinem zu verantwortenden Bereich gerecht ist, das kann man erwarten und das kann er auch leisten. Bei den vielen Dingen, die das Humane betreffen, gibt es ein Ensemble von Schutzaffekten und seelischen Möglichkeiten, die den Menschen einladen, ein wenig über seine Möglichkeiten hinauszugehen, ein wenig freiheitsliebender, ein wenig wagemutiger zu sein oder auch nur das Nötige zu tun. Freiheit ist immer im Werden, man muss um sie kämpfen. Ich will Amerika nicht als das Land der Vollkommenheit darstellen. Aber es ist immer noch leichter Amerikaner zu sein als Deutscher. Die Fehler, die unsere Nation begangen hat, sind ungleich verheerender als die Fehler der amerikanischen Nation. Die Amerikaner gehen oft nicht zur Wahl, aber sie nehmen Verantwortung wahr. Ich denke zum Beispiel an die Bedeutung des Einzelnen als Citizen – dass der Zahnarzt einmal in der Woche hingeht to do anything as a volunteer – wer hat mir davon in Deutschland erzählt? Das bürgerschaftliche Engagement in den USA gefällt mir. Für mich ist es eine durch die individuellen Freiheitsmöglichkeiten initiierte Definition der Freiheit als Verantwortung für das Gemeinwesen. Mit unseren deutschen Fähigkeiten, auf gutem Fuße mit unseren Obrigkeiten zu stehen, neigen wir dazu, Widersprüche zu glätten, die die Amerikaner stehen lassen würden. Wir leben in einer durch Fürsorge organisierten minderen Ermächtigung. Ich möchte unser Sozialsystem nicht gegen das amerikanische tauschen, und vielleicht auch nicht unser Schulsystem, aber bei all diesen auch dubiosen Führungskräften, die dort immer wieder auftauchen, imponiert mir die Selbstregulierungskraft, die in dieser Nation steckt. Amerika ist für mich immer noch eine Nation, der ich einiges zutraue.

__ Ist Gerechtigkeit ein Gefühl, das sich einer rationalen Bewertung entzieht?

Einem gesunden Menschen wohnt ein Gefühl der Gerechtigkeit inne, weil eigentlich fast jeder in seiner Biografie Ungerechtigkeit erlebt hat. Die Mutter bestraft das Kind zu Unrecht. Daraus entsteht eine kreatürliche Empörung. Ich vermute, dass tief in unserer Psyche ein Schutzmechanismus eingelagert ist, der auf die Verletzung der Integrität der Person mit Protest reagiert. Wenn der Protest nachhaltig und stark niedergeschlagen wird, reagieren wir mit Autoaggression oder Depression. Was es im Individuellen gibt, gibt es auch im Öffentlichen. Dass ich in meinem Sosein, in meinem Lebensrecht und in meiner Würde geachtet und geschützt werde, ist für mich der Kern der Gerechtigkeit.

In der gegenwärtigen Diskussion hat man den Eindruck, dass es bei der Frage nach der Gerechtigkeit mehr um materielle Dinge geht, um Verteilungsgerechtigkeit als um Würde oder moralisches Empfinden.

Die Forderung nach Gerechtigkeit kam in Zeiten auf, als die Menschen gemerkt haben, dass sie, zum Beispiel als Mitglieder der Unterschicht, weniger Rechte hatten, sie waren mit minderer Würde ausgestattet. Natürlich beginnt die Französische Revolution mit einer Hungerrevolte. Aber wir sprechen ja über ein Element von theoretischer Wirklichkeitsvergewisserung, wenn wir über Gerechtigkeit diskutieren. Und da erscheint mir die unterschiedliche Stellung im Staatswesen und vor Gericht entscheidend zu sein; also die unterschiedliche Möglichkeit, das eigene Leben zu gestalten oder eben nur zu erleiden, weil man von der Mitwirkung bei den Angelegenheiten der Gemeinschaft oder des Landes ausgeschlossen ist. Hier und nicht bei der Versorgung ist der Schwerpunkt des Gerechtigkeitsbegriffs im politischen Raum.

Liegt es an den Umständen, ob sich jemand gerecht oder ungerecht verhält, ob er sich dem Unrecht beugt oder nicht?

Es ist schwer für mich, auf diese Frage zu antworten, denn ich habe zu viele Menschen erlebt, die sich an Ohnmacht gewöhnt haben. Es gibt eine Normalität von Ohnmacht, die von Menschen unter anderem deshalb ertragen wird, weil sie einen Gewinn davon haben. Der Ohnmächtige ist nicht verantwortlich. Das ist auch der Grund, warum es mitten in freien Gesellschaften so viele Menschen gibt, die an ihrem Status als Bürger gar nicht interessiert sind, denen es reicht, Konsument zu sein. Menschen richten sich in Ohnmacht ein und leben mit einem eingesperrten Verlangen nach Gerechtigkeit. Sie verfolgen ein uraltes Menschheitsprogramm, wonach die Gehorsamen aufsteigen in die Kreise der Arrivierten. Es gibt gerade in formierten und total durchherrschten Gesellschaften so etwas wie die Zweitrangigkeit ursprünglicher Lebensthemen, zu denen die Gerechtigkeit gehört. In Bezug auf die deutsche Geschichte habe ich früher gedacht, es sei eine nationale Prägung. Unser kollektives Ich ist stärker auf Gehorsam geeicht. Inzwischen denke ich, dass es eine anthropologische Konstante gibt, das heißt eine dem Menschen als Menschen eignende Eigenschaft, die wir als Erschrecken vor der umfassenden Eigenverantwortung definieren können. Sie ist mit der Furcht verbunden, in das Stadium der Selbstbestimmtheit einzutreten.

Platon schreibt, dass, wer sich nicht für das Gemeinwesen engagiert, ein unnützer Bürger ist. Müsste man vor diesem Verdikt nicht sagen, dass ein Großteil der Deutschen unnütz ist?

Klar, aus dem Gesichtspunkt aufgeklärter Demokraten müssen wir das sagen. Da tauschen Menschen ihre Möglichkeit und Fähigkeit ermächtigt zu sein in freiwillige Ohnmacht um, sie mutieren vom Bürger zum Verbraucher. Wenn wir jetzt nicht in der christlichen Tradition stünden, würden wir sie zu Sklaven erklären, weil sie als Bürger unnütz sind. In Wirklichkeit glauben wir natürlich, dass ihnen die Würde autonomer Subjekte eigen ist, und wenn sie sich freiwillig in das Stadium von beherrschten oder manipulierten Objekten begeben, dann trauern wir um sie und versuchen sie wieder zu gewinnen. Notfalls ertragen wir ihre Existenz als Appell an uns: Willst du auch so leben? Offensichtlich gibt es jede Menge Menschen, die keiner kommandiert und die dennoch in Ketten gehen. Keiner von ihnen hat Lust, die Mühen der Partizipation auf sich zu nehmen. Die meisten sehnen sich nach dem aufgeklärten Fürsten.

Mit Aristoteles könnte man meinen, gerecht handelt ein Mensch, der sich so verhält, wie sich ein gerechter Mensch verhalten würde.

Bei Kant begegnet uns das in ähnlicher Weise wieder. Obwohl Kant den Horizont weit ausspannen kann und den bestirnten Himmel nicht auslässt, bindet er uns an unsere Gestaltungsmöglichkeiten zurück, an das, was man selber erleben oder nicht erleben möchte. An einer berühmten Stelle heißt es: „Habe den Mut". Das heißt, man muss auch den Mut haben, an sich zu glauben als freies und an der Gerechtigkeit teilhabendes Individuum. Für mich geht Kant davon aus, dass das Individuum mächtig und ausgestattet genug ist, um den zureichenden Begriff von Gerechtigkeit ins Leben zu rufen und wohl auch, ein hinlängliches Maß an Gerechtigkeit zu leben. Was man hieraus auch ableiten kann, ist dies: Man muss nicht erst auf das Stadium der Erleuchtung oder der Vollkommenheit warten, um als Handlungsfähiger einzutreten in den Kreis der anderen. Das ist ein elementar wichtiges, für politische Idealisten aber ganz schweres Lernprogramm.

Sie haben keine Vision von einer gerechten Gesellschaft?

Ich würde keinen Politiker wählen, der mir erneut sagt, er kennt das Ziel der Geschichte und hat die überragende Vision. Ich bin ein hartnäckiger Realo geworden. Mein persönlicher Höchstwert in der Politik ist die Gestaltung des Weniger-Schlechten.

Der Mensch ist nicht nur ein Homo politicus …

Richtig, als Person würde ich seelisch verdorren, gäbe es für mein Tun keinen weiteren Horizont als den relativ schmalen Bereich dessen, was ich gestalten kann. Ich muss also den Visionen, großen Programmen, Idealvorstellungen einen Raum schaffen. Wo aber soll dieser Raum sein? Er ist bei mir in meinem Glauben, meiner Religiosität – und in der Kunst. Als Person könnte ich auf die weiteren Horizonte des Glaubens und der Künste nicht verzichten. Ich habe nur große Skepsis, wenn solche Idealvorstellungen in der Politik auftauchen.

Bedarf es nicht gewisser Bindeglieder zwischen den – soziologisch gesprochen – ausdifferenzierten Systemen wie Religion, Kunst, Politik, Ökonomie und so weiter? Brauchen wir nicht die Vermittlung von Visionen wie der Vorstellung einer gerechten Welt gerade im politischen Alltag?

Wie gelangt das, was wir glauben, in das, was wir tun? Wie gibt dieser weitere Horizont unseren kleinen nächsten Schritten die Richtung? Ich weiß es nicht. Tatsache ist, dass die Menschen, die sich der Vorstellung einer größeren oder geheilten Welt verbunden fühlen, oftmals handlungsfähiger sind. Sie sind belastbarer, in ihrem Einsatz energischer und oftmals verlässlicher, auch barmherziger und hoffentlich liebevoller. Das ist das eine, das andere: Sie sind verführbarer. Wenn Sie mich jetzt noch fragen, warum das der Fall ist, dann lautet meine Antwort darauf: Es ist der Hunger nach dem Unbedingten und die Sehnsucht danach, dass mein Leben und das Unbedingte in Zusammenhang stehen möchten. Das religiöse Bedürfnis ist in den Menschen angelegt, aber wenn es sich nicht mehr in den originär religiösen Lebenswelten und Lebensformen abspielt, sucht diese Sehnsucht nach einer irdischen Heimat. Das ist auch der Grund, warum der Aufstieg aller totalitären Herrschaftssysteme in einer nachreligiösen Ära erfolgt. Dennoch spüre ich hier sehr deutlich ein Desiderat. Es muss eine Ansage des Eigentlichen geben für Menschen, denen die religiöse Dimension ganz oder partiell verschlossen ist. Was tun? Wollen wir eine zivile Religion? Wir sind uns darüber nicht einig, weil wir uns vor einer Überhöhung banaler Vorgänge fürchten. Die Idee eines demokratischen Gemeinwesens, wo jeder eine gerechte Position innehat, beruht nicht nur auf vernünftiger Einsicht, sondern auch darauf, dass es eine Neigung des Herzens zu diesem Gemeinwesen gibt. Deshalb wäre wahrscheinlich eine Gemütsverbindung der Bürgergesellschaft oder eine Seelenverbindung der Bürger zu ihrem Gemeinwesen zu fördern. Oft ist es so, dass wir die Lebensmöglichkeiten und die Gestaltungsmöglichkeiten minimieren, weil wir das Ermächtigende nicht ausreichend lieben. Wenn wir von Lebensmöglichkeiten sprechen, dann sprechen wir auch von Wahlmöglichkeiten. Als Christopher Browning an seinem Buch *Ganz normale Männer* schrieb, untersuchte er die Geschichte des Polizeibataillons 101 und stellte fest, dass fast alle 500 Männer Juden, Kinder und Alte erschossen haben. Aber ein Dutzend hat es nicht getan. Diese Menschen haben mit ihrem Leben bezeugt, dass sie eine Wahl und diese wunderbare Freiheit eines Individuums hatten, das nicht nur den Befehlen folgt, sondern in das Stadium der Reife tritt und sagt, ich bin frei. Aber wozu bin ich frei? Wo Freiheit übersetzt werden kann mit Verantwortung, da geht es los und da erwachen auch diejenigen, die bereit sind, für die Gerechtigkeit zu arbeiten.

Man muss ihnen gar kein Seminar verordnen. Sie haben ein Gespür dafür, dass zur Würde und zum Leben in der Freiheit die immer währende Reparatur von Gerechtigkeitslücken gehört.

__ Ist Gerechtigkeit ein religiöser Begriff?

Es gab in Südafrika die Truth and Reconciliation Commission (Wahrheits- und Versöhnungskommission). Mit einem der Intellektuellen, die dieses Modell erarbeitet haben, habe ich über den Begriff der Versöhnung gesprochen. Er sagte zu mir, mit dem Begriff der Versöhnung haben wir uns verhoben. Das ist eine Dimension, die uns nicht zur Verfügung steht. Ich würde heute sagen, man kann dafür sorgen, dass Menschen unterschiedlicher Herkunft und mit unterschiedlicher Schuld eine Umgehensweise miteinander entwickeln können, die gewaltfrei ist; aber das ist noch nicht Versöhnung, das ist friedliche Koexistenz. Versöhnung gehört eher in eine religiöse Dimension. Vielleicht ist es so, dass die Gerechtigkeit, die wir so gerne im Munde führen, letztlich aus unserer Sehnsucht nach dem Paradies stammt, dass sie in einem versöhnten, das heißt jedem seine Würde, sein Recht und seine Sicherheit zubilligenden Entwurf von Leben ihren letzten Grund hat. Das zu erkennen würde einem auch ermöglichen zu sagen, dass unsere Regelungsversuche in der – theologisch gesprochen – „gefallenen" Welt, also in der Bürgerwelt, nicht den Charakter der letzten Dinge, sondern der vorletzten Dinge haben. Das wäre ein wunderbarer Appell an den Realitätssinn, und wir würden damit helfen, dass wir uns bei unseren Gerechtigkeitsforderungen nicht verheben. Nehmen wir als Beispiel die geschriebene Rechtsordnung. Ich komme noch einmal auf die Sentenz von Bärbel Bohley zurück: „Wir wollten Gerechtigkeit und haben den Rechtsstaat bekommen." Was will ich denn jetzt von den Richtern und Staatsanwälten in meinem Land? Die große Gerechtigkeit? Nein, sie sollten Bärbel Bohley trotzen und sagen: Ich bin nur ein Ingenieur des Rechtsstaats, ich konstruiere Rechtsvorstellungen und schaffe Normen, ich überwache die Einhaltung und sanktioniere die Verletzung dieser Normen. Dennoch darf das Recht nicht völlig abgehoben von der Idee der Gerechtigkeit sein, sonst gäbe es keine Möglichkeit, es zu kritisieren und zu verändern. Die Rechtsordnungen der Völker müssen Bestand haben vor der Idee der Gerechtigkeit. Und von daher spüren wir, dass dieses visionäre Element im Grunde einen politischen Bezug hat.

Sie haben die Wahrheits- und Versöhnungskommissionen in Südafrika angesprochen. Kann man Unrecht und Ungerechtigkeit, wie es die Menschen im __ Apartheidsstaat erleben mussten, überhaupt sühnen?

Nein, man kann es nur mildern. Die demokratischen Nachfolger von Unrechtsstaaten, egal, ob totalitärer oder nur autoritärer Herrschaft, können die Getöteten nicht wieder lebendig und die Verletzten nicht wieder völlig gesund machen. Aber sie können das tun, was man in Südafrika sehr deutlich getan hat: sagen, wo

Recht und wo Unrecht war. Das ist eine moralische Wiedergutmachung. Oftmals leiden die Opfer an mangelnder Anteilnahme der sie umgebenden Gesellschaft, und deshalb brauchen sie einen Platz in unserem Herzen und in unserem Kopf. Es gibt Menschen unter uns, die haben mehr gelitten als wir, und deshalb muss ihnen unsere Sympathie gehören. Alle Opfergruppen werden anders reden und agieren, wenn dies geschieht.

___ *Welche Rolle spielt die Vergebung?*

Ein gesunder Mensch hat die Fähigkeit zur Vergebung. Es gibt aber Erscheinungen, Mechanismen, Haltungen, die der Vergebungsbereitschaft im Wege stehen. Das ist der Fall, wenn Täter oder Verantwortliche die Lüge und die Vermeidung der Wahrheit vorziehen. In dem Moment, wo schuldige Menschen zur Wahrheit stehen im Wort oder sie nur in einer Geste zulassen, wird die Vergebungsbereitschaft sehr stark. Sie ist oft sogar voreilig, sie ist vorwitzig, sie will leben. Wir ertragen es nicht, in Zwietracht zu sein. Wir behindern damit aber auch einen Akt von Selbstkritik. Bei einer Überprüfung von Abgeordneten der Volkskammer auf Zusammenarbeit mit der Stasi sagten alle Beschuldigten, dass sie eigentlich nur dem besseren Verhältnis zwischen Staat und Kirche gedient hätten oder die Wissenschaft fördern wollten und so weiter. Ein Einziger machte das nicht so, der stand auf und sagte: „Ja, ich war IM (Inoffizieller Mitarbeiter), leider stimmt das. Ich würde viel dafür geben, dass ich das nicht getan hätte, ich kann das nur bedauern." Bei allen anderen gab es Zorn- und Unmutsäußerungen im Plenum; als der Mann gesprochen hatte, war Stille. Ich bin zu ihm hingegangen und habe ihm die Hand gegeben. „Nicht wegen damals", habe ich gesagt, „sondern wegen jetzt".

Jan Philipp Reemtsma

Man hat immer Optionen ...

Herr Professor Reemtsma, die Ergebnisse der Hirnforschung haben in den letzten Jahren zu einer heftigen Debatte über die Freiheit des menschlichen Willens geführt. Aber über was sprechen wir eigentlich, wenn wir über Freiheit im Allgemeinen und Willensfreiheit im Besonderen sprechen?

Es hat eine Debatte über vielerlei gegeben, aber die moderne Hirnforschung hat nichts dazu beigetragen, dass diese Debatte intelligenter oder differenzierter geführt worden wäre, als sie im Lauf der Philosophiegeschichte immer schon geführt worden ist. In der Regel beruhen die Äußerungen von Neurobiologen, die sich zu dem Problem Willensfreiheit äußern, auf mangelnder Kenntnis der psychologischen und philosophischen Diskussion. Es werden deshalb Behauptungen aufgestellt, die längst in der Welt sind und nicht dadurch intelligenter werden, dass sie die Naturwissenschaftler wiederholen. Das Grundmissverständnis besteht darin, dass Neurobiologen einen Begriff von Freiheit verwenden, der überhaupt nichts mit der Art und Weise zu tun hat, mit der wir normalerweise über Freiheit sprechen.

Das Wort Willensfreiheit ist schon für sich genommen ein Problem, weil es meist so verwendet wird, als gäbe es ein Wollen hinter dem Wollen. „Wollen wollen" ist Unfug. Das ist, als würde man an einem Regal mit verschiedenen Möglichkeiten etwas zu wollen vorbeigehen und sich etwas aussuchen. Das ist beim Denken ja auch nicht so. Es gibt kein Denken hinter dem Denken; ich kann mir nicht aussuchen, einen bestimmten Gedanken zu denken, sondern ich denke ihn einfach. Trotzdem kommt deshalb keiner auf die Idee zu sagen, das Denken sei unfrei. Es kommt auch keiner auf die Idee, einen Menschen, der sich wie von einem Zufallsgenerator gesteuert verhält, für frei zu halten. Genauso wenig deutet man die unkoordinierten Bewegungen von jemandem als Ausdruck von Freiheit, sondern man sagt, der Mann ist krank.

Unser Begriff von Freiheit bedeutet, dass *ich* es bin, der etwas will. Wir empfinden jemanden als unfrei, von dem wir das Gefühl haben, er sei fremdgesteuert oder jedenfalls nicht „er selbst", so, als habe er einen implantierten Sender oder stehe unter Drogen. Das heißt, unser Verständnis von Freiheit ist an eine Vorstellung von Autonomie gebunden. Das ist das Entscheidende. Die Erkenntnis, dass das Wollen im Hirn entsteht, genauso wie das Denken, ist erstens nicht neu und hat zweitens mit dem ganzen Problem überhaupt nichts zu tun. Wo sollte es denn sonst entstehen? Aber das Hirn ist ja nichts, das ich nicht selber wäre. Natürlich kann man das Wollen als einen Vorgang auffassen, den man durch bildgebende Verfahren im Hirn beschreiben kann; man kann ihn auch in einer biochemischen

Sprache, mit einem psychologischen oder mit einem alltagssprachlichen Vokabular beschreiben – aber die Verwendung eines bestimmten Vokabulars tangiert unser Verständnis von Freiheit nicht.

Wie ist es zu erklären, dass sich Hirnforscher als Naturwissenschaftler mit dem philosophischen Problem der Freiheit befassen?

Derlei ist nicht neu. In vormodernen Zeiten gab es die so genannte Königin der Wissenschaften, die Theologie, die alles ratifizieren musste, was in den anderen Disziplinen gemacht wurde. Die Philosophie, wie wir sie heute kennen, entsteht im Grunde mit und nach Immanuel Kant. Vorher war Philosophie Studium generale. Mit Kant entsteht ein eigenes Fach, das eine eigene Sprache, mit Hegel eine eigene Problemgeschichte hat. Gleichzeitig redete sich dieses Fach ein, eine Grundlagendisziplin zu sein und insofern die Nachfolge der Theologie anzutreten. Es gibt aber in der modernen akademischen Differenzierung keine Grundlagendisziplinen mehr. Nur weil niemand außerhalb der Philosophie es ernst nehmen musste, konnte die Philosophie sich das einreden.

Es gibt aber immer wieder Disziplinen, die eine Ambition haben, Grundlagendisziplin zu sein und die Berechtigung dieser Ambition dadurch aufweisen möchten, dass sie die traditionellen Probleme der Philosophie endlich „lösen", obwohl es da meistens gar nichts zu lösen gibt, denn es handelt sich um Traditionsfragen, die einfach den akademischen Laden „Philosophie" am Laufen halten. Das war eine Zeitlang die Physik, wo man sich über philosophische Themen stritt: über Ursache und Wirkung oder Kraft und Substanz. Aber je klüger die Physiker wurden, desto mehr stellten sie fest, dass ihre eigenen Grundlagen eine äußerst nebulöse Angelegenheit sind. Augustinus sagte noch: Was Zeit ist, weiß ich zwar irgendwie, aber ich kann es nicht sagen. Stephen Hawking sagt: *Ich* kann es euch sagen. Inzwischen ist man da wieder skeptischer. Und jetzt ist es eben die Neurobiologie, die zweifellos eine ganz bedeutsame Rolle in der Wissenschaft und in der Medizin spielt, aber auf einmal mit dem Anspruch auftritt, Grundlagendisziplin zu sein und philosophische Probleme zu lösen, die in der Philosophie brav vor sich hin verwaltet werden und eigentlich niemanden außerhalb ihrer interessieren müssten.

Den überzogenen Anspruch der Philosophie machen Sie wirkungsgeschichtlich an Kant fest. Verlor die Philosophie mit Kant den Bezug zur Lebenswelt?

Eigentlich fängt die Entwicklung mit Platon an. Aber es gab immer eine andere Tradition, die nebenher lief: die Sophisten, Montaigne, Hume, Wittgenstein II. Mit Kant wurde die Philosophie ein modernes akademisches Fach, und sie entwickelte einen eigenen Jargon. Die Schüler Kants erkannten sich an einer gruppenspezifischen Sprache. Das war der Punkt, an dem zum Beispiel Christoph Martin Wieland sagte, das sei im Kern antiaufklärerisch. Überall dort, wo eine Gruppe von Menschen behauptet, einen privilegierten Zugang zu grundlegenden Wahrheiten zu haben, geht der eigentliche Pfiff der Aufklärung verloren, der darin besteht, dass jeder berechtigt ist, über alles zu sprechen – ob er gebildet oder ausgebildet genug ist, dass es sich lohnt, ihm zuzuhören, ist eine andere Frage. Es gibt eine kleine Schrift von Wieland, *Sechs Antworten auf sechs Fragen*, in der er fragt: Hat die Aufklärung Grenzen? Über diese Frage mokiert er sich nur und sagt, sie sei so sinnvoll wie die Frage, ob die Welt irgendwo am Ende mit Brettern zugenagelt sei. Dann fragt er: Wer ist berechtigt, die Menschheit aufzuklären? Und er antwortet: Jeder, der es könne. Und wer kann es nicht? Dann müssten wir eine Institution haben, die entscheidet, wer zugelassen ist und wer nicht. Und eine solche Institution wäre gefährlicher als der Unsinn, der entsteht, wenn jeder mitreden darf. Das Unsinnreden hingegen kann durch jemanden, der etwas Vernünftiges redet, aus der Welt gebracht werden. Und dies drückt die liberale Grundüberzeugung dessen aus, was eine freie Öffentlichkeit ist.

Was Wieland noch nicht sehen konnte, war, dass die Ambition, Grundlagendisziplin sein zu wollen, die von der Philosophie aufgebracht wurde, letztlich unschädlich ist – weil sie nur die Philosophen angeht und von niemandem ernst genommen werden muss. Wieland dachte, dass hier eine neue Scholastik entsteht und die Kantschüler uns erzählen, was wir denken dürfen und was nicht, was gedruckt werden soll und was nicht, wie die Sprache beschaffen zu sein hat, in der wir schreiben, und wie nicht.

Ist auch die Frage nach der Freiheit eine typisch philosophische Frage, die nur in philosophischen Seminaren diskutiert wird?

Im Grunde: ja. Wir wissen, dass zum Beispiel auch die Entgegensetzung von Determinismus – das heißt die ursächliche Bestimmtheit aller Vorgänge – auf der einen und Freiheit auf der anderen Seite künstlich ist. Was ist der höchste Ausdruck der Freiheit, den wir kennen? Es ist Luthers Satz: „Hier stehe ich, ich kann nicht anders." Also, wenn *mein* Handeln der Ausdruck *meiner* Persönlichkeit ist und nicht einer Fremdbestimmung, dann empfinden wir uns als frei. Warum sollen wir da noch etwas hinzutun? Das hat auch Voltaire geschrieben: Ich bin frei, wenn ich das tun kann, was ich will.

Es passiert nun aber tatsächlich, dass etwa Hirnforscher auf Grund ihrer Forschungsergebnisse meinen, das Strafrecht müsste geändert werden, weil die Menschen biologisch bedingt nicht wirklich frei entscheiden könnten...

Das ist wiederum, wenn man so will, ein soziologisches Missverständnis. Unser Recht beruht nicht auf einer bestimmten philosophischen Überzeugung, sondern unser Recht beruht auf bestimmten Gesetzen und ihrer Auslegung. Im Verfahren können vor Gericht immer gewisse Hilfsdisziplinen zu Rate gezogen werden – es gibt zum Beispiel psychologische Gutachten. Was bedeutet das? Psychologische Gutachter entscheiden nicht über Freiheit oder Unfreiheit, sondern darüber, ob es dem Angeklagten zuzumuten ist, die volle Strenge des Gesetzes zu erfahren. Ist der Angeklagte vielleicht jemand, dem es sehr viel schwerer fällt, diese Gesetze einzuhalten als anderen Menschen? Das ist die Frage nach dem Unterschied der Zumutbarkeit. Die Hirnforschung kann zur Beantwortung dieser Frage sehr viel beitragen, etwa durch die Untersuchung des Gehirns und die Klärung der Frage, ob der Angeklagte selbstbestimmt handelte. Sie gehört damit aber, wie die Psychologie, nur zu den Hilfsdisziplinen, und ihre Aufgabe besteht nicht darin, das philosophische Fundament zu finden, auf dem unser Recht aufgebaut ist. Und das ist auch nicht die Aufgabe der Rechtsphilosophie.

In Ihrem Aufsatz Freiheit, Macht, Gewalt *definieren Sie Freiheit als die Möglichkeit, Entscheidungen zu treffen und diesen gemäß zu handeln. Wäre dementsprechend auch die Entscheidung, anderen Menschen Schaden zuzufügen oder ihnen Gewalt zuzufügen, Ausdruck menschlicher Freiheit?*

Aber selbstverständlich. Freiheit bedeutet nicht nur Freiheit zum Guten.

Inwieweit kann man aber die freie Entscheidung, Gewalt anzuwenden, beeinflussen? Es reicht ja nicht aus, einfach abzuwarten, ob sich jemand entscheidet, Gewalt anzuwenden oder eben nicht.

Eine wichtige Möglichkeit, Entscheidungen zu beeinflussen, ist die Strafandrohung. Wenn es nicht riskant wäre, würde ich es vielleicht tun. Eine andere Art, diese Entscheidungsbildung zu beeinflussen, ist die Erziehung. Kleine Kinder wachsen ja als tötungsbereite Wilde auf. Sie reißen Fliegen Flügel aus und treten Käfer tot. Aber irgendwann setzt das Gespräch mit den Kindern ein. Man sagt: „Tritt den Käfer nicht tot, der will auch noch leben. Du willst leben, der Käfer will leben." Ich denke, dass die Fähigkeit, empathisch, also mitfühlend, zu sein, eine allgemein menschliche Fähigkeit ist, die aber in jedem einzelnen Menschen ausgebildet werden muss.

Kinder müssen lernen, dass man auf die Frage „Warum hast du das getan?" und „Warum wolltest du das tun?" Antworten geben muss. Wenn man ein Kind fragt: „Warum hast du das getan?", erhält man oft die Antwort: „Weil ich es wollte." Und wenn man nachfragt: „Aber warum wolltest du dies?", erhält man die Antwort: „Weil ich es eben wollte." Irgendwann lernen die Kinder, dass man von ihnen gar keine Auskunft über die psychischen Prozesse erwartet, die in ihnen vorgegangen sind, sondern dass man eine Rechtfertigung ihres Tuns verlangt; dass sie sagen: „Ich habe das getan, weil das doch gut für uns alle ist" oder etwas in dieser Art, dass sie also eine verallgemeinerbare Legitimation liefern müssen oder wenigstens um Verständnis bitten: „Ich war doch so neugierig!" Dieses Sprachspiel zu beherrschen ist eine wesentliche Voraussetzung unseres sozialen Zusammenlebens. Es kommt allerdings vor, dass manche Menschen Motivation und Legitimation verwechseln, dass sie also denken, sie würden wirklich aus den Gründen handeln, die sie gegenüber anderen Leuten angeben. Wenn mich zum Beispiel jemand fragt, warum ich einen Vortrag halte, sage ich normalerweise: „Das Thema ist mir wichtig." Oder: „Ich halte Vorlesungen, weil ich meinen Studenten etwas beibringen will." Es ist nicht nach etwas anderem gefragt. Aber wenn ich ehrlich mit mir selber bin, muss ich zugeben, wie jeder Vortragende, dass auch Eitelkeit ein Motiv ist. Vielleicht hofft man darauf, von schönen Studentinnen angehimmelt zu werden oder irgend so etwas. Motivationen gibt es im Grunde nicht, es ist das, was aus einem großen psychischen Kuddelmuddel in bestimmten Situationen zur Sprache kommt – und das, was einem von anderen zugerechnet wird. Aber danach wird eigentlich nicht gefragt, wenn jemand fragt, warum man einen Vortrag hält, sondern der Fragende will wissen, warum ich es für richtig halte, genau diese Art Vortrag zu halten.

In Ihrem Buch Wie hätte ich mich verhalten? *schreiben Sie, dass die Freiheit der Wissenschaft eigentlich ein „asoziales Ideal" sei. Stellen Sie mit dieser Kritik den ganzen Wissenschaftsapparat in Frage, auch Ihre eigene Disziplin?*

Nein, das ist keine Kritik. Ich wollte einfach nur eine Sache zuspitzen, weil mir dieses Gerede über die politische Verantwortung der Wissenschaft zu pathetisch ist. Der Wissenschaftler hat nicht qua Wissenschaftler eine politische Verantwortung, sondern qua Bürger. Wenn da sein Wissen, das er als Wissenschaftler hat, in sein bürgerliches Engagement hineinkommt, umso besser. Aber mehr ist da nicht. Und das Asoziale ist: Es ist ja für den Wissenschaftler sehr häufig absolut notwendig für sein geordnetes Denken, dass er sich nicht darum kümmert, was bei seiner Arbeit herauskommen kann. Dass er also *auf Zeit* seine bürgerliche Verantwortlichkeit zurückstellt. Und dazu kommt, das ist mir aufgefallen, als ich mich irgendwann nach meinem Studium wieder in die Universität hineinbewegt habe, dass das Klima dort sehr weltfremd und zuweilen kindlich ist. Wenn sie schon andere Dimensionen mitbekommen haben, stellen Sie fest, dass das eine merkwürdig wirklichkeitsverdünnte Atmosphäre ist, die sich wahrscheinlich notwendigerweise herstellt, wenn man andere Dinge immer hintanstellen muss. Es ist wohl notwendigerweise so.

Wir können nicht auf Erkenntniszuwachs verzichten, auch wenn dies und das besser unentdeckt geblieben wäre. Der Mensch kann nicht anders. Man kann von einem moralischen Standpunkt aus Erkenntnisverzichte fordern, aber das zeigt eben auch nur, dass die Moral ihre Grenzen hat. Ich finde die Bemerkung von Niklas Luhmann sehr gut, der sagt, es könnte zu den Aufgaben von Ethik, als Reflexionstheorie der Moral, durchaus gehören, vor zu viel Moral zu warnen. Aber dann sagt er, dafür gibt es den Humor, die Ironie, den Witz und die Fähigkeit, den Übermoralischen auszulachen – jedenfalls war das der Weg, den man im 18. Jahrhundert einzuschlagen versuchte. Denken Sie zum Beispiel an Lessings Schauspiel *Minna von Barnhelm*. Da gibt es einen Falschspieler, den Riccaut. Die Zofe der Minna, Franciska, möchte ihn am liebsten hängen sehen. Und Lessing lässt Minna sagen: „Vorsicht, Vorsicht, Vorsicht. Keiner ist ganz schwarz und keiner ist ganz weiß." Franciska muss lernen, am bösen Menschen das Gute zu erkennen und am guten das Böse. Sie muss erkennen, dass sie alle gemischte Charaktere sind, und sie muss vorsichtig sein mit dem moralischen Urteil. Man stellt fest, dass der Falschspieler, diese durchaus prekäre Figur, in dem Stück so eingesetzt wird, dass der gute Ausgang letztendlich durch ihn in Gang gesetzt wird. Man muss immer bedenken: Wo ist die Grenze der Moral? Moral ist eine gefährliche Geschichte, weil sie die gesamte Person und nicht nur einzelne Handlungen in Frage stellt. Gut und böse und nicht nur richtig und falsch. Natürlich kann man nicht vermeiden, dass sich Moral auf die Person richtet und nicht nur auf einzelne Probleme. Wenn ich jemandem sage, er hätte eine Maschine falsch bedient, dann gebe ich ihm damit vielleicht zu verstehen, dass er ungeschickt sei. Wenn ich aber feststelle, dass er eine gefährliche Maschine falsch bedient hat, weil er sich nicht die Gebrauchsanweisung durchgelesen oder nicht aufgepasst hat und damit andere Menschen gefährdet, dann stelle ich ihn anders zur Rede. Dann sage ich: „Wer bist du, dass du aus bloßer Bequemlichkeit das Leben anderer Menschen gefährdest?“ Und damit steht er als gesamte Person unter Feuer und muss auch als gesamte Person handeln. Daran ist nichts Schlechtes, aber man muss eben sehen, ob man einem Menschen damit Unrecht tut oder nicht.

Um jemanden kritisieren zu können, muss man ihm ein Mindestmaß an Entscheidungsfreiheit zubilligen. Was bedeutet dies im Hinblick auf geschichtliche Ereignisse?

In der zweiten Ausstellung über die Verbrechen der Wehrmacht im Osten in den Jahren 1941 bis 1944, die vom Hamburger Institut für Sozialforschung veranstaltet wurde, haben wir etwa unterschiedliches Verhalten in diesem Vernichtungskrieg gezeigt. Es war mir ganz wichtig, dass es einen Raum gibt, der „Handlungsspielräume“ heißt. Zum Beispiel erfolgten in einem Fall auf ein und denselben Befehl hin drei verschiedene Ausführungen. Der Befehl, der drei Offizieren erteilt wurde, lautete, die Juden, auch die Frauen und Kinder, die in ihrem Kommandobereich sind, als Partisanen erschießen zu lassen. Der eine sagt: „Das mache ich nicht, das ist Quatsch, das sind keine Partisanen. Ich tue es einfach nicht.“ Darauf kriegt er die Anweisung: „Tun Sie das gefälligst“ und er sagt: „Nein, das mache ich nicht.“ Nichts passiert. Der zweite zögert, ruft zurück: „Soll ich das wirklich tun?“ Nach einigem Hin und Her tut er es. Und der dritte tut es sofort.

Man hat eine Option. Es ist sehr wichtig, dass man dieses Bewusstsein in sich selber erhält und in anderen Menschen stärkt. Aber man hat natürlich nicht jede Option. Auch hier möchte ich noch einmal Wieland zitieren: Niemand ist gezwungen, ein Held zu sein. Man kann nicht aus einer sicheren Situation heraus von allen Menschen verlangen, dass sie ihr Leben aufs Spiel setzen. Aber man kann von ihnen verlangen, dass sie keine Verbrecher werden. Deshalb bewundern wir Menschen, die sich heldenhaft verhalten: Weil sie nicht alltäglich sind. Wir bewundern zum Beispiel die Geschwister Scholl, die ihr Leben dafür riskieren, Flugblätter zu verteilen, um die Leute über die Wirklichkeit aufzuklären. Wir würden sie nicht bewundern, wenn das alltäglich wäre. Und so gibt es auch im Konzentrationslager Helden, für die es das Wichtigste ist, das Leben eines jungen

Mädchens zu retten, die alles, was irgend möglich ist, dazu beitragen, dass es überleben kann. Und deshalb wird ihrer in Dankbarkeit gedacht. Es gehört aber auch zur Achtung vor diesen Leuten, dass man nicht so tut, als wären alle Menschen in solchen Extremsituationen nur an ihrem eigenen Überleben interessiert.

Konnte man zum Beispiel von Offizieren nicht erwarten, dass sie es erst gar nicht zu einem solchen Vernichtungskrieg kommen lassen?

Ich stimme Ihnen zu. Ob es Offiziere gab, die diesen Krieg von vornherein für unmoralisch hielten, ist rein akademisch, wenn sie ihn denn haben führen helfen – sie hätten ja ihren Abschied einreichen können. Es gab Generäle, die, aus rein militärischen Gründen, gegen diesen Krieg waren und doch völlig zum Führer hielten. Sie hatten ihre Gründe auch angeführt: Die Ressourcen sind nicht vorhanden, die Truppenstärke ist zu gering, die Nachschublinie ist nicht zu halten, die deutsche Industrie ist nicht leistungsfähig genug und so weiter. Die sind nicht rausgeflogen. Die sind sozusagen an die Wand geredet worden – na gut, wenn der Führer das will, dann muss man diesen Krieg eben führen. Dass es zu den Kriegsplanungen gehörte, zig Millionen Hungertote einzuplanen, das haben alle gewusst. Viele haben es so auch gewollt. Aber oft ist es auch so beim Menschen, dass er etwas weiß, es aber nicht wirklich durchdenken und mit seinen Gefühlen dem Denken nicht nachkommen kann. Er stellt es sich nicht vor. Es existiert da eine gewisse Fantasielosigkeit. Hannah Arendt hatte wohl nicht Recht, als sie von Eichmann sagte, er habe sich buchstäblich nicht vorstellen können, was er anstellt. Aber es gibt solche Leute. Und einige Offiziere haben sich, mit der Realität konfrontiert, für die sie in unterschiedlichem Grade mitverantwortlich waren, ja zum Widerstand entschlossen.

Heute gibt es die Tendenz, gesellschaftliche, insbesondere auch wirtschaftliche Entwicklungen als schicksalhaft zu begreifen und Beschneidungen der persönlichen Freiheit im Rahmen solcher Entwicklungen hinzunehmen. Warum verzichten Menschen, die frei entscheiden können, ohne Zwang auf Freiheit?

Weil der Zustand, in dem man sich nicht stets bewusst ist, dass man auch anders kann, sehr bequem ist. Jean-Paul Sartre hat nicht von ungefähr den Satz „Wir sind zur Freiheit verurteilt“ formuliert und dabei das Wort „verurteilen“, also ein negativ konnotiertes Wort, gebraucht. Es ist tatsächlich nicht möglich, „Ich denke“ immer mitlaufen zu lassen, wie Kant das fordert, und gleichermaßen auch immer „Ich könnte auch anders“ mitzudenken. Zwar entscheide ich mich in gewisser Weise auch dann, wenn ich völlig routiniert und den Konventionen folgend handle – nämlich dazu, genau dies zu tun. Aber ich vergesse, dass ich mich entscheide. Erst später stellen wir fest, dass das, was wir sind, wir durch unser Tun geworden sind – wir sind das Ergebnis unserer Freiheit, auch wenn einem das gar nicht ausdrücklich bewusst war. Deshalb ist man trotzdem für das, was man ist, verantwortlich.

Ich muss ja mit meinem Handeln nicht immer den Anspruch haben, aus dem Stand die Weltrevolution zu beginnen; abgesehen davon, dass sie vielleicht gar nicht wünschenswert ist. Nein, ich kann die Tagespolitik nicht beeinflussen. Niemand verlangt das von mir. Aber ich kann sehr wohl für mich Entscheidungen treffen. Dies sind oft gar keine moralischen Entscheidungen. Als Sebastian Haffner einmal gefragt wurde, warum er emigriert sei, antwortete er: „Das Leben im Dritten Reich ist wie eine ganz normale bürgerliche Mahlzeit. Ein Stück Fleisch mit Gemüse, Kartoffeln, Soße, wie es so ist. Nur leider am Rande des Tellers befindet sich ein Stück Scheiße. Dem einen hat das den Appetit verdorben, dem anderen nicht."

Welche Rolle spielt die Gesellschaft bei unseren Entscheidungsprozessen? Es gibt ja den Ausspruch: „Wir lernen, die zu sein, die wir nach dem Urteil der anderen bereits sind."

Wir sind nicht die Labels, die uns die anderen verpassen. Aber wir können uns unserer selbst nur vergewissern, indem wir gesellschaftlich interagieren. Dass ich während meiner Entführung und Gefangenschaft isoliert war und 33 Tage lang kein anderes Gesicht gesehen habe, führte auch dazu, dass ich mir über das Maß des Realitätsgehalts meines eigenen Denkens nicht mehr klar war. Ich hatte mir bestimmte Dinge überlegt und mir gedacht: „Spinne ich, oder sind das realistische Überlegungen?" Ich konnte es nicht mehr sagen, weil ich nicht die Möglichkeit hatte, mit jemandem darüber zu reden oder auch nur den Gesichtsausdruck eines anderen wahrzunehmen. Wir sind nicht außerhalb der Interaktion mit anderen.

Sie schreiben in Ihrem Buch* Im Keller*, dass das Ich eine leere Hülle ist, durch die die Gefühle einfach hindurchströmen …

Dass das Gefühl, ein Ich zu „haben", verschwinden kann; dass das Gefühl, eine innere Konsistenz zu haben, das Gefühl zu haben, ich bin noch der, der ich gestern war, an bestimmte äußere Bedingungen gebunden ist. Und wenn diese äußeren Bedingungen wegfallen, durch Lebensunsicherheit, durch extremen Stress, durch die Notwendigkeit, sich einer Situation anzupassen, die mit dem eigenen Leben sonst nichts zu tun hat, kann einem – auch durch Untätigkeit, durch Unfähigkeit, an den eigenen Umständen etwas zu ändern – dieses Gefühl abhanden kommen. Und dann stellt man fest, dass diese Idee, die viele mit sich herumtragen, sie hätten in sich ein kleines Ich – wie ein Männchen, wie in dem berühmten Schachautomaten aus dem 18. Jahrhundert, in dem ein Zwerg saß, der ihn steuerte –, dass diese Idee falsch ist. Man stellt fest, dass es dieses Ich nicht gibt, sondern dass es ein Gefühl ist, das an bestimmte Lebensumstände gebunden ist und viel damit zu tun hat, dass man sein Leben gestalten, Spuren im Dasein hinterlassen kann. Wenn das nicht gegeben ist, kommt es zu einer großen Desorientierung und man wird das, was nach Hume das menschliche Bewusstsein sowieso ist, worüber es sich aber normalerweise durch Gewohnheiten täuschen kann: a bundle of perceptions – nichts als ein Bündel Wahrnehmungen.

KAPITEL 4
Zwischen Gut und Böse

RÜDIGER SAFRANSKI

Wir müssen uns dem Bösen stellen

Herr Safranski, Sie haben Bücher geschrieben über Denker wie E.T.A. Hoffmann, Schopenhauer, Nietzsche und Heidegger. Kommt man einem Denker über die Beschäftigung mit seinem Leben näher?

Den wichtigen Denkern kommt man über die Biografie näher, weil Philosophie immer auch die pragmatische Dimension hat, das Leben zu modellieren. So sagt Sokrates, dass wir über Himmel und Erde zwar einiges wissen können, aber damit weiß ich noch nicht, wer ich bin und wie ich leben soll. Sokrates bezeichnet sich auch als Geburtshelfer. Philosophie heißt, mit einem aufgefrischten Bewusstsein noch einmal in die Welt kommen, das eigene Leben bewusstseinshell zu machen. Das nun wiederum vorausgesetzt als einen zentralen Begriff des Philosophierens wirft erstens die Frage auf, wie kommt ein Philosoph zu seinen Gedanken und zweitens, was machen diese Gedanken mit seinem Leben? Diese beiden Fragen sind selber nicht biografisches Randwerk, sondern Zentrum des philosophischen Fragens.

Muss man das Leben eines Philosophen kennen, um dessen Philosophie zu verstehen?

Monomanische Geister, wie zum Beispiel Schopenhauer und Heidegger wären empört, wenn man allzu neugierig in Bezug auf ihr Leben ist. Sie haben gesagt: Mein Leben ist mein Werk, beschäftigt euch mit meinem Werk. Heidegger zum Beispiel begann eine Aristoteles-Vorlesung mit dem Wort: Aristoteles wurde geboren, er arbeitete und starb. So wollte auch Heidegger, dass über ihn geredet wird. Mein Interesse bei philosophischen Biografien ist es, das Werk zu verstehen. Und über das Werk das Leben zu verstehen.

Sie haben sich vor allem mit Denkern beschäftigt, die gemeinhin als „dunkel" bezeichnet werden. Was fasziniert Sie an diesen Denkern?

Bei meinem ersten großen biografischen Buch über E. T. A. Hoffmann interessierte mich die Lust an der inneren Exotik, die Lust an den Abgründen des Unbewussten. Mein Interesse galt der Doppelbegabung von E. T. A. Hoffmann, der in seiner Person zwei Blickrichtungen auf dasselbe Phänomen verkörpert. In gewissem Sinne hat er Leute, die er als Jurist verurteilt, als Poet freigesprochen und umgekehrt. Er hat in seinem Kopf zwei gesellschaftliche Grundmöglichkeiten, die er ausagiert – die Eindämmung des real existierenden Bösen in uns, durch Abschreckung mittels Strafe und andererseits die Möglichkeit, sich als Poet im ästhetischen Bereich vom Bösen faszinieren zu lassen. An diesem Beispiel ist mir besonders deutlich geworden, dass wir einerseits das, was wir das Böse nennen, entdecken müssen, uns ihm stellen und es erkunden müssen und dass man auf der anderen Seite Gesellschaften betrachten kann als Veranstaltungen und Einrichtungen, die versuchen, mit der hochbrisanten Angelegenheit Mensch umzugehen. Eine zivile Gesellschaft ist eine friedliche Bewirtschaftung hochgefährlicher Energien.

In der Einleitung zu Ihrer Heidegger-Biografie schreiben Sie, dass Heidegger aus philosophischen Gründen zeitweilig zum Nationalsozialisten geworden war, dass ihm seine Philosophie aber auch half, sich „vom politischen Umtrieb zu befreien". Kann die Beschäftigung mit der Philosophie tatsächlich vor politischen Verirrungen schützen?

Ja, Philosophie hat Reserven, die verführungsresistent machen, aber sie kann eben auch in die Verirrung führen.

Eine Grundgeste der Philosophie ist die Reflexion, sozusagen das verlangsamende zweite Denken. Der Gedanke sieht sich noch einmal zu, er denkt noch einmal über das alltägliche Denken nach und versucht die Hintergründe aufzudecken. Man legt die Meinungen noch einmal auf den Seziertisch, sucht diese Meinungen ab nach Anmaßungen, Vorurteilen und Fehlern. Diese ganzen Prüfverfahren, diese Elemente der Kritik sind in der philosophischen Reflexion enthalten und können auch die Funktion haben, ideologiekritisch zu sein.

Philosophen haben manchmal das Gefühl, sie seien in der Nähe des Eigentlichen. Geradezu naturwüchsig entsteht aus dieser Konstellation ein Typus des hierarchischen Denkens – Priester und Fußvolk. Das ist wie in Platons Höhlengleichnis: Die Menschen in der Höhle sehen nur die Schatten an der Wand während die Philosophen auch die Sonne sehen können. Man kann sich sehr gut vorstellen, dass Heidegger, der, kurz bevor er zum nationalsozialistischen Revolutionär geworden war, sich so sehr in diese Rolle hineingedacht hatte, dass er tatsächlich der Meinung war, Fühlung mit der eigentlichen Dimension des Daseins gewonnen zu haben, ein Stück weit der Sonne entgegen gegangen zu sein und jetzt in die Höhle zurückkehrt, um die dort an den Schattenbildern sich Erfreuenden zu befreien. Philosophen haben immer auch das Gefühl, dass sie tiefer denken, aber nicht richtig wahrgenommen werden. Wenn man sich für den großen Durchblicker hält, entsteht auch die Bereitschaft, ab und zu mit einer Macht zu kokettieren, sich mit ihr zu verbinden und volkspädagogisch zu wirken. Die am wenigsten korrumpierbaren Philosophen sind die Philosophen des Handgemenges. Also diejenigen, die nicht nach geschlossenen Systemen strebten, sondern nach Geistesgegenwart, die nicht versucht haben, ein System zu bauen, sondern einfach eine Wachheit, eine Aufmerksamkeit an die Phänomene des Lebens zu wenden.

Ist die Sehnsucht nach einem geordneten System ein Versuch, das Böse abzuwehren?

Zunächst muss man fragen, was die Lust an der Ordnung, an der systemischen Geschlossenheit ist. Die Kehrseite dieser Lust ist die Angst vor der Unordnung. Ein starker Ordnungswille konzipiert unterschwellig eine bestimmte Form des Bösen – das Böse ist das Zufällige, das Ungeordnete, das Chaotische. Das Chaos zu disziplinieren, in eine Form zu bringen, ist eine Wiederauflage des alten Schöpfungsmythos. Am Anfang war das Chaos und dann tritt der liebe Gott ein und schafft Ordnung.

Es gibt noch viel mehr Wildnis in uns und in der Welt, als man ahnt. Um 1900 findet das Gefühl, dass wir uns im zivilisatorischen Park zu sicher fühlen, einen starken Ausdruck, wie zum Beispiel in Joseph Conrads Erzählung *Das Herz der Finsternis*. Die Hauptperson geht in den realen Dschungel, um dort den Grenzfall der Zivilisation zu erkunden, also an den Ort, an dem sich die Zivilisation aus einem gefährlichen Urschlamm überhaupt erst erhebt. Sigmund Freud machte die Tiefbohrungen im einzelnen Subjekt und entdeckte die innere Wildnis. In Kulturen, die relativ stabil sind, gibt es deswegen den existenziellen Tourismus. Die Neugier nach Exotik entsteht aus dem Wunsch, wenigstens Zaungast der

Abgründe zu sein, gegen die man sonst gut gesichert ist. Jemand wie Bataille ist ein philosophischer Extremsportler, der mitten im kulturvollen Paris Abgründe entdecken möchte.

Warum wird das Chaotische als bedrohlich empfunden?

Alles, was nicht kontrollierbar, was Schicksal, was Gnade ist, alles das, was nicht in der Verfügung steht, ist nicht einfach eine Herausforderung, sondern ist zunächst eine Beängstigung. Aus diesem Beängstigungspotenzial, dem In-der-Welt-Sein, Im-Ungewissen-Sein, kommt ein Bedürfnis nach Berechenbarkeit auf. Es muss viel Arbeit aufgewandt werden, um die dramatische Ungerechtigkeit, die durch die Natur ins Leben kommt, wenigstens zu verstehen. Das, was vordergründig so chaotisch, schwierig und ungerecht ist, muss auf einer tieferen Ebene einen neuen Sinn zeigen, so dass ich mit der schwierigen Situation leben kann.

Die Kathedralen der Systeme ermöglichen geistige Sicherheit, obwohl man in der Wirklichkeit so wenig Anlass dazu hat. Es ist nicht zufällig, dass in Gesellschaften, die einen derart hohen Sicherheitsstandard haben wie die unsere, die Notwendigkeit, solche Systeme zu bauen, geringer ist. Es ist nicht mehr notwendig, im Denkakt eine Sicherheit zu erzeugen, die man im Leben nie und nimmer hat. Es gibt also einen Zusammenhang zwischen dem realen Sicherheitskonsum einer Gesellschaft und der in der Gesellschaft empfundenen Notwendigkeit, große Ordnungsbilder zu erzeugen. Die postmoderne, wohlgelaunte Systemzertrümmerung ist die geistige Kehrseite einer Gesellschaft, die selber einen hohen Sicherheitskomfort hat und die deswegen auf dem geistigen Gebiet nicht die große Anstrengung unternehmen muss, alles unter Dach und Fach zu bringen.

Es gibt unterschiedlich starke Menschen, da hat Nietzsche gar nicht Unrecht. Stärke bedeutet, mit Unsicherheiten leben zu können, und so hat übrigens auch Hegel das Verhältnis von Herr und Knecht definiert. Warum ist der Herr Herr, und warum ist der Knecht Knecht? Hegel sagt: Der Knecht gibt einen Teil seines Lebens an den Herrn ab, weil er Sicherheit haben möchte, und der Herr ist deswegen Herr, weil er dem Tod ins Auge geblickt hat. Das hängt auch mit der Lebenskraft zusammen. Eine größere Lebenskraft kann viel mehr Unsicherheiten ertragen. Unsere westliche Kultur ist besonders stark auf Sicherheit programmiert, und das erzeugt natürlich auch ganz große Schwächen. Je mehr man Sicherheit will, umso mehr gewöhnt man sich auch an sie und umso hysterischer wird man bei jeder kleinen Unsicherheit. Auch Religionen sind unter anderem große imaginäre Versicherungssysteme.

Sie schreiben, dass der Mensch frei sei, seine Wahrheiten zu erfinden, und dass es immer dann gefährlich wurde, wenn die Wahrheiten die Macht beanspruchten. Wie kann man verhindern, dass einzelne Wahrheiten einen Machtanspruch erheben?

Zuerst eine einfache Antwort. Man muss es aushalten können, wenn das, was für einen selbst die existenzielle Bedeutung einer Wahrheit hat, von außen nur als eine Meinung unter anderen wahrgenommen wird. Es geht nicht darum, dass man alles, was man denkt, nur für eine bloße Meinung hält. Es kommt nicht darauf an, dass man in sich selbst einen Pluralismus herstellt, sondern dass man den Pluralismus da draußen akzeptiert. Was man Liberalität nennen könnte, ist die Fähigkeit, einen doppelten Blick auf das Wahrheitsgeschehen zu werfen – von innen und von außen.

Religionen wie das Christentum beanspruchen, universal gültig zu sein, und trotzdem müssen sie es in säkularisierten Gesellschaften ertragen, dass sie auf dem religiösen Markt als Meinungen gehandelt werden. Die Fähigkeit zu erlangen, das Innen auch mal von außen zu sehen, ist ein langer und komplizierter kultureller Prozess. Außenperspektiven zu gewinnen, sich zu relativieren beinhaltet auch die Möglichkeit, dass einem das Eigene vollkommen entgleitet und entschwindet. Wenn man in eine Sinnblase sticht, entweicht die Luft, und auf einmal steht man im Freien.

Auch wenn unsere Gesellschaft von einer bestimmten Form der Religiosität entfernt ist, existieren viele sinnstiftende Mythen, die das Sinnguthaben in der Gesellschaft organisieren. Zum Beispiel der Mythos, dass nur Arbeit Sinn erzeugt. Dass man von der sinnspendenden Instanz abgeschnitten ist, wenn man aus der Arbeit herausfällt, ist eine Vorstellung, die in früheren Jahrhunderten irrwitzig gewesen wäre. In der Arbeitsgesellschaft opfern wir dem titanischen Arbeitsgott.

Es gab immer wieder Versuche, ultimative Lösungen zu schaffen – durch „Reinigung" der Wirklichkeit, Beseitigung der Störquellen. Projekte wie zum Beispiel der real existierende Sozialismus in der Sowjetunion unter Stalin waren Großversuche am Menschen. Durch die Eliminierung des Klassenfeinds und einer bestimmten Produktionsstruktur sollten die quasi objektiven Quellen des Bösen verstopft werden. Auch der Nationalsozialismus war ein solches Reinigungsprojekt. Die Gesellschaft sollte von Gift gereinigt werden. Für die Nazis waren die Juden und Kosmopoliten Gift. Der Kommunismus hatte eine andere Vision, wie gereinigt werden sollte, aber die Vorstellung, dass die Gesellschaft ein verunreinigter Körper ist und dass Giftstoffe wie der Klassenfeind oder die Juden ausgeschieden werden müssen, war die gleiche. Was für das Herrschaftsinteresse als das Böse galt, musste ausgerottet werden, um eine funktionierende Gesellschaft gestalten zu können.

Das ist auch der Grund, weswegen ich die Rede von der Achse des Bösen für so gefährlich halte. Natürlich gibt es immer noch verbrecherische Staatsführer und Staatssysteme. Aber diese ganze Rhetorik der Achse des Bösen beinhaltet die Erwartung, dass man Geschichte als einen großen Reinigungsprozess definieren kann. Die Illusion der Reinigung der Welt und der Gesellschaft durch eine ultimative, vollständige Ausscheidung des Bösen, zum Beispiel durch Eroberung von „Schurkenstaaten", kann selber zu einem Mechanismus werden, der die schlimmen Dinge erst produziert. Da kann es geschehen, dass ein demokratischer, marktliberaler Missionarismus selber zu einer richtig totalitären

Gefahr wird, weil er die Kompliziertheit der Welt auf dramatische Weise verkennt und deswegen selber mit seinem Handeln Effekte erzeugt, die keiner vorher so gewollt hat.

___ *Kann man so etwas wie Sinn bewusst herstellen?*

Von den Ingenieuren erwarten wir, dass sie etwas machen, das funktioniert. Sinn meint aber etwas anderes als Funktionieren. Weil wir auch eine Ingenieurskultur sind, in der das Machen entscheidend ist, habe ich den Eindruck, dass man manchmal die Vorstellung hat, als ließe sich Sinn machen. Man müsse sozusagen das Sinnguthaben einer Gesellschaft bewirtschaften, neue Sinnquellen öffnen und so weiter. Aber Sinn ist nichts Mechanisches. Sinn ist etwas für die emotionale Intelligenz. Sinn realisiert sich in gelingenden kommunikativen Bezügen. Eine Beziehung zwischen Menschen ist sinnhaft, wenn sie in sich selbst etwas Belebendes und Reiches hat. Es gibt einen Typus von Kommunikation, der auf ein Ziel gerichtet ist – eine Kommunikation hat funktioniert, weil sie das und das Ergebnis erzeugt hat. Diese funktionale Art der Kommunikation brauchen wir auch. Aber wenn wir von Sinn sprechen, meinen wir emotional gesättigte Beziehungen zwischen Menschen. Eine Liebesbeziehung ist eine hochgradig sinnhafte Einrichtung, aber wir würden doch nicht sagen, dass der Sinn einer Beziehung darin besteht, ein Kind zu zeugen. Wenn zwei sich zusammentun, um ein Kind zu zeugen, werden sie die Angestellten ihres eigenen Fortpflanzungsvorhabens. Sinnhafte Dinge sind immer Vorgänge, die eine Sinnsättigung in sich selbst haben, ohne dass sie auf eine Funktion bezogen sein müssen. Es ist sinnvoll, Musik zu hören, nicht weil ich dann nachher umso besser für den Arbeitsprozess bin, sondern weil es schön ist. Der Sinn des Individuums liegt darin, dass es sich als Individuum entfaltet. Eine Arbeit als sinnvoll empfinden zu können bedeutet, sie nicht von ihrem Resultat aus zu beurteilen, sondern dass sie in sich selbst ein Befriedigungspotenzial enthält.

Auch der Sinn eines Spiels ist selbstbezüglich. Das sieht man auch an der Fußballkultur. Wenn es nur noch um Geld geht, löst sich der Spielsinn auf.

___ *Glauben Sie an eine Wiederverzauberung der Welt?*

Eine absichtsvolle Wiederverzauberung kann nicht gelingen. Aber ich halte es für wichtig, dass man das Dunkle und Geheimnisvolle nicht nur als etwas ansieht, das auf jeden Fall aufgehellt werden muss, sondern auch als Chance. Das Denken setzt gerne auf Vereinfachung, auf die Reduzierung von Komplexität, auch im Sinne des Herrschenwollens. Die Behauptung, dass man das Geheimnis des Menschen gelöst hat, wenn man die Gene abzählen kann, ist eine Torheit. Das Leben ist so unendlich komplex und so ungeheuer geheimnisvoll, dass die Ideologie der Klarheit nur zur Verarmung der Sicht auf die Welt führt. In gewissem Sinne muss man die Komplexität und die Undurchschaubarkeit verteidigen.

Nehmen Sie das Gebiet der Seele. In der Zeit, als zum Beispiel die Psychoanalyse Hochkonjunktur hatte, haben sehr viele Leute im gebildeten Milieu die analysierte Seele mit der eigentlichen Seele verwechselt. Am Ende haben sie sich selbst wie ein Dreifamilienhaus mit drei Stockwerken empfunden: oben Über-Ich, in der Mitte die Beletage, das Ich, und dann noch das Kellergewölbe. Theorien sind in der Regel nicht so klug wie unsere Erfahrung. Dass man sich erfahrungsärmer macht, als man ist, ist ein Verdummungspotenzial der Theorie. Husserl sagt: Hört auf mit den Konstruktionen, seht, was wirklich geschieht, wenn ihr etwas wahrnehmt, seht, was geschieht, wenn ihr ein Gespräch führt, seht, was da wirklich geschieht und nicht, was nach einem theoretischen Schema ablaufen soll. „Zu-den-Sachen-selbst" ist die Pathos-Formulierung von Husserl für den Versuch, das Denken halbwegs auf Augenhöhe mit der Erfahrung zu bringen. Warum ist das nötig? Es ist nötig, weil die Erfahrung reicher ist als unser Denken darüber.

__ *Sind Sie religiös?*

Für mich ist das Transzendieren, das Streben nach dem sinnlich nicht Wahrnehmbaren, wichtig, es ist der spirituelle Aspekt unserer Freiheit. Aber ohne ein festes Gottesbild. Deshalb steht auch Augustinus in meinem Buch über das Böse im Vordergrund. Von Augustinus habe ich gelernt, dass man keinen Transzendenzverrat begehen sollte. Darunter verstehe ich, dass wir das sinnlich Wahrnehmbare überschreiten können, die Geste des Sich-öffnen-Könnens hin auf eine geistige Großräumigkeit. Wir können versuchen Gott zu denken.

Die institutionalisierten Kirchen haben etwas von fest gewordener Lava. Religiöse Lohn-Strafe-Verhältnisse sind strukturiert wie jeder Sparvertrag. Religiöse Guthaben ansammeln, damit man da oben gute Karten hat, hat mit der ursprünglichen Spiritualität des Transzendierens nichts mehr zu tun.

Der christlichen Mythologie zufolge kommt die Freiheit dadurch in die Welt, dass Gott den ersten Menschen die Wahl lässt, vom Baum der Erkenntnis zu essen.
__ *Beginnt die Geschichte des Bösen mit der Ermöglichung von Freiheit im Paradies?*

Der Schöpfungsmythos ist eine Annäherung an den Prozess der Menschwerdung. In der verschlüsselten Weise der Mythen ist der Sündenfall die entscheidende Schwelle der Erkenntnis. Mit der Möglichkeit eines distanzierenden Bewusstseins eröffnen sich auf einmal neue Handlungsoptionen. Der Schöpfungsmythos versucht, den Punkt des Wachwerdens und auch die Ambivalenz des Erwachens des Bewusstseins zu beleuchten. Der Mensch funktioniert nicht mehr nur als Instinktwesen und spult seine Programme ab, sondern schafft einen Typus von Gesetzen, an die wir uns selbst binden. In dem Moment, in dem das „Du-Sollst" auftaucht, wird aber auch besonders deutlich, dass man auch anders kann, als man soll. Das ist Freiheit.

Handelt es sich beim Erwachen des Bewusstseins um einen Reifeprozess, oder
__ *ist dieses „Auch-anders-Können" auf einmal einfach da?*

Ich denke, dass es eine kontinuierliche Entwicklung war. Mythen wie der Schöpfungsmythos sind Denkbilder, die versuchen, einen ganzen Prozess in einem bestimmten Bild zusammenzufassen und dieses Bild zugleich mit dem zu verknüpfen, was jeder selbst erfahren kann. Das heißt, dass in Mythen nicht nur das Vergangene enthalten ist, sondern auch eine gegenwärtige Vergangenheit. Also das, was noch unfertig, was immer noch da ist, aber auch immer wieder neu durchlebt wird. Mythen greifen aufs Ganze zurück und haben zugleich eine existenzielle Spitze.

Auch im Mythos von Kain und Abel wird eine Grundsituation vorgeführt. Zwei Brüder, die sich vergleichen. Kain ist mit einer großen Ungerechtigkeit konfrontiert. Sein Opfer wird von Gott weniger wohlgefällig aufgenommen als das seines Bruders Abel. Es ist nicht einzusehen, warum der Unterschied gemacht wird. Und weil der Unterschied gemacht worden ist, scheidet er sich von seinem Bruder ab, indem er ihn totschlägt. Er will den Unterschied eliminieren. Einen Unterschied zu meinen eigenen Ungunsten nicht ertragen zu können und darauf mit einer gewalttätigen Eliminierung des Unterschiedenen zu reagieren, das ist im Mythos von Kain und Abel in sehr konzentrierter Form festgehalten. Mit diesem Modell können wir sehr viel begreifen, was immer noch geschieht: Das Ressentiment, der Neid, die Empörung über die „Ungerechtigkeit" der Natur, des Zufalls ...

___ *Bedeutet immer freier zu werden auch immer böser zu werden?*

Es kommt mir zunächst darauf an, dass der Zusammenhang, der zwischen der Freiheit und dem Bösen besteht, als grundsätzlich begriffen wird. Es macht keinen Sinn über Freiheit zu reden, wenn man nicht zugleich feststellt, dass Freiheit heißt, nicht vom Instinktprogramm gesteuert zu sein, sondern Optionen zu realisieren, und in dieser Skala der Optionen geht es von hell nach dunkel. Es gibt eben auch die Möglichkeit der Selbstvernichtung und der Vernichtung des anderen. Ich sage nicht, dass Freiheit das Böse ist, sondern Freiheit ist der Möglichkeitsraum, der es mit sich bringt, dass wir auch für die Negativität offen sind. Wir können Nein sagen, wir können auch das Nichts und die Vernichtung wählen. Wer sagt, dass gerade dann, wenn das sogenannte Böse in Erscheinung tritt, die Freiheit fehlt und nur der Triebzwang regiert, der hat einen sehr lebensfernen Begriff von Freiheit. Freiheit ist kein Erfolgsprogramm und das Böse ist nicht das Kranke, sondern es ist dasjenige, was ich tun kann, gerade weil ich ein freies Wesen bin. Deswegen ist die Freiheit das Abenteuer des Lebens und zugleich das Risikopotenzial. Steigerung der Freiheit heißt, dass man auch frei genug ist, die zerstörerischen Möglichkeiten, die man hat, selber zu zivilisieren. Steigerung der Freiheit heißt, die Negativität so integrieren zu können, dass etwas daraus wird. Steigerung der Freiheit ist nicht zugleich Steigerung des Bösen, sondern Steigerung der Freiheit bedeutet einen Gewinn an Fähigkeiten, mit unserer riskanten Natur produktiv umzugehen.

Was hat Sie als Philosoph dazu bewogen, ein Buch über die Globalisierung zu schreiben?

Mir geht es um die innere Globalisierung, also um die Frage, wie sich die globalisierte Welt in unseren Köpfen widerspiegelt und zu welchen Überforderungen und Ideologisierungen das führt.

Früher war die Lebenswelt der Menschen geschlossener. Die Urteilskraft hatte sich in überschaubaren Kreisen zu bewähren. Die modernen Medien produzieren eine Pseudonähe, die zur Folge hat, dass wir das Nahe und das Ferne nicht mehr klar trennen können. Wir können gar nicht so viel vernünftige Urteile produzieren, wie wir eigentlich produzieren müssten, wenn all das, was wir erfahren, zugleich etwas wäre, das wir mit zu verantworten hätten. Mit derselben Grundkapazität an Verarbeitungsmöglichkeiten darauf zu reagieren, ist eine Überforderung, auf die wir mit Komplexitätsreduzierung reagieren, so dass Vorstellungen wie die von der Achse des Bösen an Attraktivität gewinnen. Die zum Teil ziemlich primitiven, hochgradig ideologisierten Konzepte sind die Antwort auf eine Komplexität, die ein normales Publikum gar nicht mehr verarbeiten kann. Deshalb muss jeder eine existenzielle Urteilskraft entwickeln, um unterscheiden zu können, wo er wirklich kompetent und erfahrungsgesättigt etwas sagen und sich ein Urteil bilden kann.

Angesichts der Probleme, welche die Globalisierung für den Einzelnen mit sich bringt, empfehlen Sie: „Abstand halten“, „Gelassenheit“, „das Entdecken der eigenen Geschichte“, „Verlangsamung“, „Eigensinn“... Ist das nicht eine sehr akademische Lösung für Menschen, die genug Geld haben zu überleben? Verwechseln Sie angesichts eines übermächtig scheinenden Prozesses nicht Gelassenheit mit Resignation oder Ratlosigkeit?

Ratlosigkeit ist schon dabei. Dazu würde ich mich auch bekennen, aber ich würde eben auch umgekehrt sagen, dass die meisten, die glauben, Rat zu wissen, gar keinen haben. Gegen den, der mir sagt, dass er wisse, wie die ganze Sache zu managen sei, habe ich ein tiefes Misstrauen. Da finde ich es schon besser, so etwas wie Ratlosigkeit zu bekennen und sich umso energischer auf das zu stürzen, was man selber, was man mit seinem eigenen Leben machen kann. Das halte ich nicht für eine akademische Lösung. Ich würde jedem in der Arbeitsgesellschaft sagen, dass er etwas mit sich anfangen muss, dass er sich auf die Situation vorbereiten muss, in der er nicht mehr im Arbeitsprozess ist. Dann muss er etwas haben, was es ihm möglich macht, dass er sich nicht durch sich selbst langweilt. Man muss es schaffen, sich mit sich selbst zu befreunden, so dass man es bei sich aushält, auch wenn man aus dem Arbeitsprozess ausgeschlossen ist. Das ist eine Überlebensfrage. Wenn die Leute bereit sind, sich weiter entleeren und entkernen zu lassen und sich abhängig zu machen, dann muss man sich nicht wundern, dass sie nachher in eine tiefe Depression sinken, wenn sie nicht mehr in der Tretmühle sind. Ich habe lange in der Erwachsenenbildung gearbeitet und mit den Leuten zusammen geistige Interessen entwickelt, damit sie ihr Leben auch dann noch selber gestalten können und Freude daran haben, wenn der große *horror vacui* auf einmal da ist.

Weil es keinen verbindlichen Gott mehr gibt und gemeinsame Sinneinheiten wie zum Beispiel der Mythos der Nation an Kraft verlieren, erblickten die liberalen Gesellschaften das Sinnzentrum genau darin, dass das Individuum sich als Individuum entfaltet. Gesellschaften sollten nicht nur als Arbeitshaus und Freizeitpark verstanden werden, sondern im klassisch liberalen Sinne als Einrichtungen, die es erlauben, eine Vielfalt von Individuen sich entwickeln zu lassen, und es ist ein Zweck in sich selbst, diese individuelle Entwicklung voranzubringen. Der altertümliche Begriff der Bildung, das „Zur-Person-Werden", ist ein Zweck in sich selbst. Eine Sensibilität zu schaffen für das, was eben mehr ist als nur Ausbildung, ist eine gesellschaftliche Aufgabe.

___ ***Wie stehen Sie in diesem Zusammenhang zu der Frage der Menschenrechte?***

Da halte ich es mit Kant. Wir müssen in der Frage der Menschenrechte so tun, als ob diese absolute Standards wären, gleichwohl wir wissen, dass es de facto keine sind. Im Sinne ihrer Durchsetzbarkeit sollte man die Grundrechte auch wirklich auf das Elementarste beschränken. Wir sollten mithelfen, sie durchzusetzen, weil sie etwas sehr Grundlegendes sind. Im Kern geht es darum, nicht an Leib und Leben geschädigt und nicht von Grausamkeit betroffen zu werden. Wir werden uns schneller darauf einigen können, was in elementarer Weise grausam, böse und schlecht ist, als Einigkeit darüber zu erzielen, was gut für die Menschen ist.

___ ***Aber was passiert, wenn man sich nicht einigen kann?***

Man kann Druck machen. Der positive Aspekt der Globalisierung ist, dass eine Weltöffentlichkeit entsteht. Bei bestimmten Grausamkeiten entsteht zumindest eine Rechenschaftspflicht gegenüber der Weltöffentlichkeit. Das zeigt, dass der Standard da ist, man kann ihn zurückweisen, aber er ist da. Das ist auch die Hoffnung, die Kant in solche Prozesse gesetzt hat, wenn er von der Publizität spricht.

In der Debatte über die Globalisierung geht es nur noch um Wirtschaftsinteressen. Die Möglichkeiten des gegenseitigen Lernens der Kulturen voneinander sind nicht mehr relevant. Lebt die Marx'sche Theorie von der Dominanz der Ökonomie ___ ***wieder auf?***

Ja, aber auf der Seite der Managementideologie. Die alten Marxisten sagten immer: „Das ökonomische Sein bestimmt das Bewusstsein." Heute sagen das die Neoliberalen.

Eugen Drewermann

Der Mensch braucht Religion

Herr Drewermann, Sie sind vor allem durch Ihre Auseinandersetzung mit der Kirche bekannt geworden. Beim aufmerksamen Lesen Ihrer Schriften bekommt man jedoch den Eindruck, dass diese Auseinandersetzung nicht Ihr eigentliches, Ihr wichtigstes Anliegen ist.

Mein erstes Anliegen bezieht sich auf eine Neuinterpretation des Christentums. Nach meinem Eindruck ist kirchengeschichtlich eine verhängnisvolle Weichenstellung erfolgt, als man im zweiten, dritten Jahrhundert die therapeutischen Bewegungen unter dogmatischem Zwang aus der Kirche herausgedrängt hat. Schon im zweiten Kapitel des Markusevangeliums erklärt Jesus: „Ich bin nicht gekommen zu den Gesunden, sondern zu den Kranken." Für mich folgt daraus, dass die heutige Form der Seelsorge in ein vertieftes Gespräch mit der Seelenheilkunde eintreten müsste.

Mein zweites Anliegen ergibt sich wie von selber daraus. Jeder begreift, dass eine Gottesrede, die im Grunde darin besteht, Gott zum Lokaleigentum einer bestimmten Konfession oder Region zu machen, nicht von Gott redet, sondern von einem Gespenst des eigenen Dogmatismus. Hingegen, wenn wir uns erlauben wollten, wieder erfahrungsnah, poetisch gerade aus den unbewussten Schichten der Seele heraus Religion zu formulieren, hätten wir statt der permanenten Ausgrenzung ganzer Menschengruppen von Andersdenkenden, in anderen Kulturen Aufgewachsenen eine Einladung an alle Menschen – das sollte Religion sein.

Ein dritter Punkt ergibt sich mit daraus und ist in meinen beiden Büchern ... *und es geschah so* und *Der sechste Tag* wichtig geworden für mich. Ich möchte die These aufstellen, dass die Religion sich nicht länger begründen kann, indem sie Gott für die oberste Ursache der Weltkausalität erklärt. Nicht die Naturphilosophie führt zu Gott, ganz im Gegenteil, die Philosophie, die den Stand der modernen Naturwissenschaften reflektiert, wird alle Erwartungen der Theologen an die Weltwirklichkeit enttäuschen. Der Weg zu Gott sollte über den Existenzialismus begonnen werden, basierend auf der Frage, wie wir Menschlichkeit inmitten einer unmenschlichen Welt bewahren und bewähren können.

In der Kritik der reinen Vernunft *weist Kant der Religion noch eine Begründungsfunktion für die Moral zu, während in der* Kritik der Urteilskraft *die Religion nicht mehr die Moral fundiert, sondern vielmehr die Religion aus der Moral hervorgeht. Wie sehen Sie das Verhältnis von Religion und Moral?*

Kants Idee halte ich für genial und richtungsweisend. Immanuel Kant hat vor zweihundert Jahren vollkommen richtig gesehen, dass Freiheit kein möglicher Begriff der Wissenschaft sein kann. Um der Selbstbegründung des Menschen willen aber müssen wir das wissenschaftlich Unbegründbare annehmen. Als eine Grundtatsache müssen wir postulieren, der Mensch sei frei und er habe eine Seele, er sei eine Person, etwas, das in der Form des „Ich denke" als begleitende Konstante der Selbstreflektion sich durchhält. Wir brauchen eine Vorstellung von uns als Person, um von Menschen menschlich zu reden. Desgleichen ist die Idee Gottes notwendig, weil angesichts der Unvermeidbarkeit von Scheitern und Schuld, ohne eine Instanz der Vergebung und der Sinnstiftung ein Mensch seine Freiheit nie riskieren wird. Darum glaube ich, dass Kant vollkommen richtig im Raum von Erkenntnistheorie die Gottesfrage aufgegriffen hat, wobei er etwas meinte, das wir mit den Mitteln des Existenzialismus und der Erkenntnisse der Humanwissenschaften am Ende des 20. Jahrhunderts in etwa so wiedergeben müssten: Die Religion bietet mit dem Begriff „Gott" keinen Gegenstand erfahrungstranszendenter Erkenntnis, aber sie bietet eine transzendentale Voraussetzung zur Begründung von Humanität.

In seiner Spätschrift Religion in den Grenzen der Vernunft *betont Kant das anthropologische Fundament der Religion, das heißt die tiefe Verwurzelung der Religion im Wesen, in der Bedürftigkeit des Menschen. Würden Sie so weit gehen, Religion als konstituierendes Moment des Menschseins zu bezeichnen?*

Ja, eine andere Grundlage wird es für die Religion nicht geben, als dass wir Menschen sie brauchen. Die Natur hat sich, indem sie den Menschen hervorgebracht hat, in gewissem Sinne ein unerhörtes Risiko eingehandelt. Sie hat, basierend auf Prozessen der Kausalität und eines hohen Maßes von Zufälligkeit, Strukturen hervorgebracht, die durch Selbstreflektion selber Kausalität setzen können und dadurch Freiheit etablieren. Keine Naturwissenschaft kann einem Menschen, der frei ist, sagen, was er tun soll. Es ist nicht möglich, aufgrund von Kausalerkenntnis eine Richtung vorzugeben, denn die Freiheit besteht gerade darin, bei aller Erkenntnis von Kausalität neue Möglichkeiten zu erschließen. An diesem Widerspruch leiden wir Menschen. Wir sind aus der Natur hervorgegangen, aber wir sind nicht mehr identisch mit der Natur. Also brauchen wir einen Halt, der in der Natur nicht liegen kann, wir brauchen eine Antwort, die jenseits der Natur liegen muss. Deswegen glaube ich, dass Feuerbachs Religionskritik so richtig wie verkehrt ist, wenn er mit Hilfe des Begriffs der Projektion zu erklären versucht, dass Menschen Gott als Idealtypus ihrer selbst in ihrem Anderssein, im Zustand ihrer Selbstentfremdung anschauen. Was Feuerbach nicht wirklich diskutiert, wird bei Kierkegaard thematisiert. Die menschliche Angst gehört konstitutiv als subjektives Begleitmoment zur Freiheit. Die Kernfrage ist, wie wir mit der Angst umgehen, die zum Menschsein gehört, und ich sehe, dass die Tendenz groß ist, auf Angst statt mit angstüberwindendem Vertrauen mit Angstverbreitung zu antworten.

Sie sprechen in vielen Ihrer Werke immer wieder von einer existenziellen Angst __ des Menschen, von der alles ausgeht. Was genau ist diese Angst?

Sie können vonseiten der Tierpsychologie und der Verhaltensforschung zeigen, dass es grundlegende Ängste gibt, die aus dem Tierreich situativ in das menschliche Erleben kommen, wie zum Beispiel die Angst zu verhungern, die Angst, allein zu sein, die Angst, von einem Beutegreifer verfolgt, oder die Angst, aus der Gruppe ausgestoßen zu werden. All diese Ängste liegen in uns Menschen, werden aber nicht mehr mit situationsbedingten Augenblicksreflexen abgearbeitet, sondern aufgrund unserer Vernunft sind wir imstande zu begreifen, dass wir es wirklich mit Grundängsten zu tun haben, die wir nie loswerden; und darin liegt für das menschliche Leben eine grundlegend neue Situation. Entweder wir versuchen, unsere Vernunft zu benützen, um biologische Antworten gegen die Angst ins Unendliche zu treiben, oder aber wir gebrauchen unsere Vernunft, die alle Ängste ins Unendliche getrieben hat, zur Beruhigung der Angst. Nur im letzeren Falle werden wir die Religion einsetzen. Einfacher gesagt, nur wir Menschen können begreifen, dass wir Verlorene sind inmitten dieser Welt. Wir sind die einzigen Kreaturen, die nicht nur sterben müssen, sondern die mit dem Sterben leben müssen. An dieser Stelle ist es die Religion, die unsere unendlich gewordene kreatürliche Angst zu beruhigen versucht.

__ Heidegger spricht von einem Leben auf den Tod hin.

Ganz richtig. Nur muss ich Sie warnen. Heidegger hat die Problematik, wie sie sich bei Kierkegaard bereits stellt und bei Sartre atheistisch zugespitzt wird, mit scheinchristlichen Vokabeln eingekleidet und abgeschwächt. Für Heidegger ist das Vorlaufen auf den Tod identisch mit dem Endgültigwerden des Daseins. Sartre sagt vollkommen richtig, man kann sich nicht auf den Tod hin entwerfen. Und wieso ist denn das Dasein endgültig, bloß weil es zu Ende ist? Der Tod, meint Sartre, ist die Auslieferung an den Anderen, in radikaler Objektivierung und Qualifizierung durch den Anderen. Das findet statt in völliger Entfremdung. Ich glaube, das ist sehr richtig gesehen gegen Heidegger – es ist viel hoffnungsloser, viel schonungsloser. Es gibt nicht die Beruhigung, wir könnten in der Welt mit einigem Mut, mit Entschlossenheit die Unerschlossenheit des Seins entbergen. Was wir brauchen, ist eine Geborgenheit, die uns den Blick nicht allzusehr durch Angst verwirrt.

Für Fichte ist Religion ein Mittel zur stärkeren Bestimmung durch das Moralgesetz, unterscheidet sich aber von der reinen Vernunftidee durch eine Beimengung an Sinnlichkeit. Wie sehen Sie das Verhältnis von Religion und Sinn- __ lichkeit?

Die Religion muss sinnlich sein, weil sie eine Fülle von Symbolen aus der Evolution aufgreift. Erfahrungen, die die Tiere machen mussten, um zu überleben, werden von der Religion genützt, um Antworten zu geben auf Fragen, die die erfahrbare Welt bei weitem übersteigen. Was zum Beispiel kann eine Antwort auf die Sterblichkeit des Menschen sein? Für ein Tier ist es Schutz vor dem Tod, sich in eine Höhle zurückzuziehen oder auf einen Baum zu klettern. Für uns Menschen, die wir wissen, dass wir sterben werden, sind Höhle und Baum zunächst nichts weiter als Orte und Gegenstände im Raum. Als Symbol verstanden, kann die Höhle aber zu einer Kirche werden oder zu einem Ort der Wiedergeburt in der Nachbildung des Mutterschoßes und kann der Baum als ein Kreuzessymbol Auferstehung signalisieren. Indem wir Orte der Geborgenheit, die im Tierreich über Jahrmillionen eine Rolle spielten, in Symbole verwandeln, benützen wir im Grunde Vorstellungsweisen und Gefühle des Säugetiergehirns, des limbischen Systems, um damit Antworten sinnlich überzeugend darzubieten, die sich im Großhirn, im Neokortex, stellen. Weil das Gefühl der Angst durch den Verstand sich verunendlicht, brauchen wir an derselben Stelle, wo Gefühle ins Unendliche zum Schaden getrieben werden, Bilder, die dieselben Gefühle im Unendlichen beruhigen. Auf diesem religionspsychologischen „Trick", wenn Sie so wollen, basiert die Religion, deshalb muss sie sinnlich sein.

Würden Sie Schleiermacher zustimmen, wenn er das Wesen der Religion nicht im Denken und Handeln sieht, sondern in der Anschauung, im Gefühl?

Ja, unbedingt. Bei Schiller steht, dass man Gott entweder fühlt oder gar nicht hat. Es ist ein großes Unglück, dass vor allem der Protestantismus im ganzen 19. Jahrhundert versucht hat, gegen Schleiermacher anzukämpfen und den religionspsychologischen Ansatz, der in seinem Denken konstruktiv steckt, einfach zu überhören. Vom Katholizismus muss man sagen, dass er Schleiermacher bis heute nicht einmal gelesen hat.

Sie sagten, die Natur hat, indem sie den Menschen hervorbrachte, sich ein Risiko eingehandelt. Das erinnert an Spinoza, für den Gott und Natur identisch sind.

Der Gott der Naturwissenschaftler wird kein anderer sein als der Gott des Spinoza. Gott als Chiffre für die Gesamtwirklichkeit oder für den Ordnungszustand des Universums, als Chiffre für die mathematisch-geistige Struktur des Universums, all das sind Gedanken, die, so unterschiedlich die Formulierungen sein mögen, bei Spinoza zu finden sind, wenn sie nicht sogar direkt darin die Wurzel haben. Ich selber glaube nicht, dass ein Mensch mit Spinoza leben kann. Die Natur enthält nicht die Antworten, die wir Menschen brauchen, um menschlich zu sein. Spinoza konnte nicht entfernt ahnen, in welch einem Umfang vor allem das 19. Jahrhundert auf dem Boden der Biologie die Grausamkeit, den Konkurrenzkampf ums Leben, die vollkommene Gleichgültigkeit der Natur gegenüber dem Leid der Kreaturen nicht als Randphänomen, sondern als Zentrum der Evolution entdecken wird.

Ich möchte noch einmal auf Schleiermacher zurückkommen: Nach Schleiermacher haben Religion und Philosophie in Form von Metaphysik und Moral den gleichen Gegenstand, nämlich das Universum und das Verhältnis des Menschen zum Universum. Woher rührt dieser Griff nach dem Absoluten? Welche Rolle spielt der Begriff der Wahrheit in der Religion?

Religionspsychologisch, kann man sagen, gilt dem Menschen dasjenige als absolut, worauf hin er seine psychische Energie maximal konzentriert. Wenn das so ist, stellen wir fest, dass Menschen die Sehnsucht haben, sich an irgend etwas in diesem absoluten Sinne zu halten und zu verschenken. Und die Frage für den Theologen ist nun, was für ein Etwas den Namen Gottes wirklich verdient. Entscheiden wird sich diese Frage daran, wie weit ein Mensch sich von dem, was er für absolut erklärt, freigesetzt statt unterdrückt fühlt. Und deswegen glaube ich wieder, dass nicht einmal der Begriff des Universums, wenn man ihn mit dem Kosmos gleichsetzt, den Menschen wirklich erweitert. Der Kosmos ist ein zu schrecklicher Raum, als dass der Mensch als Mensch sich darin vollziehen könnte. Was den Menschen als Person leben lässt, kann nur eine Person sein, die er absolut setzt, um in seiner relativen Begrenztheit sich als erlaubt, getragen, begleitet, gemeint und gemocht fühlen zu können. Was die Natur keinem Menschen sagt, was das ganze schweigende Universum niemals sagen wird, verbindet die Religion mit der Vorstellung von Gott als einer Person. Und erst in einem Raum von Liebe, die stark genug ist, Vertrauen und Geborgenheit zu schaffen, wird es möglich werden, ein Weltverständnis so auszudehnen, dass wir am Ende diese Welt diesem Gott zutrauen. Das ist, wenn Sie es recht verstehen, die Umkehrung der alten Begründungszusammenhänge, dass man ausgehend von der Welt zu Gott steigen könne und dann mit Hilfe der Bibel demonstrieren, wie er sich historisch geoffenbart hat.

Würden Sie eine Lesart Nietzsches teilen, die davon ausgeht, dass Nietzsches Hinwendung zum Übermenschen nicht eine eigentliche Abkehr von Gott ist, sondern mehr eine Hinwendung zur totalen Selbstverantwortung?

Was Nietzsche wollte, war ohne Zweifel ein Typ von Mensch, der es vertragen würde, radikal losgekettet zu sein. Ich glaube nicht, dass Nietzsche viel darüber nachgedacht hat, wie die Katastrophen sich beschreiben, die dieses Losgekettetsein anrichten kann. 1914 ist eine ganze Generation mit dem Zarathustra im Tornister nach Langemarck und später nach Verdun marschiert. Man kann dafür nicht Nietzsche die Schuld geben, denn in den zwei großen Evidenzen, von denen er getragen wird, kann man ihm nach meiner Einschätzung nur zustimmen: Das Christentum hat durch seinen Moralismus eine falsche Einstellung zur inneren Natur, es ist triebrepressiv, es ist neurotisierend, und es hat eine anthropozentrisch falsche, verkürzte Einstellung zur äußeren Natur, es hat sie eben auf christliche Erwartungen zusammengeschrumpft. Dagegen setzt er die Vorstellung des Künstlergottes, der ästhetischen Rechtfertigung der Welt. Doch auch diese Idee ist problematisch: Die Welt ist nicht schön, sie ist auch nicht grausig schön, sie ist jenseits dieser menschlichen Bewertungen. Die Natur kann ein Spinnennetz schaffen, das für uns im Oktobernebel wunderschön aussehen wird, aber die Spinnen selber sind den meisten Menschen ästhetisch eher ekelhaft. Der Natur ist die Grausamkeit egal, mit der die Spinnen ihre Opfer erst einmal verflüssigen, um sie leersaugen zu können. Die Natur hat Bewundernswertes erstellt durch Konkurrenz und Kampf ums Dasein, aber nicht einmal die Ästhetisierung der Natur im Sinne Nietzsches fungiert als Interpretativ dazu. Als Kritiker der christlichen Moral sah Nietzsche: Menschen, die weder in der Natur noch in sich selber leben können, werfen allem, was auf naturhafte Weise stark und gesund ist, Sünde vor und müssen die Priesterreligion propagieren – das ständige Produzieren von Schuldgefühlen und die Notwendigkeit der ritualisierten Vergebung. In all dem war Nietzsche genial als Diagnostiker, aber er ist in meinen Augen miserabel als Arzt. Er hatte viel zu wenig Mitleid, um den Menschen gütig zu begegnen. Nietzsche kann nicht heilen, was er auch nicht wollte. Ganz im Gegenteil: Was so krank ist, dass es Heilung braucht, verdient nach seiner Meinung nicht zu leben. Aber so kann man nur philosophieren, wenn man nie ein Kind an der Hand gehabt hat und wenn man nie für irgendwas existenziell Verantwortung gespürt hat. Man missversteht Nietzsche, wenn man ihn nachbetet.

Zielt Nietzsche nicht darauf ab, dass man nur im Ergreifen der Verantwortung für sich selbst seinen Gott finden kann?

Der Mensch, der sich selber ergreift ohne Gott, wird an seiner eigenen Angst zugrunde gehen. Ich glaube, an dieser Diagnose Kierkegaards lässt sich schwer rütteln. Das ist der Punkt, den Nietzsche nicht gesehen hat, weil ihm die Angst aus der Schuldmentalität der christlichen Tradition viel zu groß war. Was Nietzsche bekämpft hat, war die Angst vor einem Grimmbart, der im Himmel sitzt und erklärt, ich bin der Einzige der Götter.

Simone Weil schreibt: „Eine der köstlichsten Freuden der irdischen Liebe, dem geliebten Wesen zu dienen, ohne dass es dies weiß, ist in der Gottesliebe nur möglich durch den Atheismus."

Das ist nicht ohne Zynismus gesprochen, aber so liebte Simone Weil sich auszudrücken. Ich gebe es mal anders wieder: Wann glaubt ein Kind oder ein Erwachsener wirklich? Ein Kind zum Beispiel, das im Sandkasten spielt und alle zehn Minuten zu seiner Mutter gelaufen kommt, hat seine Mutter lieb, aber es hat auch viel Angst, die Mutter zu verlieren. Ein Kind, das eine Stunde lang im Sandkasten spielt, ohne die Mutter zu vermissen, ohne zu kontrollieren, ob es sie noch gibt, hat in gewissem Sinne mehr Vertrauen zu seiner Mutter, weil es nicht immer wieder daran denken muss, ob sie da ist oder nicht.

Es gibt auch Kulturen, die, wie zum Beispiel die buddhistischen, keinen personalen Gott kennen. Könnte man vermuten, dass dort Vertrauen wirksamer praktiziert wird?

Die buddhistischen Kulturen sind sehr viel friedlicher und haben es verstanden, die Universalität des Mitleids über alle Kreaturen auszudehnen, was mir sehr wichtig ist. Worin ich mir bis heute nicht wirklich sicher bin, ist die Frage der Übersetzung der buddhistischen Lehren in unseren Kulturraum. Der Buddhismus legt im Ursprung gar keinen großen Wert darauf, die Frage zu lösen, ob es so etwas wie eine Person gibt oder nicht gibt. Er möchte lediglich zeigen, wie man von der Obsession frei wird, die eigene Person im Zustand der Bedrohtheit immer wieder militant verteidigen zu müssen, wie man sich loslassen kann durch meditative Einkehr, durch Ruhen in sich selber. Der Buddhismus lehrt auf sehr friedfertige Weise, Gottesbilder abzustreifen, durch die einfache Feststellung: Das alles ist nicht mein Selbst. In diesem Falle gibt es, kategorial wohlgemerkt, überhaupt kein Selbst. Da sind wir wieder bei der Erkenntniskritik Immanuel Kants und bei Max Scheler. Aber ob deswegen der Buddhismus sagen will, was ihr im Abendland Person nennt, das gibt es überhaupt nicht, das steht dahin. Was er sagen will, ist ganz sicher dies, dass es vollkommen falsch ist zu sagen, Person definiere sich durch den Besitz von Waren, Macht oder Kapital. Der Buddhismus hat als Kernproblem seiner Fragestellung nicht die Angst, die es kostet, frei zu sein; das Kernproblem des Buddhismus ist, wie kann man den Menschen aus dem Leiden befreien, in das er gerät durch Fehlidentifikation, durch Illusion und Unwissenheit. Der Dalai Lama hat in einem gemeinsamen Gottesdienst in Zürich mir einmal gesagt, Religionen sind Medikamente, und ein Medikament taugt nicht für alle Krankheiten. Die Menschen können viele Krankheiten haben, und deshalb brauchen sie in gewissem Sinne alle Religionen. Das leuchtet mir sehr ein, weil die verschiedenen Kulturen der Menschen in einer Zeit entstanden sind, wo sehr unterschiedliche Zugangswege zur Menschlichkeit nötig und findbar waren, während wir heute deutlich sehen, dass alle zusammenlaufen müssen, um dem Ganzen zu dienen. Es hat keinen Sinn mehr, eine Religion exklusiv abzugrenzen gegen eine andere. Wir müssen die Fragen herausfinden, auf die hin sie antworten mussten zu ihrer Zeit, und uns dann fragen, wie gültig ist die Antwort, welch ein bleibendes Problem des Menschseins ist darin erfasst, und wie lassen die verschiedenen Problemstellungen sich zuordnen.

Dann wären universelle Ansprüche allenfalls dadurch einzulösen, dass eine Religion das ihr Eigene bei anderen Religionen wiederfindet.

Ich bin darauf vorbereitet, dass wir auf eine Menschheit zugehen, in der es gar nicht mehr möglich ist, dass sich unterschiedliche Kulturen, unterschiedliche Sprachen, auch nur unterschiedliche Religionen bilden, sondern wo die Menschheit so vernetzt ist, dass sie in tragenden Überzeugungen ihr Zusammenleben regulieren muss.

Siebeck zufolge ist Religion ein Faktor des Kulturlebens, der eine spezifische Befindlichkeit des Menschen zum Ausdruck bringt. Diese religiöse Anlage des Menschen tritt, nach Siebeck, als religiöses Bedürfnis gemeinschaftsstiftend auf.

Besteht eine solche Gemeinschaft nicht darin, dass eine Identität durch Abgrenzung gegenüber Ungläubigen geschaffen wird?

Ganz richtig. In dieser Definition ist die Vermutung enthalten, dass Sondervarianten des Menschseins in einer spezifischen Kultur identifiziert werden mit dem Religiösen, mit dem Absoluten und dass damit Exklusivitätsideologie betrieben wird. Religion aber ist nicht nötig, um Gesellschaft zu begründen, Religion ist nötig, um den Menschen zu begründen. Das ist viel mehr, als jede Gesellschaft sein kann. Religion ist dazu da, die Begrenztheit des Gesellschaftlichen zu offenbaren. Heutigentags benötigen wir Religion kaum noch, um Kultur zu rechtfertigen. Dazu ist sie mindestens in den bürgerlichen Gesellschaften Nordamerikas und Westeuropas zu schwach geworden. In säkularem Gewande geistert allenfalls nach wie vor der alte Humbug: Wir führen zum Beispiel Krieg, und dafür brauchen wir absolute Rechtfertigungen; die aber wird uns kein Gott mehr liefern, sondern Begriffe wie: „Gerechtigkeit", „neue Weltordnung" oder „Humanität". Wir werden gleichwohl, zum Beispiel in den Vereinigten Staaten von Amerika, in einer Kultur, die die Bücher schreibt, die jeder Psychologiestudent weltweit lesen muss, die Todesstrafe so fleißig exekutieren wie nie, immer noch in der absoluten Zweiteilung zwischen Menschen, die gut sind und verdienen zu leben, und Menschen, die böse sind und nicht mehr zu leben verdienen. Wir haben mit einem Wort durch die Säkularisation der mythisch-religiösen Vorgaben immer noch totalitäre Ansprüche und benötigen sie zumindest im Krisenfall zur Stabilisierung unserer gesellschaftlichen Praxis. In dieser Situation wäre die Religion dringend als Korrektiv gefragt, und es ist sehr schlimm, das Christentum in einem Zustand zu sehen, wo es in Kirchenverwaltungen nichts weiter will als das Arrangement mit der bürgerlichen Macht.

KAPITEL 5
Eine Frage der Zeit

Heribert Illig
Der Zeitraffer

Peter Heintel
Der Zeitverzögerer

HERIBERT ILLIG

Der Zeitraffer

Weil Sie in Ihrem Buch Das erfundene Mittelalter *nachweisen, dass es die Jahre zwischen 614 und 911 nie gegeben hat, wurden Sie als „Zeitraffer" bezeichnet. Wie kamen Sie zu dieser These?*

Der Weg war natürlich ein langer. Es ist der Forschung seit langem bekannt, dass im Mittelalter viele Dokumente gefälscht wurden. Dazu gab es die These, die größten mittelalterlichen Fälschungen hätten einen antizipatorischen Charakter. Damit ist gemeint, man hätte Fälschungen von bis zu 10 000 Seiten Umfang gemacht, aber nicht gebraucht und in eine Schublade gelegt. Nach Jahrhunderten hätten sich die Zeiten geändert, daraufhin zog man dieses Bündel wieder aus der Schublade und hat es in der Tagespolitik eingesetzt. Da kam mir der Gedanke, dass der Zeitpunkt, zu dem die Fälschungen gemacht wurden, und der Zeitpunkt des Einsatzes dieser Fälschung ursprünglich dichter beisammenlagen und erst später auseinandergezogen wurden. Mit dieser Arbeitsthese kam ich allem weiteren auf die Spur.

Auch in der Antike finden Sie Hinweise auf Fehler in der Zeitrechnung. So behaupten Sie, dass Thales die Sonnenfinsternis von 585 gar nicht habe voraussagen können.

Ich wollte damit nicht „den Thales" ausrotten. Es gab mit Sicherheit jemanden, der diesen Gedanken hatte. Das Problem war ein anderes. Man kennt die Geschichte, dass Thales eine Sonnenfinsternis vorausgesagt hat, durch die eine Schlacht entschieden worden sein soll. Aber das ist eine dürftige Beschreibung. Die Astronomen hatten große Probleme, das zeitlich einzuordnen. Denn es gab nicht beliebig viele Sonnenfinsternisse, die in diesem Raum zu sehen waren. Man hatte natürlich ein gewisses Gerüst von der persischen und der griechischen Chronologie her. Es erwies sich als schwierig, Thales eine Sonnenfinsternis zuzuordnen. Man hat sich letztlich, um diesem Gesamtgerüst Rechnung zu tragen, für eine Sonnenfinsternis entschieden, die nur auf einer Insel gesehen werden konnte, die nach der Biografie, die wir kennen, Thales niemals betreten hat. Diese merkwürdige Sache hat mein Mitstreiter Peiser aufgeklärt. Sie soll nur demonstrieren, dass fast alle antiken Beobachtungen nicht nur nicht einfach in unser chronologisches Gerüst hineingebracht werden können, sondern dass da jedesmal ein mühseliger Kampf geführt wird. So ist das auch mit dem Stern von Bethlehem. Er könnte ein Komet, er könnte eine Nova oder jede andere Planetenkonstellation gewesen sein als jene, die Kepler berechnet hat. Es ist auch bekannt, dass es eine Mondfinsternis gab, als Herodes starb. Als Jesus am Kreuz starb, gab es eine Sonnenfinsternis. Jetzt versucht man verzweifelt, diese drei Punkte in einen halbwegs definierten Abstand zueinander zu bringen. Das will nicht klappen und ist bis heute nicht gelöst. Viele haben immer wieder wie Kepler versucht, dies zurückzurechnen, aber es blieb immer ein schaler Beigeschmack, weil es sich nicht sauber fügen will. Und da denke ich, es kann auch daran liegen, dass die drei Himmelsereignisse einfach generell in der falschen Zeit untergebracht werden sollen. Wie sähe es aus, wenn man auf der Zeitachse ein fiktives Intervall von 297 oder 305 Jahren einkalkuliert und dann nachrechnet, ob das Ganze nun passt oder nicht passt?

Sie bewegen sich in verschiedenen Zeiten wie Antike und Mittelalter, benutzen das Wissen der Archäologie, der Astronomie und die Technikgeschichte. Ist dies nicht ein zu großes Arbeitsgebiet?

Ja, natürlich ist es zu viel. Der Kulturhistoriker Egon Friedell war der Meinung, nur ein Dilettant könnte was wirklich Neues schaffen. Diesen Rat habe ich mir zu Herzen genommen. Ich nahm mir die Freiheit heraus, zu sagen, ich wühle mich in verschiedene Arbeitsgebiete hinein. Der heutige Universitätsbetrieb gestattet nur noch den Spezialisten. Der Spezialist hat jedoch gar keine Chance mehr, einen breiten Überblick zu bewahren. Er merkt oft überhaupt nicht, dass sein Forschungsergebnis zwei Zimmer weiter nicht mehr gesehen wird. Ich habe die Möglichkeit zu versuchen, einen übergeordneten Standpunkt einzunehmen und die Gebiete, die ich überblicken kann, zu bearbeiten. Ich habe mich auf eine Metaebene begeben und nehme einfach die Daten. Es geht mir nicht darum, dass ich die Schönheit eines Textes interpretiere, sondern nur um knappe Fakten. Von daher glaube ich, dass der Dilettant, den ich verkörpere, sich nicht übernimmt, aber er muss den Mut zur Lücke haben.

__ *Wie wichtig ist einem Dilettanten die akademische Anerkennung?*

Das ist eine schwierige Frage. Ich würde sagen, ich suche primär nach dem tatsächlichen Verlauf der Geschichte. Es interessiert mich, wie das wohl war. Ich weiß natürlich, dass dieses Wissen an der Universität gehegt und verwaltet wird. Deswegen bemühe ich mich auch um die Diskussion mit den Mediävisten und den Naturwissenschaftlern. Das sind die Kompetentesten für meinen Interessenbereich oder sollten es sein. Eine Auseinandersetzung mit ihnen bringt mich sehr viel schneller weiter, als wenn ich mich irgendwo unverbindlich bewege. Die Frage der Chronologie ist von den Universitäten aber schon lange ad acta gelegt worden. Ein Professor, der sich mit meinen Sachen beschäftigt hat, räumte sofort ein, dass die große Zeit all derer, die sich mit Chronologie irgendwann beschäftigt haben, schon hundert Jahre zurückliege. Ich sehe die Chronologie nur als Basis an. Wie will ich irgendeine Entwicklung richtig einschätzen, wenn ich sie überhaupt nicht richtig auf einer Zeitachse aufgetragen habe? Geschichte ist der Versuch, Chaos zu bändigen, Dinge an ihren richtigen Platz zu rücken. Man ist sich seit langem absolut sicher, dass man ein stimmiges System hat. Von daher gesehen setzt meine Fragestellung an der Wurzel an: Entweder ist die Chronologie ein Gottesgeschenk, oder die Chronologie ist von Menschen gemacht und damit nachprüfbar.

__ *Was motiviert Sie, so tief in eine Materie einzudringen, die von den meisten Menschen als staubtrocken bezeichnet wird?*

Wenn ich es nur so genau wüsste. Aber die Frage stelle ich mir natürlich auch immer wieder. Was ist es, was einen da umtreibt? Ich glaube, dass ich einfach das gefunden habe, was mich reizt. Es hat mich seit der Jugend immer dieses Geschichtsinteresse begleitet.

__ *Eine gängige Meinung lautet, man beschäftigt sich mit Geschichte, um aus der Geschichte zu lernen. Ist das auch ein Antrieb Ihrer chronologischen Forschungen?*

Ich will die Frage nicht mit irgendeiner Antwort kaschieren. Die Provokation sollte man stehenlassen. Ich grüble immer wieder über diesen Satz nach, ob es stimmt, dass nur, wer die Vergangenheit kennt, auch die Gegenwart und die

Zukunft verstehen kann. Aber andererseits läuft die Weltgeschichte so, dass ich den Eindruck habe, das einzig Sichere ist, dass wir nichts aus der Vergangenheit lernen. So wie man Erfahrung einem Kind nicht vermitteln kann. Ich kann ihm hundertmal erzählen, die Herdplatte wird heiß. Es wird das nicht glauben. Erfahrungen kann man nicht weitergeben, da ist der Mensch unbelehrbar. Im Moment läuft ja fast weltweit das Experiment, ob der Mensch sich völlig von seinen Bildungserrungenschaften ablösen kann. Wenn ich mir diesen Generationenumbruch anschaue, dann stelle ich fest, dass die junge Generation vieles von der berühmten abendländischen Entwicklung überhaupt nicht mehr inhaliert. Wenn ich mir vorstelle, was Ende des letzten Jahrhunderts da noch alles gepaukt werden musste! Jetzt sehe ich, dass es eine Generation gibt, die diese ganze Sache als Krempel empfindet und sagt, das habe mit ihrem Leben nichts mehr zu tun. Das ist aber kein Experiment, weil es ja nicht beliebig wiederholbar ist. Das ist einfach eine Entwicklung, die sich vollzieht, und man kann darüber weinen oder jubeln. Das hängt vom persönlichen Standpunkt ab. Ich meine, die Welt ist auf jeden Fall weit und groß, und es wird auch immer den klassischen Enzyklopädisten wie mich geben. Ich fühle mich noch in dieser Tradition stehend und sage, große Geschichtsschreibung und enzyklopädisches Wissen sind ein Ideal und für mich persönlich anstrebbar. Aber das ist heute nicht mehr gefragt, sondern geht schlicht und einfach unter. Das Ulkige dabei ist zu sehen, wie sich das dann ergänzt. Ich nehme an, dass dem Computerfreak, der in seiner Garage gesessen und seine Programme entwickelt hat, irgendeine ferne Vergangenheit völlig wurscht war. Aber zehn Jahre später wird dann beispielsweise eine Bibelkonkordanz auf CD-ROM geliefert. Leute wie ich, die im Alten stöbern, bekommen von dem, der sich für das Alte nicht interessiert, herrliches Werkzeug an die Hand. Ich bin heute in der Lage, auf dem Heimcomputer beste astronomische Rückrechnungen zu machen. Menschen, die von den Intentionen weit auseinanderliegen, geraten da positiv aneinander.

Wenn die Geschichte verkürzt wird, muss man sich dann das Tempo des geschichtlichen Wandels auch rasanter denken?

Es gibt sicher mal 20 oder 30 Jahre, wo es ruhiger zugeht, aber dann setzen gewisse Bewegungen reißend ein. Wir haben uns angewöhnt zu sagen, dass vor der industriellen Revolution alles viel langsamer war. Das ist ein Irrglauben. Wenn man sich einmal auf kulturelle Weiterentwicklung einlässt, dann steckt in dieser Entwicklung immer ein Effekt, der diese Entwicklung beschleunigt. Wir stellen fest, dass in dem Augenblick, wo in der Hominidenevolution der Verstand hinzutritt, die Bewegung einfach rapide wird. Ich meine, eine Idylle gibt es vermutlich nur ohne Verstand. Solange es keinen Verstand gibt, regeln sich die Sachen relativ eindeutig. Erst wenn der Verstand hinzutritt und in seiner unerbittlichen Konsequenz Sachen bis zum Ende treibt, dann treten neue Möglichkeiten auf.

Warum versucht man Geschichte nicht nur chronologisch zu erfassen, sondern sie auch in Epochen einzuteilen?

Uns Menschen haftet wohl ein Schubladendenken an. Kant kommt mit seinen drei Kritiken, damit alles sauber in drei schöne Kisten verpackt ist, und das freut uns. Wir Menschen brauchen das. Registratur bedeutet einen Sieg über das Chaos. Wir sind immer dabei, irgendwie Ordnung zu schaffen, damit irgend etwas griffig und verstehbar wird. Dazu müssen Randgebiete und Außenseiter eliminiert werden. Es gibt immer Elemente, die man wegschneidet, weil man sagt, der Kasten ist nur so groß. Das kann man auch im Unterricht gut vermitteln. Jeder hat einen hübschen Begriff, und der steht. Wir können uns nicht gegen unseren Geist wenden. Wir können das mal aufbrechen und sagen, in der Kiste ist ja viel mehr drin, als wir dachten. Das passiert ja auch von Zeit zu Zeit, aber ebenso zwangsläufig ist, dass die Schublade wieder geschlossen wird. Sollte mein Ansatz von Erfolg gekrönt sein, wird man bald sagen, Frühmittelalter existiert nicht, lassen wir die Antike bis 614 gehen und von da an ist eben Mittelalter – fertig ist die neue Schublade.

Sie schreiben, die Juden hätten mit ihrer 4000-jährigen Geschichte die rationalste Geschichtsauffassung. Was meinen Sie damit?

Das war ein Zitat von Arno Borst, der einmal sagte, die Juden hätten, weil sie keine Heimat haben, sich ein zeitliches Reich von 4000 Jahren schaffen müssen. Da muss man aber hinzufügen, dass dies eine Bemerkung ist, die den eigenen Standort völlig ignoriert. Denn wenn Borst daraufhin einmal die Christen angeschaut hätte, hätte er festgestellt, dass unsere Unbehaustheit offenbar viel größer ist. Denn die Juden, deren Ärarechnung frühestens aus dem 4. Jahrhundert nach Christus stammt, werden von dem frühchristlichen Historiker Eusebius übertroffen, der eine längere Rechnung aufmachte und der Meinung war, Christi müsse 5500 Jahre nach der Schöpfung geboren sein. Schon da war das christliche Bedürfnis nach einer langen Dauer größer als das der Juden. Mein Buch *Chronologie und Katastrophismus* begann ich mit den Worten „alt, älter, am ältesten“. Wir leben von dieser Übertreibung. Das ist auch ein Produkt der Aufklärung, denn Diderot und Kant schrauben plötzlich das Alter der Erde in die Jahrmillionen hinauf. Wir wollen eine lange Vergangenheit. Wir wollen Zeit beherrschen und nicht von einem Gott beherrscht werden. Wir wollen nicht nur den Raum beherrschen, wie es die früheren Imperatoren machten, sondern wir wollen die Zeit beherrschen. Ein langes Zeitkontinuum hat etwas Beruhigendes. Deshalb haben sich ja auch unsere Adelsgeschlechter die herrlichsten Stammbäume zusammenfälschen lassen.

Sie hatten vorhin das Bedürfnis des Menschen angesprochen, die Zeit zu beherrschen. Was ist das eigentlich: die Zeit?

Ich kann natürlich die Zeit nicht definieren. Die Zeit ist eigentlich nur ein Produkt des Intellekts. Solange wir gegenwärtig, absolut gegenwärtig leben, reflektieren wir nicht darüber, sondern wir tun etwas. Anschließend reflektiere ich irgendwann und die Reflexion erzeugt die Vergangenheit. Wenn irgendwo die berühmte Herdplatte ist, reagiere ich unmittelbar und spontan. Da gibt es keine Reflexion. Wenn ich die Brandwunde betrachte, kann ich wochenlang darüber nachdenken, was da war. Da wird Vergangenheit erzeugt und wird auch so nachgebessert, dass ich mit ihr leben kann. Das ist wichtig, denn wenn ich irgendwas getan habe, das mit meiner Moral oder sonstigen Konditionen nicht übereinkommt, arbeitet der Verstand immer wieder daran und werkelt herum, um das zu verändern. Das ist aber noch zu wenig durchdacht. Ich halte mich an Augustinus, der sagt, dass er die Zeit nicht beschreiben könne.

In der Gegenwart scheint den Menschen die Zeit zu schnell zu laufen, und es gibt einen Verein zur Verzögerung der Zeit, also genau die gegenläufige Tendenz zu Ihren Arbeiten…

Ich habe für die Arbeit zu Friedell in den Zeitungen von 1895–1940 geblättert. Damals waren die Klagen die gleichen. Ich habe den Eindruck, dass das 20. Jahrhundert ein paar Bewegungen dreimal repetiert. Hermann Hesse steigt schon ums Jahr 1900 als Nacktkulturtreibender in den Schweizer Bergen herum. Damals gab es eine erste riesige Woge von indischem, chinesischem, japanischem Wissen, das in Europa anbrandete, und zwischen den Weltkriegen gab es das wieder. Wir haben nach dem Zweiten Weltkrieg eigentlich schon eine Doppelphase, die die beiden früheren mit aufgearbeitet hat. Jedes Mal ist damit verbunden, dass man sagt, die Zeit läuft zu schnell. Wir wappnen uns dagegen, indem wir sagen, wir müssen wieder Ruhe hineinbringen und uns an der Zeitlosigkeit orientieren. Auch Friedell war sich dessen bewusst und hat das Bonmot geprägt, er leide unter einem erschreckenden Mangel an Zeitmangel. Die Konzentration auf gewisse Dinge räumt Zeit ein. Ich interessiere mich einfach für das, was mich interessiert.

Sie haben über den Kulturhistoriker Egon Friedell promoviert. Was bedeutet er für Ihre jetzige chronologische Arbeit?

Sagen wir es mal so: Wir haben die gleiche Wurzel. Friedell war für mich ein Anknüpfungspunkt. Er hätte meine Arbeit natürlich bespöttelt und hätte gesagt, diese Art von Geschichte ist ja die langweiligste. Ihn interessierte nur die künstlerische Betrachtung der Geschichte. Aber ihm hätte es natürlich schon gefallen, wenn man feststellt, was da alles in der Chronologie verschoben worden ist. Über das Mittelalter hätten wir uns furchtbar gestritten, denn er war der Meinung, über die Zeit von Christi Geburt bis zur Großen Pest um 1350 schreibt er nicht, da es eine religiös geprägte Zeit sei, die anderen Gesetzen folgt. Da stehe ich natürlich im entschiedenen Widerspruch, weil ich sage, diese Zeit hat genauso machtbewusst gedacht. Sie trägt zwar das Christliche mit auf den Fahnen, aber deswegen kann man sie natürlich ganz genauso traktieren wie alle anderen Zeiten auch. Friedell hat mir den Mut gegeben zu sagen, du darfst dich auch als Außenseiter mit irgendwas zu Worte melden. Das war natürlich schon ein entscheidender Ansporn, dass man gesagt bekommt, du musst nicht fünf Jahre studiert, drei Jahre promoviert und zwei Jahre habilitiert haben, bevor du deinen Mund aufmachst. Daraus leite ich ab, dass ich mich auch dann zu Wort melden kann, wenn ich weiß, dass es noch nichts Vollkommenes ist. Da hat mir die eigene Zeitschrift geholfen, weil sie von vornherein nicht den Anspruch hat, unumstößliche Wahrheiten zu bieten, sondern Werkstattberichte. Etliche Kritiker waren der Meinung, ich darf erst in der Öffentlichkeit auftreten, wenn ich alle 10 000 mittelalterlichen Urkunden einzeln als Fälschung erkannt habe. Das ist natürlich eine klare Vermeidungsstrategie. Auf diese Weise ist zuverlässig gesichert, dass nie etwas Revolutionäres darüber publiziert werden kann.

Obwohl Sie eine Doktorarbeit geschrieben haben, sind Sie den akademischen Weg nicht weitergegangen. War das ein Zeichen der Resignation oder eine bewusste Wahl?

Im Rückblick stellt sich ja manches anders dar. Also mein persönlicher Lebensweg war so: Mein Vater starb schon früh, und ich hatte das Gefühl, ich müsse studieren. Für mich war als Achtzehnjähriger klar, dass Geschichte und Kunstgeschichte meine Fächer wären. Ich bin dann jedoch in einen Brotberuf hineingegangen und habe das 13 Jahre lang getrieben und war da sehr bald geistig unterfordert. Da begann ich die Friedell-Studien und habe nebenbei eine Dissertation geschrieben. Wie ich dann plötzlich mit dem Germanistikdoktor daherkam, war ich endgültig als schräger Vogel entlarvt. Ich sagte mir, die finanziellen Verhältnisse sind so, dass ich ein paar Jahre auf jeden Fall als selbstständiger Autor durchstehen kann. Das möchte ich jetzt einfach testen. Ich möchte die Gedanken, die mich bewegen, nicht noch 25 Jahre bis zur Pension zurückstellen. Ich habe den Mut gehabt, zu kündigen und als Privatgelehrter auf eigene Rechnung und auf eigenes Risiko zu forschen. Ich zeichne mit meinem Namen. Wenn meine Ideen nicht stimmen, dann blamiere ich mich eben.

Sie haben den Begriff Privatgelehrter und nicht den heutzutage oft negativ gebrauchten Begriff des Autodidakten gebraucht. Welche Rolle spielt in der wissenschaftlichen Auseinandersetzung Ihr Werdegang beziehungsweise Ihre Ausbildung?

Mediävisten achten manchmal noch streng drauf. Einmal sagte ein Professor bei einem Interview: „Herr Illig ist doch gar kein Historiker.“ Dabei ist das nicht einmal ein geschützter Titel. Ich glaube, hinter diesem Begriff verbirgt sich der Wunsch der verschiedenen Wissenschaftsdisziplinen, dass jemand genau den Ausbildungsvorgang durchläuft, den man ihm vorschreibt. Da wird man geprägt. Man beruft sich darauf, dass man der Schüler vom XY war. Das merke ich sehr deutlich, weil ich auch mit vielen Studenten zu tun habe. Wenn ich denen sage, Chronologie ist etwas, das man mit Skepsis betrachten muss, fallen sie fast um. Sie sagen, das darf nicht sein, das kann nicht sein, gerade habe ich Wissen erworben, und diesen Besitz soll ich gleich wieder in Frage stellen? Das steckt, glaube ich, mit hinter dem Vorwurf, Autodidakt zu sein: Der hat nicht nur selbst was gelernt, sondern selbst was gedacht. Das ist etwas Unkontrollierbares. Der Autodidakt ist nicht in die Zunft eingebunden. Wenn jemand ein ordentliches Studium bis zur Habilitation gemacht hat, ist er doch gebogen und vielleicht auch verbogen. Bei einem Interview habe ich gesagt, ich wäre wirklich interessiert daran, was gewesen wäre, wenn ich ab zwanzig Geschichte studiert und vielleicht einen Lehrstuhl bekommen hätte. Was würde ich dann lehren? Was würde ich zu jemandem sagen, der plötzlich alles umstürzt? Würde ich ganz gereizt auf so einen Menschen reagieren oder sagen, das ist ein hübscher Anstoß, und diesen Anstoß aufnehmen? Aber das sind Gedankenspiele, die man nicht in der Realität überprüfen kann. Ich bin mir nicht sicher, ob ich nicht auch die Scheuklappen eng trüge und aus meinem Gedankengebäude nicht mehr herauskäme.

___ *Ist die Universität quasi eine Denkbremse?*

Ja, vielleicht. Bremse fürs freie Denken. Da geht es wieder um diese Schubladen: Man hat sehr genau gelernt, was man denken darf und was gleich verboten wird. Es wird nicht verboten, aber es genügt, dass man sagt, das Thema ist nicht prüfungsrelevant und sich mit ihm auseinanderzusetzen kann eigentlich nur schaden. Dann lässt man das natürlich.

___ *Welche Reaktionen haben Sie in Bezug auf Ihre grundlegenden Thesen zur Verkürzung der Chronologie schon erfahren?*

Da gibt es jede mögliche und unmögliche Reaktion. Ich meine, es gibt rein emotionale Aufbrausungen der Leute, die es nicht wagen, Dinge groß in Frage zu stellen. Ich denke da an einen Vortrag, als ein Zuhörer fast mit Weinen darauf gepocht hat, dass hier der Untergang des Abendlandes betrieben werde und ohne die Integrationsfigur Karl den Großen alles zum Einsturz käme, dass ich also ein Kultursaboteur sei. Da gibt es natürlich jede Spielart, denn die Chronologie ist auch immer emotional besetzt. Da geht zu viel ineinander an Emotionen, eben auch die Freude am Besitz, der plötzlich in Frage gestellt wird. Ich kenne hier in München einen Menschen, bei dem man sich Vorträge anhört und darüber spricht. Ich durfte bei ihm auch sprechen, obwohl er meine Thesen grundsätzlich missbilligt hat. Das hat ihn so erregt, dass er emotional kaum durchgehalten hat, aber er war immerhin so liberal, dass er mich den Vortrag aus freien Stücken halten ließ. Wie gesagt, da gibt es alles, und das ist menschlich überaus verständlich. Es kommt auch immer wieder der Vergleich mit Däniken. Dabei hat der ein System aufgebaut, das nicht überprüfbar ist. Er findet immer etwas Unerklärliches und sagt, das könne er mit Außerirdischen erklären. Damit kann man es erklären, aber das ist der größtmögliche Hebel. Dementsprechend klein ist sein Erklärungswert, während der Glaubenswert hoch liegt. Ich sage immer, ich versuche es mit dem kleinstmöglichen Hebel zu schaffen. Erst wenn ich sehe, dass innerhalb eines chronologischen Systems gar nichts anderes greift, dann sage ich, da ist in der Chronologie selbst manipuliert worden.

Peter Heintel

Der Zeitverzögerer

Herr Heintel, Sie sind Professor für Philosophie sowie Gründer und Obmann des Vereins „Tempus – Verein zur Verzögerung der Zeit". Was ist für Sie Zeit, und was kann an ihr verzögert werden?

Sie haben mit dieser Frage natürlich sofort den wunden Punkt unseres Vereinsnamens getroffen. Selbstverständlich kann Zeit an sich nicht verzögert werden, weil sie ein Konstrukt ist. Dieser Titel soll darauf hinweisen, dass innerhalb bestehender Zeitordnungen Beschleunigungs- und Zeitverdichtungsprozesse stattfinden. Diese sollen verzögert beziehungsweise entzerrt werden. Allerdings bin ich der Meinung, dass Zeit kein ontologisch substanzielles Ding ist. Zeit ist eine subjektive Anschauungsform, die sich in gesellschaftlichen Zusammenhängen und Zuordnungen formiert. Wenn man Zeit verzögern könnte, müsste sie ja ein Subjekt sein. Eine ontologische Kategorie ist sie für mich nicht.

Sondern?

Na ja, eine in verschiedenen Modellen fundierte und durch sie hervorgebrachte Ordnungskategorie. Als solche könnte man sie natürlich auch als eine bestimmten Modellverpflichtungen verbundene Konstruktion bezeichnen. Konstruktion heißt für mich jedoch nicht Willkür. Sie resultiert aus der jeweiligen Erfassung von Wirklichkeitsbereichen innerhalb verschiedener Einzelwissenschaften, Weltbetrachtungen etc.

Sie haben in einer österreichischen Zeitschrift für Managemententwicklung geschrieben, dass die Lösung unserer weltgeschichtlichen Krisen verzögerte Zeit braucht. Was können wir uns darunter vorstellen?

Ich meine damit, dass wir uns im Rahmen unseres technologischen Fortschritts Probleme eingehandelt haben, die in unseren zeitlichen Systemkonstruktionen und Systemordnungen nicht lösbar sind. Wenn es beispielsweise in der Politik darauf ankommt, innerhalb bestimmter Wahlperioden Gesetze als Rechtfertigung für das Gewähltsein zu erlassen, obgleich die Entwicklung dieser Gesetze weit längerer Zeithorizonte bedarf, dann wird es hier zu keinen guten Entscheidungen kommen. Das, was wir unter konkreter Demokratie verstehen, hat bisher noch keine Verwirklichungschance gehabt – dies auch aus Zeitgründen. Das Resümee ist ganz schlicht: Wir brauchen mehr Zeit – in Ruhe. Wir nennen das Systemtranszendenz üben. Unter Systemtranszendenz verstehen wir nichts anderes, als dass eine Reflexionsdifferenz etabliert wird, in der nicht nur Eliten, sondern Menschen überhaupt denken können. Es soll den Menschen möglich werden, zu den bestehenden Systemen in Differenz zu treten. Das ist eine Möglichkeit, derzeitige unterschiedliche Zeitstrukturen mehr oder weniger zu verbinden. Es geht also darum, Systeme in dem Sinn zu transzendieren, dass die verschiedenen Systeme, die unterschiedliche Zeiten und unterschiedliche Rhythmen haben, miteinander kompatibel werden. Man versucht deren Eigenzeiten zu finden.

— Was verstehen Sie unter Eigenzeit?

Wenn wir das nur so genau wüssten. Unter Eigenzeit verstehe ich zunächst einmal, dass alles Bestehende eine Bewegung in sich hat, die nicht durch unsere Zeitkonstruktionen bestimmt ist. Das Werden und Vergehen des Lebens oder die Tagesrhythmen von Menschen richten sich nicht nach unseren konstruierten Zeitordnungen.

Sie haben im Zusammenhang mit den Arbeitsprozessen in der Wirtschaft den Begriff Slobby geprägt – die „Slower but better working people“. Diese Slobby arbeiten zwar langsamer, aber effektiver, wie Sie schreiben. Wird da nicht der — Zeitdruck gegen einen Qualitätsdruck ausgetauscht?

Das ist eine berechtigte Frage. Es gibt aber einen großen Unterschied zwischen einem Zeit- und einem Qualitätsdruck. Der Qualitätsdruck dehnt eher die Zeit, wenn ich darauf Wert lege, in bestimmten Zusammenhängen zu guten Entscheidungen zu kommen. Gegen einen Qualitätsdruck hätte ich in diesem Zusammenhang eigentlich nichts, denn es gibt nur allzu viele Lebensbereiche, deren Qualität nicht einmal angesprochen worden ist.

Ist Ihre Theorie der Verzögerung der Zeit nicht vielmehr eine Anleitung zu einem — anderen Verhalten?

Wenn Sie es auf das Subjekt bezogen sehen, würde ich dem zustimmen. Nur bin ich skeptisch, ob einschneidende Veränderungen vom Subjekt alleine zu bewältigen sind. Wir brauchen da schon kollektive Ansätze. Individualethik ist mir zu wenig.

Provokant könnte man fragen, wozu Sie die Zeit brauchen. Betreiben Sie nicht vielmehr Gesellschaftskritik? Ist Zeitverzögerung nicht nur Seelenmassage für — gestresste Manager?

Letzteres klingt mir nicht so schön. Seelenmassage, das ist ein komisches Unternehmen.

— Bleiben wir bei der Gesellschaftskritik.

Das gefällt mir viel besser, nur die Gesellschaftskritik ist wieder ein sehr allgemeines Unterfangen. Mich interessiert Gesellschaftskritik vor allem dort, wo vieles viel zu selbstverständlich ist. Dazu gehören auch Zeitordnungen. Also wo

Gesellschaft durch normative Selbstverständlichkeit organisiert wird, die überhaupt nicht in Frage gestellt wird. Es ist überhaupt nichts Originelles, dass viele Menschen viel zu wenig Zeit haben. Da bleibt aber so eine räsonierende Begleitmelodie. Die Zeitnot wird als etwas Schicksalhaftes begriffen. Gesellschaftskritik ist für mich da am Platz, wo Selbstverständlichkeiten zu Eigenfesseln werden. Um zum Beispiel aus der Systemlogik der „Shareholder-Values" herauszukommen, brauche ich Zeit.

Zu den Selbstverständlichkeiten unserer Zeit gehört auch die Verdrängung des Todes. Ist für Sie der Aktivismus der Moderne eine Flucht vor dem Tod?

Ich vermute, dass die Stille, die Unterbrechung, die Pause, das Nichts den Menschen immer an den Tod erinnern. Als ich in Wolfsburg bei der „Geburt" des neuen VW Golf dabei war, wurde mir klar, dass unsere Neuzeit eine ganz spezifische und sehr männliche Form der Überwindung des Todes durch ewige Produktion oder durch ewiges Wachstum entwickelt hat. So wie das Werk des Mannes eigentlich ein Geburtsakt für die Ewigkeit sein soll.

Sie beraten führende Wirtschaftsunternehmen. Wollen Sie eine Art Revolution von oben durchführen?

Sie führen mich auf ein gefährliches Pflaster. Erstens glaube ich nicht, dass ich die Gesellschaft oder die Welt verändern kann. Solche Omnipotenzansprüche habe ich sicher nicht. Wenngleich ich glaube, Ihnen auf zwei Ebenen antworten zu sollen. Die eine Ebene ist die des Vereins, wo ich schon glaube, dass eine Verbreitung dieses Vereins und seiner Mitgliedschaft etwas bringt. Es ist nicht ganz ohne Erfolg, wenn man irgendwo unter Zeitdruck gesetzt wird und sagt, wissen Sie, das können Sie mit mir nicht machen, ich bin Mitglied des Vereins zur Verzögerung der Zeit. Dann schauen alle ein bisschen komisch, denken vielleicht, jetzt ist er komplett übergeschnappt. Aber ich habe die Erfahrung gemacht, dass fast alle Menschen dann zögern, innehalten und neugierig werden.

Die andere Ebene ist die Revolution von oben. Wofür ich die Trommel rühre, ist, dass sich die sogenannten Mächtigen ihrer Verantwortlichkeit, die über ihre Systemimmanenz hinausgeht, bewusst werden.

Welche klassische philosophische Theorie der Zeit liegt Ihrer Position am nächsten?

Neben Kant und Heidegger ist dies vor allem die von Hegel. Er hat in der Naturphilosophie sehr interessante Kapitel, die man sowohl im Sinne des Modells der Naturwissenschaften als auch im Sinne der Eigenzeitlichkeit deuten kann. Von Hegel habe ich am meisten gelernt. Mit Hegel gesprochen leben wir alle im „Für sich" – oder im „An sich", was noch schlimmer ist. Zum „An und für sich" kommt es überhaupt nicht, weil die eigenreflektierte Differenz nicht stattfindet.

Der Begriff der Zeit soll, um noch mal Hegel zu zitieren, „zu sich selber kommen". Die Zeit zu verzögern, um zum eigentlichen Sein zu gelangen oder um die Systemlogik zu sprengen, sind dies nicht Ausreden von chronischen Faulenzern?

Ach, dagegen habe ich überhaupt nichts. Das würde ich nicht einmal als Ausrede sehen. Was kann uns denn noch Schöneres passieren?

Als Faulenzen?

Na sicher, wenn es uns geschenkt wird, dass wir in unserem Faulenzen überleben können, dann ist das doch was ganz Wunderbares. Angesichts der Massenarbeitslosigkeit ist es für mich keine Utopie zu sagen, dass Menschen ganz schlicht für ihre Existenz bezahlt werden sollten und nicht für das, was sie tun.

Sich Zeit nehmen, innehalten – sind dies heutzutage nicht Privilegien von Menschen, die genügend Geld dazu haben?

Natürlich haben Sie Recht. Man muss einmal schauen, wer überhaupt das Privileg hat, sich so was leisten zu können. Sie weniger, ich schon. Als österreichischer Beamter im Hochschuldienst kann ich leicht solch große Töne spucken. Die Verantwortung, die sich damit verbindet, ist meines Erachtens schlicht die des Philosophen. Er müsste sein Privileg für andere nutzbar machen und nicht nur für Fachphilosophen. Philosophieren lässt sich nicht ohne Muße. Lässt es sich ohne Muße bewusst leben?

Gibt es in Anbetracht des Universitätsbetriebs und der verkürzten Studienzeiten überhaupt noch Philosophie?

Immer weniger. Philosophen in Wissenschaftshektik und Studienhektik hineinzutreiben, halte ich für völlig pervers.

Welche Anregungen können Sie unseren Lesern für die Verzögerung ihrer Zeit geben?

Ich bin der Meinung, dass alle Menschen Philosophen sind. Wenn man sie nur lässt. Am besten ist es, dem Verein beizutreten. Wir haben unsere Aktionen und Möglichkeiten. Aber wenn Sie die Frage ernst stellen, dann muss ich immer wieder bescheiden sagen, ich weiß es nicht. Ich weiß es nicht. Ich weiß zwar, wo das Problem ist, aber Ratschläge oder Anregungen zu geben wäre ein Widerspruch zur Autonomie und zum Selbstbestimmungskonzept der Individuen und Kollektive.

Kann man sagen, Mut zu sich selbst?

Ja, Mut zur Selbstdifferenz, das wäre mein Wort.

KAPITEL 6

Der Zauber des Denkens

Andino (Andreas Michel)
Philosophie des Zauberns

ANDINO (ANDREAS MICHEL)

Philosophie des Zauberns

Herr Michel, Sie treten auf als philosophischer Zauberkünstler Andino. Was haben Philosophie und Zaubern gemeinsam, und was veranlasste Sie als Doktor der Philosophie Zauberkünstler zu werden?

Was kann man als Philosoph schon Besseres tun, als vom Zaubern zu leben? Aber im Ernst: Philosophie und Zauberkunst haben sehr viel gemeinsam. Zunächst einmal etwas Negatives – beide machen etwas kaputt. Zauberer und Philosophen zerstören vermeintliche Sicherheiten. Die Philosophen, indem sie unangenehme Fragen stellen, die ihre Mitmenschen irritieren, und die Zauberkünstler, indem sie Tricks vorführen und mit ihren Täuschungen die Sicherheit der Sinneswahrnehmung der Zuschauer in Frage stellen.

Vor ungefähr 2500 Jahren hatte zum Beispiel ein gewisser Sokrates nichts Besseres zu tun, als auf dem Marktplatz seine Mitmenschen mit unangenehmen Fragen wie „Was ist Tugend?“, „Was ist Schönheit?“ und „Was ist Glück?“ in Verlegenheit zu bringen. Fast immer endeten die Gespräche, die sich aus diesen Fragen ergaben, mit den Worten: „Wir haben die Wahrheit nicht gefunden – wir werden morgen weitersuchen.“ Mein Abendprogramm beginnt mit einem Prolog, in dem ich mich auf Sokrates beziehe. Eine Vorbildfigur für jeden Philosophen, die ich versuche, beim Zaubern umzusetzen. Ich benutze die Bühne als eine Art Marktplatz. Meine Zielgruppe ist die gleiche wie bei Sokrates, nämlich ganz normale Leute, die ins Theater kommen – keine Philosophen, sondern Menschen, die eine Zaubervorstellung sehen wollen. Ich versuche mit Hilfe philosophischer Gedanken, die Zauberkunststücke ein wenig zu interpretieren, und manchmal lässt sich eine philosophische Theorie mit Hilfe eines Zauberkunststücks illustrieren. Das Gemeinsame von Philosophie und Illusionskunst demonstriere ich in meinen Vorstellungen zum Beispiel immer gerne an einem Stück Nähgarn. Ich zerreiße dieses gut sichtbar vor den Augen der Zuschauer als Beispiel des zerstörerischen Wirkens, des Demontierens von Gewissheiten durch die Philosophen und die Zauberer. Dann zerknülle ich die Stücke in einer Hand, und zwischen meinen Händen spannt sich der Faden wieder in voller Länge wie zuvor; allerdings mit einem Knoten in der Mitte. Die Philosophen versuchen die Welt, die sie durch ihre Fragen ins Wanken gebracht und mitunter auch zerstört haben, wieder mittels komplizierter Gedanken wie ein Kartenhaus aufzubauen. Der „reparierte“ Faden symbolisiert das Ergebnis dieser Arbeit – ein philosophisches System. An diesem Punkt hört die Arbeit der Philosophen auf. Wir Zauberkünstler können an dieser Stelle jedoch sagen: Seht mal her, das, was wir machen, das sind doch nur Tricks, Illusionen und Täuschungen. Und nach der Vorstellung ist die Realität genauso intakt wie vorher auch – und wenn ich nun an den Enden des Fadens ziehe, löst sich der Knoten auf, und erstaunlicherweise ist der Faden dann wieder unversehrt.

___ *Welche Rolle spielt das Publikum?*

Die entscheidende Rolle. Das wichtigste ist der Dialog mit dem Publikum, der bei einer Vorstellung entsteht, und die Situation, in die die Zuschauer bei einer Zaubervorstellung geraten. In einer Zaubervorstellung ist es so, dass sich live auf der Bühne Dinge abspielen, von denen nicht klar ist, wie diese möglich sind, deren Funktionieren unverständlich ist und es natürlich auch bleiben soll. Es ist eine sehr ähnliche Situation wie die, in welcher der Philosoph sich der Welt gegenüber befindet. Philosophen sind ja Leute, die überall Probleme finden, Probleme, auf die normale Menschen im Alltag gar nicht verfallen würden. Es geschieht etwas, das man nicht versteht, und jetzt gibt es natürlich die Möglichkeit, sich als Rätselrater zu betätigen. Ich versuche jedoch lieber, eine Zaubervorstellung so zu gestalten, dass die Leute hinterher sagen können, eigentlich will ich gar nicht wissen, wie es geht. Es war schön, ich lebe mit diesem Geheimnis, ich bin getäuscht worden, aber ich kann diese Täuschung als Kunstform akzeptieren. Ich denke, das ist eine zumindest leicht philosophische Haltung, die sich bei den Zuschauern entwickeln kann: einfach zu akzeptieren, dass es bestimmte Dinge gibt, die man nicht versteht, bloß zu staunen – und das auch noch schön zu finden.

Sie haben einen Essay über das Staunen geschrieben. Was ist für Sie dieses __ Staunen?

Ich denke, es ist genau dieses Gefühl, dass das Publikum ein bisschen zu Philosophen werden lässt, wenn es sich einstellt. Es ist nicht das Staunen, dass da jetzt etwas wahnsinnig Sensationelles geschehen ist, dass zum Beispiel die Freiheitsstatue verschwindet oder etwas ähnliches. Es ist mehr das Staunen über sich selber, das heißt das Staunen darüber, dass der menschliche Geist so aufgebaut ist, dass sich da jemand hinstellen und aus den Lücken der Wahrnehmungsfähigkeit des Menschen eine Kunstform kreieren kann.

Das Zaubern hat auch sehr viel mit Wahrheitstheorie und Wahrnehmung zu tun. Sie berufen sich in einem Ihrer Aufsätze auf den Konstruktivismus und unterscheiden verschiedene Arten von Realität.

Ich habe bewusst unterschieden, weil ich denke, dass der Zauberkünstler jemand ist, der von einer bestimmten Realität lebt. Ich kann nicht auftreten, wenn ich nicht weiß, wie der Trick funktioniert, wenn ich nicht weiß, was ich tun muss, um eine bestimmte Illusion zu kreieren. Da haben wir also etwas, wo sozusagen eine Realität, eine Wahrheit vorausgesetzt werden muss. Der Zauberkünstler aber lebt von einer Hypothese, nämlich von der, dass er die Leute tatsächlich täuschen und ihnen eine andere, scheinbare Realität vorführen kann. Zauberer leben davon, dass sie mit den Konstruktionen in den Gehirnen ihrer Zuschauer spielen. Indem es den Zuschauern klar wird, dass mit ihren eigenen Konstruktionen gespielt werden kann, wird ihnen bewusst, dass sie diese hinterfragen müssen. Und an diesem Punkt setzt der Philosoph an.

Dass der Begriff der Realität sehr viel mit Wahrnehmung, auch der Wahrnehmung seiner selbst zu tun hat, zeigt auch das Pendelexperiment, bei dem eine Versuchsperson ein Pendel, dessen Ende sie in einer Hand hält, zum Beispiel über der anderen Handfläche frei schwingen lässt. Durch Konzentration auf eine bestimmte Frage soll das Pendel nun dazu gebracht werden, „Antworten" zu geben derart, dass ein Pendelausschlag zum Beispiel im Uhrzeigersinn Ja, ein Ausschlag gegen den Uhrzeigersinn Nein bedeutet. Dass in solchen Experimenten das Pendel tatsächlich ausschlägt, auch wenn die Versuchspersonen angewiesen wurden, das Pendel so ruhig wie möglich zu halten, lässt sich nun auf verschiedene Art und Weise erklären. Eine Erklärung ist die, dass unsichtbare Geister das Pendel bewegen, eine andere, von C. Carpenter lautet, dass jede mentale Anstrengung auch physiologische Reaktionen zur Folge hat, die dann eine entsprechende, wenn auch nicht bewusste Bewegung der Hand auslösen, die das Pendel in Schwingung versetzt. Auch wenn ich persönlich der Meinung bin, dass Carpenter Recht hat, muss der Philosoph in mir doch zugeben, dass die eine Erklärung genauso gut oder schlecht ist wie die andere. Keine lässt sich endgültig beweisen. Als Realität bleibt nur die Tatsache, dass sich das Pendel bewegt. Aber warum? – Das ist alles nur Theorie, es gibt keine wirkliche Realität. Der Unterschied zwischen dem Philosophen und dem Zauberer ist der, dass der Philosoph nicht täuschen will, sondern mit dem Anspruch auftritt, Wahrheiten zu formulieren, während der Zauberer keinen Wahrheitsanspruch hat. Der Zauberer sagt zwar vielleicht, dass es eine Wahrheit gibt, fügt dann durch sein Tun aber hinzu: und nun seht mal, was ich mit dieser Wahrheit mache. Es ist nur ein Spiel mit Konstrukten. Ich versuche auch nicht, die Menschen in eine Traumwelt zu entführen, wie das manche Kollegen machen. Für mich ist immer die Rückkoppelung wichtig zwischen dem Konstrukt und dem, was wir Realität nennen.

___ *Wo liegt die Grenze zwischen Zauberkunst und Magie oder Esoterik?*

Der entscheidende Unterschied zwischen dem Zaubern und dem, was Esoteriker treiben, ist der, dass es im Falle einer Zaubervorführung klar ist, dass es sich um Täuschungen handelt. Es werden keine Naturgesetze in Frage gestellt oder übersinnliche Phänomene vorgeführt, wie sie von den Esoterikern behauptet werden. Der Philosoph und auch der Zauberkünstler sind bescheidener. Der Zauberer kann seine Tricks erklären ohne dafür Geister, Engel oder ähnliches bemühen zu müssen. Zauberer haben auch eine aufklärerische Funktion. Indem ich in meinen Experimentalvorträgen vorführe, wie sich Löffel auch ohne übersinnliche Fähigkeiten verbiegen lassen, werden die Leute, so hoffe ich zumindest, gegenüber den Täuschungen vieler Gurus skeptischer. Auch wenn ich die Tricks nicht verrate, ist dennoch klar, dass es eben ein Trick ist, dass der Zuschauer nur getäuscht wird. Ein Zauberer hat einmal gesagt, dass das Zauberhandwerk das ehrlichste der Welt sei, weil wir zugeben, dass wir die Leute täuschen. Das zeigt sich nicht zuletzt darin, dass Zaubervorstellungen die einzigen Veranstaltungen sind, bei denen sich die Leute beschweren würden, wenn sie nicht betrogen würden. In einer Zaubervorstellung wird das Publikum in eine andere Wirklichkeit entführt in dem Wissen, dass es sich um eine konstruierte Wirklichkeit handelt. Dass die Täuschung aber dennoch funktioniert, das Publikum trotz des Wissens um die Täuschung verzaubert wird, ist der Zauber des Zauberns. Wenn die Leute nach der Vorstellung etwas skeptischer sind als vorher, habe ich mein Ziel erreicht.

___ *Wie stehen Sie zur universitären Philosophie?*

Ich halte nicht sehr viel von der Art von Philosophie, die sich fernhalten will von der Welt und sich in den Elfenbeinturm der reinen Wissenschaft zurückzieht. Ich denke, dass es auch Sinn der Philosophie ist, Wirkung zu erzielen. Der Philosoph, der Bücher schreibt, will das letztlich auch. Die Form von Philosophie, die ich jetzt als Zauberkünstler praktiziere, ist eine Philosophie, die nicht textlich ist. Wir sind in der Gegenwart zu sehr an Texte gewöhnt. Wir betrachten auch Philosophie einfach nur als Textauslegung, als Interpretation. Für mich ist ein Philosoph jemand, der eine eigene Philosophie schafft, der etwas kreiert. Ein Philosoph ist jemand, der ein neues Thema hat, das er verarbeitet. Demgegenüber steht der sogenannte Philosophieprofessor, der eher historisch über bereits vorhandene Philosophien arbeitet. Das Wesentliche der Philosophie ist für mich der Dialog. Insofern treffen sich Philosophie und Zauberkunst: Beide sind auf Publikum angewiesen und leben vom Dialog. Ein Grund dafür, dass ich Zaubern als unterhaltende Kunst mit der Philosophie verbinde, liegt auch darin, dass wir in einer Zeit leben, in der auch die Philosophie keine wirklichen Antworten mehr geben kann. Es gibt verschiedene philosophische Schulen, die zum Beispiel Konzepte entwickelt haben, wie man ein glückliches Leben führen kann, aber es gibt eben immer mehrere sehr unterschiedliche. Man kann nicht so tun, als ob es eine einzig seligmachende Wahrheit geben würde. Durch das Infragestellen der Wahrnehmung kann die Zauberkunst als die Kunst der freundlichen Täuschung, wie sie Ferdinand Kamender einmal genannt hat, einen Beitrag dazu leisten, dass die Menschen wacher durch die Welt gehen.

Zu den Interviews

Lebensläufe, Bibliografien, Interviewer

Vorwort Seite 6

Siegfried Reusch
geboren 1963, studierte Chemie (Dipl.-Chem.) und Philosophie (Dr. phil.) in Ulm und Stuttgart. Seit 1995 ist er Chefredakteur des Journals für Philosophie *der blaue reiter.*

Veröffentlichungen (Auswahl):

- Das Rätsel Zeit. Ein philosophischer Streifzug. Darmstadt 2004
- 18 Antworten auf die Frage nach dem Glück. Ein philosophischer Streifzug. Stuttgart 2011
- Bei folgenden Ausgaben des Journals für Philosophie *der blaue reiter* fungiert er als Mitherausgeber und Chefredakteur: Was ist Philosophie? 1995; Wahrheit / Wirklichkeit. 1995; Ethik. 1996; Grenzpunkt Mensch. 1996; Zeit. 1997; Der Eros des Denkens. 1997; Mythos Staat. 1998; Sinn – Unsinn. 1998; Naturlos. 1999; Götter. 1999; Geld. 2000; Schön Sein. 2000; Welt-Bilder. 2001; Glück. 2001; „Ich". 2002; Sex. 2002; Das Böse. 2003; Erinnern. 2003; Was ist gerecht? 2004; Gefühle. 2004; Wissen. 2006; Freiheit. 2006; Philosophie im Gespräch. 2007 (Sonderband) ; Heimat. 2007; Echt Sein. 2007; Wozu Philosophie? 2008; Unser Körper – zwischen Ich und Welt. 2008; Philosophie im Gespräch II. 2009 (Sonderband) ; Metaphysik. 2009; Das gute Leben. 2010; In Bewegung. 2010; Philosophie & Wirtschaft. 2011; No Future! Philosophie des Augenblicks. 2011. Alle erschienen im Verlag *der blaue reiter* Siegfried Reusch e. K., Aachen (vormals omega Verlag, Stuttgart).

www.verlag-derblauereiter.de

Kapitel 1_Wozu Philosophie?

Philosophie als Zivilisationspädagogik Seite 8

Peter Sloterdijk
wurde 1947 in Karlsruhe geboren. Von 1968 bis 1974 studierte er Philosophie, Germanistik und Geschichte in München und wurde 1975 in Hamburg mit einer Studie zur Philosophie und Geschichte moderner autobiografischer Literatur promoviert. Zwischen 1978 und 1980 hielt sich Sloterdijk im Aschram von Bhagwan Shree Rajneesh im indischen Pune auf. Seit 1980 ist er freier Schriftsteller und veröffentlichte zahlreiche Arbeiten zu Fragen der Zeitdiagnostik, Kultur- und Religionsphilosophie, Kunsttheorie und Psychologie. Seit 1992 hat er eine Professur für Philosophie und Medientheorie an der Hochschule für Gestaltung in Karlsruhe inne und leitet seit 1993 das Institut für Kulturphilosophie an der Akademie der bildenden Künste in Wien. 2001 wurde er zum Rektor der Hochschule für Gestaltung ernannt. Seit Januar 2002 leitet er die Sendung *Das Philosophische Quartett* (ZDF) zusammen mit Rüdiger Safranski.

Veröffentlichungen (Auswahl):

- Kritik der zynischen Vernunft. Frankfurt am Main 1983
- Der Zauberbaum. Die Entstehung der Psychoanalyse im Jahr 1785. Frankfurt am Main 1985
- Der Denker auf der Bühne. Nietzsches Materialismus. Frankfurt am Main 1986
- Eurotaoismus. Zur Kritik der politischen Kinetik. Frankfurt am Main 1989
- Sphären I: Blasen. Frankfurt am Main 1998, Sphären II: Globen. Frankfurt am Main 1999, Sphären III: Schäume. Frankfurt am Main 2002
- Regeln für den Menschenpark. Ein Antwortschreiben zu Heideggers Brief über den Humanismus. Frankfurt am Main 1999
- Nicht gerettet. Versuche nach Heidegger. Frankfurt am Main 2001
- Im Weltinnenraum des Kapitals. Frankfurt am Main 2005
- Zorn und Zeit. Politisch-psychologischer Versuch. Frankfurt am Main 2006
- Derrida ein Ägypter. Über das Problem der jüdischen Pyramide. Frankfurt am Main 2007
- Du mußt dein Leben ändern: Über Religion, Artistik und Anthropotechnik. Frankfurt am Main 2009
- Die nehmende Hand und die gebende Seite. Frankfurt am Main 2010
- Scheintod im Denken – Von Philosophie und Wissenschaft als Übung. Frankfurt am Main 2010

Das Interview führten Elke Uhl, Thomas Bach und Siegfried Reusch (2008).

Wer will bezweifeln, dass die Hasen vor der Tür auch ohne uns herumlaufen? Seite 19

Jürgen Mittelstrass
wurde 1936 in Düsseldorf geboren. Nach dem Studium der Philosophie, Germanistik und evangelischen Theologie in Erlangen, Bonn, Hamburg und Oxford wurde er 1961 promoviert und 1968 in Erlangen habilitiert. Seit 1970 ist er Professor für Philosophie in Konstanz. Von 1985 bis 1990 war er Mitglied des Wissenschaftsrats, seit 1985 ist er Mitglied des Auswahlausschusses der Alexander-von-Humboldt-Stiftung, seit 1992 Mitglied des Senats der Deutschen Forschungsgemeinschaft, seit 1995 Mitglied des Rats für Forschung, Technologie und Innovation beim Bundeskanzler, seit 2008 Mitglied des Board of Trustees. Darüber hinaus ist er Mitglied der Deutschen Akademie der Naturforscher Leopoldina (Halle/Saale) und der Deutschen Akademie der Technikwissenschaften. 1989 erhielt er den Leibniz-Preis der Deutschen Forschungsgemeinschaft, 1992 den Arthur-Burckhardt-Preis.

Veröffentlichungen (Auswahl):

- Die Rettung der Phänomene. Berlin 1962
- Neuzeit und Aufklärung. Berlin 1970
- Die Möglichkeit von Wissenschaft. Frankfurt am Main 1974
- Wissenschaft als Lebensform. Frankfurt am Main 1982
- Geist, Gehirn, Verhalten. Berlin 1989 (mit M. Carrier)
- Der Flug der Eule. Frankfurt am Main 1989
- Leonardo-Welt. Frankfurt am Main 1992
- Die unzeitgemäße Universität. Frankfurt am Main 1994
- Herausgeber von: Enzyklopädie Philosophie und Wissenschaftstheorie. 1980 ff.
- Die Häuser des Wissens. Frankfurt am Main 1998
- Wissen und Grenzen. Frankfurt am Main 2001 (mit C. F. Gethmann u. a.)
- Gesundheit nach Maß? Berlin 2004

Das Interview führten Markus Lion, Stefan Baur und Siegfried Reusch (1995).

Philosophie oder die Liebe zu einer nicht vorhandenen Frau ___ Seite 30

Alexander Dill

gehört zweifelsohne zu den „Freelancern" und „Enfants terribles" der Philosophie. Die Einschätzungen der Philosophengemeinde zu ihm und seinen Thesen reichen vom „verkannten Genie" über den „zu Unrecht Verfemten" bis hin zum „größenwahnsinnigen Selbstdarsteller und Scharlatan".

Alexander Dill studierte an der Freien Universität Berlin und der Universität von St. Denis in Paris. Seine Lehrer „im positiven Sinne waren", so gab er auf Anfrage an, „in der Reihenfolge ihrer Bedeutung: Lao-Tse, Friedrich Nietzsche, Jahwe, die Beatles, Dietmar Kamper, Jacob Taubes, Gilles Deleuze, Jean Baudrillard, Urs Jaeggi und Roland Wiegand". Die „im schlechten Sinne" wollte er nicht nennen, da diese ohnehin „bekannt und erfolgreich" seien. Seine Dissertation mit dem Titel *Der Mensch als anthropologische Differenz – Anthropologie nach ihrer Kritik* wurde an der FU Berlin von Dietmar Kamper angenommen.

Veröffentlichungen (Auswahl):

- Philosophische Praxis – eine Einführung. Reihe Geist und Psyche. Frankfurt 1990
- Warum der Feind die eigene Frage als Gestalt ist und dies zum Wesen des Dialoges gehört. In: Witzany, Günther (Hrsg.): Zur Theorie der Philosophischen Praxis. Band 3, Essen 1991
- Selbstreferentialität und religiöse Sozialisation. In: Sparn, Walter (Hrsg.): Wer schreibt meine Lebensgeschichte? Gütersloh 1990
- Die Erfolgsfalle. Erfahrungen mit Businessplänen, Erfolgsgurus und einem guten Leben. München 2006
- Der große Raubzug. Wie im Windschatten der Weltfinanzkrise die Staatskassen geplündert werden. München 2009
- Täuschwirtschaft. 2010

Das Interview entstand 1995 auf einem alten Bauernhof in der Nähe der österreichischen Grenze. Nach einem Frühschoppen in einer Besenwirtschaft und einem hervorragenden Essen im Kreis der Familie diskutierte Alexander Dill mit Stefan Baur, Wolfgang Siegl und Siegfried Reusch bei einer guten Havanna und vorzüglichem österreichischen Wein über seine Vorstellung der Philosophie.

Kapitel 2_Ich, der Andere und die Kultur

Ich, das sind wir alle! ___ Seite 38

Klaus Maria Brandauer

wurde 1943 als Sohn eines deutschen Beamten und dessen österreichischer Frau in Bad Aussee/Österrreich als Klaus Georg Steng geboren. Später nahm er den Mädchennamen seiner Mutter, Maria Brandauer, an. Nach dem Abitur studierte Brandauer zwei Semester lang an der Hochschule für Musik und Darstellende Kunst in Stuttgart. Nach dem abgebrochenen Studium debütierte er 1963 am Landestheater in Tübingen als Claudio in Shakespeares *Maß für Maß*. Weitere Stationen seiner Theaterlaufbahn waren das Landestheater in Salzburg (ab 1964), das Schauspielhaus in Düsseldorf (ab 1966) und ab 1968 Wien. Am Theater in der Josefstadt spielte er 1970 in Fritz Kortners letzter Inszenierung von Lessings *Emilia Galotti* die Rolle des Prinzen Hettore Gonzaga. Seit 1972 gehört Brandauer dem Ensemble des Wiener Burgtheaters an.

Der internationale Durchbruch erfolgte mit seiner Rolle des Hendrik Höfgen in der Istvan-Szabo-Verfilmung des Klaus-Mann-Romans *Mephisto*, der als bester ausländischer Film des Jahres 1982 mit einem Oscar ausgezeichnet wurde. Es folgten zahlreiche Rollen in Filmen wie *Oberst Redl*, *Hanussen*, *Jenseits von Afrika* und dem James-Bond-Streifen *Sag niemals nie*. Sein Filmregiedebüt hatte Brandauer mit dem Film *Georg Elser*, in dem er auch die Hauptrolle spielte. Seit 1993 ist Klaus Maria Brandauer Professor für Schauspielkunst am Max-Reinhardt-

Seminar in Wien. Er ist Ehrendoktor der Universität Tel Aviv und Ehrenbürger von Altaussee, seiner Heimatstadt und Ehrendoktor der Universität Tel Aviv, 2008 erhielt er den Berliner Kulturpreis in der Kategorie Theater. Im März 2009 war er Preisträger des Eysoldt-Rings.

Das Interview führten Monika Reutter, Frank Augustin und Siegfried Reusch (2002).

Ohne Gedächtnis gibt es keine Kultur Seite 46

Aleida Assmann

geboren 1947, studierte Anglistik und Ägyptologie in Heidelberg und Tübingen. Seit 1993 ist sie Professorin für Anglistik und Allgemeine Literaturwissenschaften an der Universität Konstanz.

Sie lehrte als Gastprofessorin unter anderem an den Universitäten Princeton, Yale, Rice University, Paris, Jerusalem, Chicago und Wien.

2008 erhielt sie die Ehrendoktorwürde der Universität Oslo, 2009 den Max-Planck-Forschungspreis und den Paul-Watzlawick-Ehrenring.

Veröffentlichungen (Auswahl):

- Schrift und Gedächtnis. Beiträge zur Archäologie der literarischen Kommunikation. München 1983 (Hrsg.)
- Mnemosyne. Formen und Funktionen der kulturellen Erinnerung. Frankfurt 1991 (mit H. Dietrich)
- Geschichtsvergessenheit – Geschichtsversessenheit. Vom Umgang mit deutschen Vergangenheiten nach 1945. Stuttgart 1999 (mit U. Frevert)
- Erinnerungsräume. Formen und Wandlungen des kulturellen Gedächtnisses. München 1999
- Das kulturelle Gedächtnis an der Millenniumsschwelle. Krise und Zukunft der Bildung. Konstanz 2004
- Die Unverzichtbarkeit der Kulturwissenschaften. Hildesheim 2004.
- Der lange Schatten der Vergangenheit. Erinnerungskultur und Geschichtspolitik. München 2006
- Vollkommenheit. Archäologie der literarischen Kommunikation 10. München 2010

Jan Assmann

geboren 1938, studierte Ägyptologie, Klassische Archäologie und Gräzistik in München, Heidelberg, Paris und Göttingen. Seit 1976 ist er Professor für Ägyptologie an der Universität Heidelberg.

Er lehrte als Gastprofessor in Paris, Yale, Chicago und Jerusalem. 1998 erhielt er den Preis des Historischen Kollegs, der als deutscher Historikerpreis vergeben wird.

Seit 1973 ist er korrespondierendes Mitglied des Deutschen Archäologischen Instituts, seit 1984 ordentliches Mitglied der Heidelberger Akademie der Wissenschaften und seit 2002 Mitglied der Academia Europea.

Veröffentlichungen (Auswahl):

- Zeit und Ewigkeit im alten Ägypten. Heidelberg 1975
- Stein und Zeit – Mensch und Gesellschaft im alten Ägypten. München 1991
- Das kulturelle Gedächtnis. Schrift, Erinnerung und politische Identität in frühen Hochkulturen. München 1992
- Moses der Ägypter. Entzifferung einer Gedächtnisspur. München 1998
- Herrschaft und Heil. Politische Theologie in Altägypten, Israel und Europa. München 2000
- Religion und kulturelles Gedächtnis. München 2000
- Tod und Jenseits im Alten Ägypten. München 2001
- Die mosaische Unterscheidung oder der Preis des Monotheismus. München 2003
- Die Zauberflöte. Oper und Mysterium. München 2005

Das Interview führten Frank Augustin, Thomas Bach und Siegfried Reusch (2003).

Die Ungeborenen Seite 57

Barbara Duden

geboren 1942, ist Professorin am Institut für Soziologie der Universität Hannover. Sie arbeitet über die Geschichte der erlebten Körperlichkeit sowie zur Techno- und Soziogenese moderner Entkörperung.

Unter anderem erhielt sie 1993 den Eileen Basker Memorial Award for Outstanding Research der American Anthropological Society und den Award: Women in Science der History of Science Society.

Veröffentlichungen (Auswahl):

- Geschichte unter der Haut. Ein Eisenacher Arzt und seine Patientinnen um 1730. Stuttgart 1987
- Der Frauenleib als öffentlicher Ort. Vom Mißbrauch des Begriffs Leben. Frankfurt am Main 1991
- Auf den Spuren des Körpers in einer technogenen Welt. Opladen 2002 (mit D. Noeres [Hrsg.])
- Geschichte des Ungeborenen. Zur Erfahrungs- und Wissenschaftsgeschichte der Schwangerschaft, 17–20. Jahrhundert. Göttingen 2002 (mit J. Schlumbohm, P. Veit [Hrsg.])
- Die Gene im Kopf, der Fötus im Bauch. Historisches zum Frauenkörper. Hannover 2002
- Anatomie der Guten Hoffnung. Zur Bildgeschichte des Ungeborenen. Frankfurt am Main 2003
- Geschichte in Geschichten. Frankfurt am Main 2003
- Der Frauenleib als öffentlicher Ort. Frankfurt am Main 2007

Das Interview führten Claudia Drechsel, Klaus Giel und Siegfried Reusch (2002).

Eine Kritik der kulinarischen Vernunft Seite 64

Vincent Klink

geboren 1949, eröffnete 1974 nach seiner Lehrzeit als Koch zusammen mit seiner Frau Elisabeth seine erste Gaststätte, den Postillon in Schwäbisch Gmünd. 1978 erhielt er einen Michelin-Stern. Seit 1991 betreibt er in Stuttgart-Degerloch das Restaurant Wielandshöhe.

Er ist Autor zahlreicher Kochbücher, regelmäßiger Gast in Fernseh- und Rundfunksendungen und gibt als begeisterter Basstrompeter zusammen mit dem Jazzpianisten Patrick Bebelaar Konzerte. Darüber hinaus ist er Herausgeber und Autor der Zeitschrift *Häuptling Eigener Herd. Das Lebensmittel für Hirn und Wanst*, die in der *Edition Vincent Klink* vierteljährlich erscheint.

Klink ist Gründungsmitglied der Deutschen Akademie für Kulinaristik. 2010 erhielt er den Internationalen Eckart-Witzigmann-Preis in der Kategorie Wissenschaft und Medien.

Veröffentlichungen (Auswahl):

- Vom Markt auf den Tisch. Koch-Kunst mit Vincent Klink. Karlsruhe 2000
- Wurst. Illustriert von Nikolaus Heidelbach. Köln 2007 (mit W. Droste)
- ARD Buffet – Koch & Klink. Echte Küchen Kerle. Kochen mit Herz und Verstand. Hamburg 2007 (mit O. Koch)
- Wir schnallen den Gürtel weiter. Eine Essenz aus „Häuptling Eigener Herd". Illustriert von Friedrich Karl Waechter. Leipzig 2008 (mit W. Droste)
- Weihnachten. Illustriert von Nikolaus Heidelbach. Köln 2008 (mit W. Droste)
- Wein. Illustriert von Nikolaus Heidelbach. Köln 2009 (mit W. Droste)
- Sitting Küchenbull. Gepfefferte Erinnerungen eines Kochs. Hamburg 2009
- Meine mediterrane Küche: Kochkunst mit Vincent Klink. München 2010
- Immer dem Bauch nach: Kulinarische Reisen von Vincent Klink. Hamburg 2011
- „Anstelle eines Rezepts" von Vincent Klink ist entnommen aus: Häuptling eigener Herd. Das Lebensmittel für Hirn und Wanst. Band 36, Edition Vincent Klink, Stuttgart 2008.

Das Interview führten Elke Uhl, Udo Grün und Siegfried Reusch (2009).

„Ich, sagt ihr immer nur, ich – ich – ich!“ Seite 74

Maxim Biller

wurde 1960 als Kind russisch-jüdischer Eltern in Prag geboren und emigrierte mit seinen Eltern 1970 nach Deutschland. Er studierte in Hamburg und München Literatur. Nach einem Studium an der Deutschen Journalistenschule in München schrieb er unter anderem für *Tempo, Der Spiegel* und *Die Zeit*. Unter anderem erhielt er folgende Preise: 1994 Tukan-Preis der Stadt München, 1996 Preis des Europäischen Feuilletons, 1996 Otto-Stoessl-Preis, 1999 Theodor-Wolff-Preis und 2008 die Brüder-Grimm-Professur der Universität Kassel. Maxim Biller lebt und arbeitet als Schriftsteller in Berlin-Mitte.

Veröffentlichungen (Auswahl):

- Wenn ich einmal reich und tot bin. Erzählungen. Köln 1990
- Die Tempojahre. München 1991 (Essays und Reportagen)
- Land der Väter und Verräter. Köln 1994 (Erzählungen)
- Harlem Holocaust. Köln 1998
- Die Tochter. Köln 2000
- Kühltransport. Ein Drama. München 2001
- Esra. Köln 2003
- Der perfekte Roman. Das Maxim-Biller-Lesebuch. München 2003
- Bernsteintage. München 2004
- Moralische Geschichten. Köln 2005
- Adas größter Wunsch. Berlin 2005
- Liebe heute. Short stories. Köln 2007
- Ein verrückter Vormittag. Berlin 2008
- Menschen in falschen Zusammenhängen. Lengwil 2008
- Der gebrauchte Jude. Köln 2009

Alle in das Gespräch eingeflochtenen Zitate sind dem Roman *Die Tochter* von Maxim Biller (Deutscher Taschenbuch Verlag, München 2001, © 2000, Verlag Kiepenheuer & Witsch GmbH & Co. KG, Köln) entnommen, so auch der Titel dieses Beitrags „Ich, sagt ihr immer nur, ich – ich – ich!“ (Seite 52)

Mit Maxim Biller sprachen Monika Reutter, Frank Augustin und Siegfried Reusch (2002).

Der Grenzgang beginnt im Kopf Seite 81

Reinhold Messner

– Felskletterer, Höhenbergsteiger, Grenzgänger, Forscher, Bergbauer, EU-Parlamentarier, Museumsgestalter – wurde 1944 in Südtirol geboren. Er besuchte zunächst die Geometer-Schule in Bozen und war nach seinem Studium an der Universität Padova kurze Zeit als Mittelschullehrer tätig.

Ihm gelangen in den 60er-Jahren zunächst in den Alpen als Felskletterer und dann ab den 70er-Jahren als Höhenbergsteiger weltweit zahlreiche Erstbegehungen. Unter anderem bestieg er als erster alle 14 Achttausender. Hervorzuheben sind: die Erstbegehung der Rupalflanke des Nanga Parbat (1970), die Besteigung des Hidden Peak im Alpenstil (1975), die erste Begehung des Mount Everest ohne Sauerstoffgerät (1978, zusammen mit Peter Habeler), die erste Solo-Begehung eines Achttausenders (Nanga Parbat, 1978) sowie die erste Solo-Begehung des Mount Everest (1980) und die Doppelüberschreitung des Gasherbrum I und II (1984). 1989/90 durchquerte er (zusammen mit Arved Fuchs) die Antarktis, 1992 die Wüste Takla Makan, 1993 Grönland, 2004 die Wüste Gobi.

Messner initiierte und gründete mehrere Museumsprojekte und Museen in Südtirol und engagiert sich mit der von ihm gegründeten *Messner Mountain Foundation* für das Überleben der Bergvölker.

Veröffentlichungen (Auswahl):

- Der 7. Grad. Extremstes Bergsteigen. Technik, Training, Erlebnis. München 1973
- Everest. Expedition zum Endpunkt. München 1978
- Alleingang. Nanga Parbat. München 1979
- Der gläserne Horizont. Durch Tibet zum Mount Everest. München 1982
- Mein Weg. Bilanz eines Bergsteigers ohnegleichen. München 1982
- Überlebt. Alle 14 Achttausender. München 1987
- Die Freiheit aufzubrechen, wohin ich will. Ein Bergsteigerleben. München 1989
- Antarktis – Himmel und Hölle zugleich. Piper, München 1990
- Berge versetzen. Das Credo eines Grenzgängers. München 1993
- Gobi. Die Wüste in mir. Frankfurt am Main 2005
- Der verzauberte Berg. Messner Mountain Museum. Begegnungen mit den Bergen der Welt und der Philosophie des Bergsteigens. München 2006 (mit G. Tappeiner)
- Meine Alpen. München 2007
- Diamir – König der Berge. Schicksalsberg Nanga Parbat. München 2008
- Der leuchtende Berg – Herausforderung Gasherbrum. München 2008
- Dolomiten – Weltnaturerbe. München 2009
- Torre – Schrei aus Stein. München 2009
- Westwand – Prinzip Abgrund. Frankfurt 2009
- Eispole. Der ewige Wettlauf zum Ende der Welt. München 2009
- Die rote Rakete am Nanga Parbat. München 2010
- On Top – Frauen ganz oben. München 2010

Das Interview führten Frank Augustin, Thomas Bach und Siegfried Reusch (1996).

Kapitel 3_Der politische Mensch

Es ist nicht die Aufgabe der Bundesregierung, dem Volk eine Philosophie zu geben Seite 94

Helmut Schmidt

wurde am 23. Dezember 1918 in Hamburg geboren, wo er bis zu seiner Einberufung zum Wehrdienst 1937 seine Jugend verbrachte. Nach dem Krieg und britischer Gefangenschaft absolvierte er zwischen 1945 und 1949 ein Studium der Volkswirtschaft und Staatswissenschaft in Hamburg mit dem Abschluss als Diplom-Volkswirt. Nach vier Jahren bei der Behörde für Wirtschaft und Verkehr in Hamburg war Helmut Schmidt 1953 bis 1962 und 1965 bis 1987 Mitglied des Bundestags und zwischen 1961 und 1965 Hamburger Innensenator. Von 1967 bis 1969 war er Vorsitzender der SPD-Bundestagsfraktion, 1968 bis 1984 stellvertretender Parteivorsitzender, 1969 bis 1972 Verteidigungs-, 1972 Wirtschafts- und Finanzminister und 1972 bis 1974 Finanzminister. Von 1974 bis 1982 war Helmut Schmidt Bundeskanzler einer SPD/FDP-Koalition, bei deren Auseinanderbrechen er durch ein konstruktives Misstrauensvotum gestürzt wurde. Von 1985 bis 1995 war er Vorsitzender des Inter Action Council (IAC) früherer Regierungschefs. Seit 1983 ist er Mitherausgeber der Wochenzeitung *Die Zeit*. Unter anderem erhielt er folgende Auszeichnungen: 2006 Adenauer-de Gaulle-Preis (zusammen mit dem ehemaligen französischen Staatspräsident Valéry Giscard d'Estaing), 2007 Ehrendoktorwürde der Philipps-Universität Marburg des Fachs Philosophie im Rahmen der Christian-Wolff-Vorlesungen, 2009 Leipziger Mendelssohn-Preis in der Kategorie Gesellschaftliches Engagement, 2010 Point-Alpha-Preis, 2010 Henri-Nannen-Preis.

Veröffentlichungen (Auswahl):

- Maximen politischen Handelns. Bemerkungen zu Moral, Pflicht und Verantwortung des Politikers. Rede des Bundeskanzlers auf dem Kant-Kongreß der Friedrich-Ebert-Stiftung am 12. März 1981. Presse- und Informationsamt der Bundesregierung, Reihe Berichte und Dokumentation, Band 23
- Strategie des Gleichgewichts. Stuttgart 1969
- Weltwirtschaft ist unser Schicksal. (Wie eine weltweite Depression vermieden werden kann). Frankfurt am Main 1983
- Menschen und Mächte. Berlin 1987
- Weggefährten: Erinnerungen und Reflexionen. Berlin 1996
- Auf der Suche nach einer öffentlichen Moral. Deutschland vor dem neuen Jahrhundert. Stuttgart 1998
- Globalisierung: Politische, ökonomische und kulturelle Herausforderungen. Stuttgart 1998
- Die Verantwortung des Politikers. München 2008 (mit C. F. Gethmann und P. Janich)
- Die Selbstbehauptung Europas, Perspektiven für das 21. Jahrhundert. Stuttgart 2000
- Die Mächte der Zukunft: Gewinner und Verlierer in der Welt von morgen. München 2004
- Auf dem Weg zur deutschen Einheit. Reinbek 2005
- Nachbar China. Helmut Schmidt im Gespräch mit Frank Sieren. Berlin 2006
- Auf eine Zigarette mit Helmut Schmidt. Köln 2009 (mit G. di Lorenzo)
- Einmischungen – seine besten ZEIT-Artikel von 1983 bis heute. Hamburg 2010
- Religion in der Verantwortung. Gefährdungen des Friedens im Zeitalter der Globalisierung. Berlin 2011

Das Interview führten Frank Augustin, Stefan Gammel und Siegfried Reusch (1998).

Die Idee der Gerechtigkeit muss immer wieder auf den Prüfstand Seite 105

Joachim Gauck

geboren 1940, studierte Theologie. 1965 bis 1982 Pastor der Evangelisch-Lutherischen Landeskirche Mecklenburg, hauptsächlich in einem Rostocker Neubaugebiet. 1982 bis 1990 Leiter der Kirchentagsarbeit in Mecklenburg, 1989/1990 Mitinitiator der kirchlichen und politischen Protestbewegung in Mecklenburg sowie Mitglied und Sprecher des Neuen Forums Rostock. März bis Oktober 1990 Abgeordneter der Volkskammer für das Bündnis 90, Leiter des Sonderausschusses zur Kontrolle der Auflösung des Ministeriums für Staatssicherheit/Amt für Nationale Sicherheit, Mitinitiator des Stasiunterlagengesetzes der Volkskammer. Von Oktober 1990 bis 2000 zunächst Sonderbeauftragter, dann Bundesbeauftragter für die Unterlagen des Staatssicherheitsdiensts der ehemaligen DDR. 1997 wurde Gauck mit dem Hannah-Arendt-Preis für politisches Denken ausgezeichnet. Seit November 2003 ist er Vorsitzender des Vereins „Gegen Vergessen – Für Demokratie“.

Veröffentlichungen (Auswahl):

- Die Stasi-Akten. Das unheimliche Erbe der DDR. Reinbek 1991
- Von der Würde der Unterdrückten. In: Schädlich, Hans Joachim (Hrsg.): Aktenkundig. 14 Bürgerrechtler ziehen eine vorläufige Bilanz. Reinbek 1992
- Verlust und Übermut. Ein Kapitel über den Untertan als Bewohner der Moderne. In: Deutsche Akademie für Sprache und Dichtung (Hrsg.): Jahrbuch 1993. Göttingen 1993
- Das Schwarzbuch des Kommunismus. Unterdrückung, Verbrechen und Terror. München 1998 (mit E. Neubert)

- Welche Erinnerungen braucht Europa? Stuttgart 2006
- Winter im Sommer – Frühling im Herbst: Erinnerungen. München 2009
- Die Flucht der Insassen: Freiheit als Risiko. Sankt Augustin/Berlin 2009

Das Interview führten Elke Uhl, Frank Augustin und Siegfried Reusch (2004).

Man hat immer Optionen ... Seite 114

Jan Philipp Reemtsma
wurde 1952 in Bonn geboren. Studium der Germanistik und Philosophie in Hamburg. 1981 Mitbegründer und seitdem Vorstand der Arno Schmidt Stiftung. Mitherausgeber der Bargfelder Ausgabe der Werke Arno Schmidts. 1984 Gründung und seither Tätigkeit als Vorstand des Hamburger Instituts für Sozialforschung. Seit 1996 Professor für Neuere Deutsche Literatur an der Universität Hamburg. Mitglied des Kuratoriums der Kulturstiftung der Länder seit 1988, Sprecher der Arbeitsgruppe Literatur, Bibliotheken, Archive und Kulturgeschichte seit 1990, stellvertretender Vorsitzender des Kuratoriums seit 2000. Mitglied der Freien Akademie der Künste Hamburg, der Akademie gemeinnütziger Wissenschaften zu Erfurt und der Deutschen Akademie für Sprache und Dichtung. 2008 wurde Jan Philipp Reemtsma mit der Ferdinand-Tönnies-Medaille der Christian-Albrechts-Universität zu Kiel ausgezeichnet. Seit 2009 ist er Inhaber der Schillerprofessur an der Friedrich-Schiller-Universität Jena.

Veröffentlichungen (Auswahl):

- Das Buch vom Ich. Christoph Martin Wielands „Aristipp und einige seiner Zeitgenossen". Zürich 1993
- Mehr als ein Champion. Über den Stil des Boxers Muhammad Ali. Stuttgart 1995
- Im Keller. Hamburg 1997
- Mord am Strand. Allianzen von Zivilisation und Barbarei. Aufsätze und Reden. Hamburg 1998
- Wie hätte ich mich verhalten? und andere nicht nur deutsche Fragen. München 2001
- Verbrechensopfer. Gesetz und Gerechtigkeit. München 2002 (mit W. Hassemer)
- Warum Hagen Jung-Ortlieb erschlug. Unzeitgemäßes über Krieg und Tod. München 2003
- Rudi Dutschke, Andreas Baader und die RAF. Hamburg 2005 (mit W. Kraushaar, K. Wieland)
- Das unaufhebbare Nichtbescheidwissen der Mehrheit. Sechs Reden über Literatur und Kunst. München 2005
- Folter im Rechtsstaat? Hamburg 2005
- Über Arno Schmidt. Vermessungen eines poetischen Terrains. Frankfurt am Main 2006
- Gebt der Erinnerung Namen. Zwei Reden. München 2007 (mit S. Friedländer)
- Vertrauen und Gewalt. Versuch über eine besondere Konstellation der Moderne. Hamburg 2008

Das Interview führten Frank Augustin, Thomas Bach und Siegfried Reusch (2006).

Kapitel 4_Zwischen Gut und Böse

Wir müssen uns dem Bösen stellen Seite 122

Rüdiger Safranski
geboren 1945, studierte Philosophie, Germanistik und Geschichte in Frankfurt und Berlin. Bis 1978 war er wissenschaftlicher Assistent an der Freien Universität Berlin und wurde danach Mitherausgeber und Redakteur der *Berliner Hefte*. Von 1982 bis 1986 arbeitete er als Dozent in der Erwachsenenbildung, seit 1987 als freier Schriftsteller. Im Januar 2002 übernahm Rüdiger Safranski zusammen mit Peter Sloterdijk die Moderation des *Philosophischen Quartetts* im ZDF. Er ist Mitglied der Deutschen Akademie für Sprache und Dichtung (Darmstadt) und des Pen-Club Deutschland.

Veröffentlichungen (Auswahl):

- E.T.A. Hoffmann. Das Leben eines skeptischen Phantasten. München 1984
- Schopenhauer und die wilden Jahre der Philosophie. Eine Biographie. München 1987
- Wieviel Wahrheit braucht der Mensch? Über das Denkbare und das Lebbare. München 1990
- Ein Meister aus Deutschland. Heidegger und seine Zeit. München 1994
- Das Böse oder das Drama der Freiheit. München 1997
- Nietzsche. Biographie seines Denkens. München 2000
- Nietzsche für Zeitgenossen. „Wo immer ich gehe, folgt mir ein Hund namens Ego." München 2002
- Wieviel Globalisierung verträgt der Mensch? München 2003
- Schiller oder die Erfindung des Deutschen Idealismus. München 2004
- Schiller als Philosoph – Eine Anthologie. Berlin 2005
- Romantik. Eine deutsche Affäre. München 2007
- Goethe und Schiller. Geschichte einer Freundschaft. München 2009

Das Interview führten Klaus Erlach, Nicolai Kaufmann und Siegfried Reusch (2003).

Der Mensch braucht Religion Seite 132

Eugen Drewermann

geboren 1940 in Bergkamen, studierte 1959 bis 1965 Philosophie in Münster und katholische Theologie in Paderborn. 1966 Priesterweihe in Paderborn. 1966 bis 1968 Kaplan und Kurseelsorger in Bad Driburg. 1971 bis 1974 Ausbildung in Neopsychoanalyse. 1975 Promotion zum Doktor der Theologie mit der Arbeit *Strukturen des Bösen. Die jahwistische Urgeschichte in exegetischer Sicht*; 1978 Habilitation. Er war Priester der Pfarrei St. Georg in Paderborn und lehrte 14 Jahre als Privatdozent für das Fach Katholische Dogmatik/Systematische Theologie. 1991 wurde ihm die Lehrbefugnis durch Bischof Johannes Degenhardt entzogen, 1992 erhielt er Predigtverbot und wurde infolge seiner Verurteilung als Häretiker (Ketzer) vom Priesteramt supendiert. 2005 trat er aus der katholischen Kirche aus. Eugen Drewermann lebt und arbeitet als freier Autor und Psychotherapeut in Paderborn.

Veröffentlichungen (Auswahl):

- Strukturen des Bösen. 3 Bände. Paderborn 1977/1978
- Der Krieg und das Christentum. Regensburg 1982
- Psychoanalyse und Moraltheologie. 3 Bände. Mainz 1982–1984
- Tiefenpsychologie und Exegese. 2 Bände. Zürich/Düsseldorf 1984/1985
- Kleriker. Psychogramm eines Ideals. Zürich/Düsseldorf 1989
- Der tödliche Fortschritt. Freiburg im Breisgau 1991
- Glauben in Freiheit (Trilogie): Band 1: Glauben in Freiheit. Tiefenpsychologie und Dogmatik.1993. Band 2: Jesus von Nazareth. Befreiung zum Frieden. 1997. Band 3/1: Der sechste Tag. Die Herkunft des Menschen und die Frage nach Gott. 1998. Band 3/2 ... und es geschah so. Die moderne Biologie und die Frage nach Gott. 1999. Sämtlich: Zürich/Düsseldorf
- Moby Dick oder Vom Ungeheuren, ein Mensch zu sein. Düsseldorf 2004
- Atem des Lebens. Band 1: Das Gehirn. Die moderne Neurologie und die Frage nach Gott. 2006. Band 2: Die Seele. 2007. Düsseldorf
- Von der Macht des Geldes oder Märchen der Ökonomie. Düsseldorf 2007
- Jesus von Nazareth – Bild eines Menschen. Düsseldorf 2008
- Das Lukas-Evangelium: Bilder erinnerter Zukunft. Band 1 und 2. Düsseldorf 2009
- Woran ich glaube: Wir glauben, weil wir lieben. Düsseldorf 2010
- Heimkehrer aus der Hölle. Ostfildern 2010

Das Interview führten Luzia Schuhmacher, Thomas Gutknecht und Siegfried Reusch (1999).

Kapitel 5_Eine Frage der Zeit

Der Zeitraffer Seite 140

Heribert Illig
geboren 1947, lebt als Privatgelehrter, Autor und Herausgeber der Zeitschrift *Zeitensprünge* (Mantis Verlag) in Gräfelfing bei München. Nach einem wirtschaftswissenschaftlichen Studium arbeitete er als Systemanalytiker bei einer Bank. Seine Dissertation schrieb er über den Kulturhistoriker Egon Friedell. Seit 1988 veröffentlicht Heribert Illig geschichtskritische Arbeiten. Seine chronologischen Forschungen gelten der Überprüfung herkömmlicher Datierungen mit den Mitteln der Archäologie, der Astronomie und der Architekturgeschichte, wobei er immer wieder auf eklatante Widersprüche stößt, die ihn dazu veranlassen, die Chronologie zu verkürzen. Dies brachte ihm den Ruf eines „Zeitraffers" ein.

Veröffentlichungen (Auswahl):

- Das Friedell Lesebuch. München 1987
- Die veraltete Vorzeit. Frankfurt am Main 1988
- Der Bau der Cheopspyramide. Gräfelfing 1993 (mit F. Löhner)
- Wann lebten die Pharaonen? Frankfurt am Main 1990 (mit G. Heinsson)
- Bayern in der Phantomzeit. Archäologie widerlegt Urkunden des frühen Mittelalters. Gräfelfing 2002
- Wer hat an der Uhr gedreht? Berlin 2003
- Das erfundene Mittelalter – Die größte Zeitfälschung der Geschichte. Hat Karl der Große je gelebt? Berlin 2004
- Die veraltete Vorzeit. Eine neue Chronologie der Prähistorie. Gräfelfing 2005
- Die Chiemseeklöster. Neue Sicht auf alte Kunst. Gräfelfing 2008
- Geschichte, Mythen, Katastrophen. Über Velikovsky hinaus. Gräfelfing 2009
- Aachen ohne Karl den Großen. Technik stürzt sein Reich ins Nichts. Gräfelfing 2011

Das Interview führten Manfred Matheis, Leif Scheuermann und Siegfried Reusch (1997).

Der Zeitverzögerer Seite 148

Peter Heintel
geboren 1940, studierte Mathematik, Physik, Philosophie und Germanistik und absolvierte Ausbildungen in Gruppendynamik und Organisationsberatung. Er war bis 2009 Professor für Philosophie und Gruppendynamik am Institut für Philosophie und Gruppendynamik der Alpen-Adria-Universität Klagenfurt. 1990 gründete er den Verein zur Verzögerung der Zeit, dessen Vorsitzender er von 1990 bis 2000 war.

Veröffentlichungen (Auswahl):

- Hegel. Der letzte universelle Philosoph. Göttingen 1970
- Das ist Gruppendynamik. Eine Einführung in die Bedeutung, Funktion und Anwendbarkeit. München 1974 (Hrsg.)
- Gruppe und Bildung. Berlin 1975 (Hrsg.)
- Zeit und Arbeit. In: Klagenfurter Beiträge zur Philosophie. Wien 1985 (mit T. Macho)
- Projektmanagement. Eine Antwort auf die Hierarchiekrise? Wiesbaden 2000
- Die Organisation der Philosophen. Frankfurt 1998 (mit W. Berger)
- Innehalten. Gegen die Beschleunigung – für eine andere Zeitkultur. Freiburg 2007
- Das Verhältnis von Institution und Organisation. Zur Dialektik von Abhängigkeit und Zwang. München 1999 (mit K. Götz)

- Hirnforschung als dialektische Sozialwissenschaft. Wien 2005 (mit K. Broer)
- Innehalten. Gegen die Beschleunigung, für eine andere Zeitkultur. Freiburg im Breisgau 2007
- Prozessethik. Zur Organisation ethischer Entscheidungsprozesse. Wiesbaden 2010 (mit L. Krainer)

Das Gespräch führten Frank Augustin, Leif Scheuermann und Siegfried Reusch (1997).

Kapitel 6_Der Zauber des Denkens

Philosophie des Zauberns Seite 152

ANDINO
geboren 1961 als Andreas Michel, stand 1976 zum ersten Mal als Zauberer auf der Bühne. Seine Studien der Theologie, Philosophie, Psychologie, Politologie und Pädagogik in Bonn schloss er mit einem Diplom in Theologie, einem Diplom in Pädagogik und einer Promotion in Philosophie ab. Seit 1986 tourt er als professioneller „Philozauberer" mit wechselnden Programmen für Alt und Jung durch die Welt und lehrt seit 1992 an der Universität Koblenz-Landau.

Veröffentlichungen (Auswahl):

- Philosophie des Zauberns. Ein Essay über das Staunen. Hamburg 1994
- Tanz der Hände. Anstiftung zum Zaubern. Hamburg 1996
- Unterhaltung und Image. Artistische Unterhaltungskunst in sozialwissenschaftlicher Perspektive. Frankfurt 1993
- Philozauber. Gedankenpiele und Illusionen. Uelsen 2004
- Zauber der Philosophie. (DVD) Düsseldorf 2007
- Dialog als Lebensform. Festschrift für Gerhard Pfafferott. Zum 65. Geburtstag. Koblenz 2007 (mit T. Ebers, M. Melchers [Hrsg])
- Die philosophische Zauberleiter. Vom Marktplatz in die Cafés. Eine kleine Geschichte des Denkens mit zauberhaften Hinführungen. Hamburg 2010
- Zwischenbilanz Zauberphilosophie. Eine Anthologie für Illusionskunst und Philosophie. Koblenz 2011

Das Interview führten Manfred Matheis, Merit Meschenmoser und Siegfried Reusch (1999).